幼儿园家长工作技能与艺术

莫源秋 ◎ 编著

中国轻工业出版社

图书在版编目（CIP）数据

幼儿园家长工作技能与艺术／莫源秋编著．—北京：中国轻工业出版社，2015.6（2023.2重印）
ISBN 978-7-5184-0364-6

Ⅰ．①幼… Ⅱ．①莫… Ⅲ．①幼儿园－家长工作（教育） Ⅳ．①G616

中国版本图书馆CIP数据核字（2015）第082016号

保留所有权利。非经中国轻工业出版社"万千教育"书面授权，任何人不得以任何方式（包括但不限于电子、机械、手工或其他尚未被发明或应用的技术手段）复印、拍照、扫描、录音、朗读、存储、发表本书中任何部分或本书全部内容，以及其他附带的所有资料（包括但不限于光盘、音频、视频等）。中国轻工业出版社"万千教育"未授权任何机构提供源自本书内容的电子文件阅览、收听或下载服务。如有此类非法行为，查实必究。

总策划：石 铁
策划编辑：吴 红　　责任编辑：吴 红
责任终审：杜文勇　　责任校对：刘志颖　　责任监印：吴维斌

出版发行：中国轻工业出版社（北京东长安街6号，邮编：100740）
印　　刷：三河市鑫金马印装有限公司
经　　销：各地新华书店
版　　次：2023年2月第1版第9次印刷
开　　本：710×1000　1/16　印张：19
字　　数：180千字
印　　数：24001—27000
书　　号：ISBN 978-7-5184-0364-6　定价：45.00元

读者热线：010-65181109，65262933
发行电话：010-85119832　传真：010-85113293
网　　址：http://www.chlip.com.cn　http://www.wqedu.com
电子信箱：1012305542@qq.com
如发现图书残缺请拨打读者热线联系调换
150386Y1X101ZBW

前　言

　　儿童只有在这样的条件下才能实现和谐的全面发展，就是两个教育者——学校和家庭，不仅要一致行动，要向儿童提出同样的要求，而且要志同道合，抱着一致的信念，始终从同样的原则出发，无论在教育目的上，还是过程和手段上，都不要发生分歧。

——苏霍姆林斯基

　　幼稚教育是一件很复杂的事情，不是家庭一方面可以单独胜任的，也不是幼稚园一方面能单独胜任的，必定要两方面共同合作方能取得充分的功效。

——陈鹤琴

　　苏霍姆林斯基和陈鹤琴两位教育家通过上面的论述，都强调了家庭及家园合作对幼儿健康发展的意义，但幼儿园家长工作的意义远不止此。

　　我曾对幼儿教师做过一个调查："在幼儿园工作中，到底是家长给你带来更多更大的烦恼，还是幼儿给你带来更多更大的烦恼？"结果95.89%的幼儿教师认为给自己带来更多更大烦恼的是家长而不是幼儿，有的教师说："我见了孩子就高兴，见到某些家长就头疼。"可见，家长工作直接影响着幼儿教师职业生活的质量，影响着他们职业生活的幸福感。

　　幼儿教师教育历来十分重视对未来的幼儿教师进行保教工作能力的培养，却忽视了对其进行家长工作能力的培养，这让许多走上工作岗位的幼儿教师不知如何有效应对家长工作中的种种问题，时常因此被弄得焦头烂额。

本书旨在让幼儿教育工作者了解幼儿园家长工作的特点、意义、目的与任务，并在此基础上掌握相应的工作技能，从而艺术化地应对幼儿园家长工作的各种棘手问题，着实提高幼儿园家长工作能力，进而提高幼儿教师职业生活的质量，提升幼儿教师的职业幸福感。

作者在编写本书的过程中借鉴和参阅了国内外同行大量的相关研究成果，在此对他们表示由衷的谢意！同时，由于种种原因，书中引用的部分资料，未能标明相关作者及材料的出处，在此对相关作者表示歉意！

由于时间仓促，加上作者水平有限，本书中一定存在着错误、缺漏和不当之处，敬请阅读和使用本书的老师和朋友批评指正。

莫源秋

2015 年 3 月

目 录

第一章 幼儿园家长工作概述 ·· 1
  第一节 幼儿园家长工作概述 ·· 1
    一、幼儿园家长工作的含义 ·· 1
    二、幼儿园家长工作的目的和任务 ·· 5
    三、幼儿园家长工作的内容 ·· 5
    四、幼儿园家长工作的基本原则 ·· 7
  第二节 幼儿教师做好家长工作应具备的素质 ································ 11
    一、做好家长工作应该具备的知识 ··· 12
    二、做好家长工作应该具备的职业道德品质 ································· 12
    三、做好家长工作应该具备的专业能力 ····································· 14
    四、做好家长工作应该具备的良好心理素质 ································· 16

第二章 幼儿园家长工作技能 ·· 19
  第一节 幼儿园日常性家长工作技能 ·· 19
    一、接送交流技能 ··· 20
    二、家园联系册使用技能 ··· 24
    三、家园联系栏设计技能 ··· 30
    四、家园网络沟通平台建构技能 ··· 33
    五、家长委员会工作技能 ··· 37
  第二节 幼儿园阶段性家长工作技能 ·· 41

  一、家访工作技能……42
  二、家长约谈技能……49
  三、帮助家长克服孩子入园焦虑的技能……52
  四、家长会的策划与组织技能……65
  五、幼儿园亲子活动的策划与组织实施技能……74
  六、家长开放日活动的策划与组织技能……83

第三章　幼儿园家长工作艺术……95
第一节　与家长建立良好情感关系的艺术……95
  一、情感关系建立的基本理论……95
  二、与家长建立良好情感关系的艺术……96

第二节　与家长交流孩子发展信息的艺术……117
  一、注意保密原则……117
  二、注意专业知识的积累和专业态度的端正……119
  三、明确信息交流的目的和内容……120
  四、注意缩短心理距离……120
  五、要以平等的身份与家长交谈……122
  六、沟通要用事实来说话……123
  七、描述，但不下结论……124
  八、善于说具有暖意的话……125
  九、向家长反映孩子发展问题的艺术……128

第三节　应对家长工作棘手问题的艺术……133
  一、应对家长晚接孩子的艺术……133
  二、应对家长的不合理要求的艺术……135
  三、应对家长非理性卷入孩子冲突的艺术……141
  四、应对家长不满情绪的艺术……147
  五、应对孩子在园受伤的艺术……153

第四章　幼儿家庭教育基本原理······167
第一节　幼儿家庭教育概述······167
一、幼儿家庭教育的含义······167
二、家庭对孩子发展的意义······167
三、家庭教育与幼儿园教育的区别······169
四、幼儿家庭教育的目的······172
五、幼儿家庭教育的任务和内容······183
第二节　幼儿家庭教育原则······185
一、一致性原则······185
二、示范性原则······193
三、因材施教原则······202
四、尊重性原则······207
五、严爱有度原则······214
六、成长性原则······218
七、家园协调配合原则······225
第三节　幼儿家庭教育常用方法······231
一、榜样示范法······231
二、批评惩罚与表扬奖励法······235
三、自然后果法······246
四、环境熏陶法······251
五、实践体验锻炼法······260
六、说服教育法······268
七、家庭角色互换法······273
八、暗示法······275

第一章 幼儿园家长工作概述

本章主要向幼儿教师介绍幼儿园家长工作的特点、意义、目的与任务及幼儿教师开展家长工作应该具备的素质,同时阐明家长工作技能是幼儿教师必备的一种专业技能,它对全面做好幼儿园教育工作具有十分重要的意义,此外,它还影响着幼儿教师职业生活的质量和幸福感。

第一节 幼儿园家长工作概述

一、幼儿园家长工作的含义

幼儿园家长工作就是幼儿园主导的,以各种日常的以及专门设计的活动为途径,旨在促使家园教育在优势上互补,形成教育合力,促进幼儿健康发展的活动的总和。

幼儿园家长工作主要涉及家长委员会、家长学校、家长开放日、家长会、家访、接送交流、家长志愿者、家庭教育资源开发、班级或幼儿园网站、家园联系手册、家园联系栏及亲子活动等。每种不同的家长工作方式都有它的优势和劣势,幼儿园应该根据工作需要,根据本园所面临的各种条件,统筹选择适当的家长工作方式,进而更好地开展幼儿园家长工作,促进幼儿的健康发展。

案例1-1 情感通，一切都通

A外婆早上来说："A今天早上在家里没有解大便，请老师白天一定要提醒他解大便。"

但是，一直到中午吃完饭，A也没有解大便。老师在午饭后就提醒A说："A，到厕所蹲蹲看，可能有大便呢。"果然，A中午就解大便了。

下午，A外婆来接A时，老师将A解了大便的事告诉了她。A外婆非常高兴，连连对老师说谢谢。以后逢人就说"这个幼儿园的老师负责任"，当有其他家长责怪老师时，还主动为老师打抱不平。

有一天，B奶奶来接B时，发现B的拉链没有拉好，就说："老师真是的，怎么没有帮着拉一下呀？！"A外婆立即说："老师照顾那么多孩子多忙啊，拉链没拉有什么关系呀，孩子都上中班了，应该让他自己学着拉。"

曾有个园长说："赢得1个家长就等于赢得100个家长。""放弃1个家长就等于放弃100个家长。"这种说法有点夸张，但还是有一定道理的。你赢得了一个家长的心，他就会到处宣传你的"好"；你失去一个家长的心，他就会到处说你的"坏"。

案例1-2 家长工作的现状

一次在QQ群上，我与幼儿教师、园长们以家长工作为题聊了许多，其中有些言语反映了当前家长工作的现状，颇有启发。下面提供给大家分享。

"我见了孩子就高兴，见到某些家长就头疼。"

"我很想与家长交流，但是沟通中总觉得家长难以理解我们。"

"作为园长，我最大的担心就是家长投诉幼儿园，我觉得它很容易破坏我们辛苦建立的家园关系。"

"但是我们幼儿园连家长会都没开过。"

"家长工作能力是我们做幼儿教师所必须具备的，但上学时，学校并没有培养我们这方面的能力。"

"我们把太多的精力放在'教育'工作和研究上了，忽视了对家长工作的研究，因此面对家长工作的问题时往往不知所措。"

"我们幼儿园给家长的指导太少，也太不专业。"

"家长需要专业的帮助。"

"有几个家长能听得进去啊？！"

"和家长讲道理简直是对牛弹琴！"

"唉！我觉得碰不到无赖家长就阿弥陀佛，碰到了就跟他理论清楚。上次开家长会就说了这个问题，说了家长们的各种言行，并讲了应该怎么办，从那以后就没家长找事了。"

"孩子在家过了一个双休日，再回到幼儿园后，许多良好的行为习惯就消失了。不认真吃饭，乱扔东西，活动时喜欢说话，真不知孩子在家时家长是怎么教育的。"

"是啊，如果家长都能按我们的要求去教育孩子，我们的工作就好做多了！"

"可这些家长不按我们的要求去做倒也罢了，还经常给我们提这样那样的意见，好像我们当老师的还不如他们懂得多，真拿这些家长没办法……"

案例1-3　妈妈大嗓门"骂"老师

滑滑梯时，文文站在滑梯的入口处，喊："明明，快来滑滑梯呀！"很快，明明跑来，站在滑梯的入口处。就在明明坐下准备玩滑梯时，文文突然从背后用手猛推明明。幸好杨老师站在滑梯旁，眼疾手快，一把抓住了明明的衣服，明明才安全地滑了下来。于是，杨老师将文文喊了过来，严厉地批评道："今天你在滑梯上推明明，真是太危险了。我不喜欢你这样的行为。现在请你站在滑梯旁，向其他小朋友学习，看看别人是怎样滑滑梯的！"老师暂停了文文的游戏，文文伤心地掉下了眼泪。

下午离园时，杨老师主动将这件事告诉文文的妈妈，本想取得文文妈妈的支持，共同帮助文文改掉这个不好的习惯。万万没想到的是，文文妈妈竟火气十足，开始兴师问罪："我家文文推别人，又没有把别人的胳膊推断，有什么关系？！你们凭什么不让他滑滑梯？我看你们就是不喜欢他，故意不让他滑滑梯。"文文看到妈妈这么大嗓门地"骂"老师，被吓哭了，杨老师也委屈地流下了眼泪。

案例1-4 感动：家长的关照

我的第一份感动来自刚刚参加工作的时候。那次，我病得很厉害，家人又不在身边，是班上高峰的妈妈坚持陪着我去医院看病，帮我跑前跑后，为我拿了药，又送我回宿舍。当时我哭了，不是身体不舒服，而是心里很受感动。

从上述这些案例可以看出，做好家长工作，对幼儿教师做好幼儿园教育工作，对幼儿教师职业生活质量的提高都有着十分重要的意义。因此，我们很有必要认真研究如何做好幼儿园家长工作。

案例1-5 家长喜欢有效的家长工作

家长还是很向往有成效的家长工作的。请看如下家长们的发言。

家长1："我越来越喜欢参与幼儿园组织的活动了，像家长开放日啊，家长会啊，我从不缺席，有什么家长可以进入幼儿园参加的活动或是老师需要家长帮忙时，我都非常积极地报名，都快上瘾了！"

家长2："我跟着老师学了很多科学育儿知识，掌握了一些家庭教育方法。如今我不仅能科学地教育自己的孩子，同事教育孩子时遇到什么问题都会向我咨询。我觉得我都能算半个幼儿教育专业人士了。我很自豪！"

家长3："在老师指导下，我解决了孩子成长过程中遇到的一些问题，比如孩子挑食啊，爱看电视啊，赖床啊。以前我们都拿孩子没有办法。现在孩子能按时起床，青菜也比以前吃得多了，想看电视也懂得征求我们的意见，时间到了就乖乖地不看了。孩子的这些变化，让我们觉得省心多了。"

家长4："原本我和老师的接触比较少，如今活动开展得多，我和老师也熟悉起来，私下联系得多了，我们很聊得来的，感情也很好的。现在孩子就要从幼儿园毕业了，我真有点舍不得。"

从上述家长的话语里，我们可以看出：对于有效的家长工作，家长也是十分欢迎的。因此，我们应该努力研究幼儿园家长工作，让家长确实从中有所收获。如果真能这样，那么，家长参加幼儿园开展的家长活动就不是"被参加"，而是天天渴望参加。

二、幼儿园家长工作的目的和任务

幼儿园家长工作的目的和任务是发挥家园各自在教育孩子方面的优势，协调两方教育力量，争取"1+1>2"的教育效果。其具体任务表现为：

（1）增进家园良性互动，增进彼此之间的情感，为孩子的教育奠定良好的基础；

（2）提高家长教育水平，更好地促进孩子的发展；

（3）互通孩子教育方面的信息，协同一致，形成合力，更好地促进孩子的发展；

（4）了解家长的要求，更好地服务家长；

（5）改善办园条件，提高办园水平。

三、幼儿园家长工作的内容

幼儿园家长工作主要包括以下几个方面的内容。

（一）建立经常联系，相互沟通情况，实现同步教育

当某项活动需要家长配合才能取得预期效果时，教师应该向家长介绍该项活动的目的和意义，它需要家长提供哪些方面的支持等，否则，家园不一致，就很难取得预期的教育效果。如，在一次主题活动"玩具我爱你"中，老师让幼儿把家中的玩具带来，可是当文文要把家中的遥控汽车带到幼儿园里时，她的妈妈却说："不行，带去肯定会被弄坏的，这可是花好几百块钱买来的呢！"如此一来，教师原定的活动就无法开展，教育目标也就无法达成。

案例1-6 "老师欺负我，我要告诉妈妈！"

小班的建构活动开始了，琪琪很喜欢彩色的积木，于是她把很多的彩色积木堆在自己的面前，还用手护着。小杰跑到她的身边说："让我玩一玩，好吗？"琪琪摇头说："这是我先拿到的。"小杰眼看玩不到积木了，就开始抢琪琪的积木。琪琪发觉形势不妙，便开始大哭："老师，小杰抢我的积木了。"站在远处的谢老师早已把这一切看在眼里，于是快速地来到琪琪身边，说："好玩的积木，要大家一起玩。知道吗？"谢老师一边安慰琪琪，一边将积木分给了小杰。没想到，琪琪用力把积木推倒在地哭喊道："老师欺负我，我要告诉妈妈！"

离园时，琪琪一看见妈妈，就扑过去把这件事告诉了妈妈。妈妈原先的笑脸马上严肃起来，说："琪琪不愿意把积木分给小朋友玩，妈妈不喜欢。谢老师批评你，是喜欢你。不信，你去问问谢老师？！"琪琪听了妈妈的话，转身半信半疑地问道："谢老师，你喜欢我吗？"谢老师笑着说："琪琪以后能和大家一起玩积木，谢老师会更喜欢琪琪的！"琪琪开心地点了点头。

家园在教育孩子方面达到了高度默契，琪琪的妈妈相信老师，没有听信孩子的话，进而取得了预期的教育效果。

（二）帮助家长提高科学育儿水平

这方面的工作内容主要有：
（1）帮助家长认识幼儿期家庭教育的重要性；
（2）帮助家长树立正确的教育观念；
（3）宣传科学育儿知识；
（4）帮助家长为幼儿的健康成长创设良好的家庭环境。

（三）家长参与

幼儿家长参与幼儿园活动的方式如下：
（1）家长参与幼儿园教育活动；
（2）家长参与幼儿园管理；
（3）家长支持并参与幼儿园环境创设的各项活动。

四、幼儿园家长工作的基本原则

（一）尊重性原则

幼儿园家长工作一定要使每个家长（不管他的经济条件如何，不管他的社会地位如何，不管他有无背景……）感觉到被尊重，否则，很容易引发家园对立，甚至对抗，家长工作也就无从谈起。

案例1-7 全家福

奇奇的父母离婚后，他妈妈选择自己一个人带儿子生活。由于经济富裕，家里请了四个保姆。她一直认为这样的生活方式非常适合自己，奇奇也非常健康、活泼。她对老师说："自从儿子上了幼儿园后，幼儿园里经常要请父母一起来开展亲子活动。幼儿园里的有些课程中涉及家庭，如'我爱我家''我家有几口人''全家福''我爸爸''家庭成员属相大调查'……这些内容都刺激了我的孩子，孩子经常回家说，'××的爸爸来了,我爸爸呢?'你们这样做好像是在逼我给孩子找一个爸爸。"

这是许多老师万万没有想到的——我们的一些教育活动,无形中侵犯了一些家庭的隐私,让孩子及其家长都处于一种窘迫状态。因此,我们在设计家园活动时,一定要考虑该活动是否体现了对所有孩子及其家长的尊重,而不仅仅是对少数或大多数孩子及其家长的尊重。

(二)平等性原则

在幼儿园家长工作中,要让所有家长感受到他们受到了同等的待遇,他们和教师是平等的。教师要用商量、询问等口气与他们沟通,而不是用命令、训斥的口气与他们说话。

其实,不管是普通的工人、农民,还是企业的经理、老板或政府机关的领导,在教师面前只有一种身份,那就是孩子的家长。双方没有人格上的高低贵贱之分,应该在相互理解、彼此尊重的过程中进行交往,任何一方都不能凌驾于对方之上。同时,无论在何种情况下,教师对家长都应一视同仁,平等相待;不能"势利眼"、看人下菜碟,不因家长社会地位的高低而有亲疏之分。

案例1-8 家长如是说

A家长:"开家长会的时候,我总误以为是单位里开工作会议。老师就像领导坐在中间,而家长就像职工坐在周围,听着领导部署工作。"

B家长:"我挺害怕和老师沟通的,总觉得自己好像是个学生。像我这样没有什么文化,也没有什么地位的家长,通常不太愿意和老师沟通,老师和我谈话的时候也很少。老师说啥,我照做就是了。"

从上述两位家长的语言可以看出,教师在与家长沟通交流时,是高高在上的所谓的专业人士,家长对于这样的教师只有敬畏,没有心与心的沟通。

如果教师自己也有孩子，可以时常给家长讲讲自己教育孩子时出现的过失，这样有利于"降低"教师的专业高度，家长也就不会觉得和老师在一起不自在了。家长们更愿意和一个"有相同遭遇"的人，而不是一个高高在上的专业人士，说他们教育孩子时出现的失误和困难。因为人很少会对那些比我们能干的人说出心里话。

材料　不同阶层的家长扮演不同角色

某专家在讲座中提出：幼儿园应该根据家长所处的不同阶层，在幼儿园事务中让其扮演不同的角色。

A. 有钱、有文化的——参与管理。

B. 有点钱、有点文化的——给话语权。

C. 有钱、没文化的——给足面子，多指导。

D. 没钱、没文化的——多给做事机会，多指导。

上述主张得到许多园长和老师的共鸣。我不同意这种主张和做法。我觉得，家长在幼儿园管理者和教师心目中只有一种身份，那就是家长。许多幼儿园家长委员会成了权贵的俱乐部，我认为这是幼儿园教育的一种堕落。

（三）显示爱的原则

让家长感受到你对其孩子的关爱，家长才会相信你，接纳你，从而毫无理由地支持你的工作。

案例1-9　爱会有回报

梓赫已经上中班了，有一天，梓赫的爸爸妈妈来到了幼儿园，高兴地对我说：'我们家的梓赫变了，变得懂事多了，爷爷奶奶还说每天早上他总是吵着要上幼儿园。我们问他为什么，他说：'我喜欢孙老师，喜和孙老师一起玩,孙老师是我在幼儿园里的妈妈.'把他交到你们幼儿园,交给孙老师,我们放心。"

教师一定要使家长感觉到你爱他的孩子,你是真心为他的孩子好,这样即使你批评了他的孩子,家长也会很高兴的。因为他认为你是一个有爱心的、负责任的老师。

(四)教育性原则

家长工作要以孩子更好地接受教育为根基,以孩子的发展作为中心任务,避免教育沦为其他利益的工具。"将儿童的最大利益置于中心",应该是教师与家长共同信奉的教育原则,同时也是二者合作的基本出发点。但是,教师和家长由于教育背景、信仰、价值观等方面的差异,决定了在"什么对孩子是正确的"这一点上,有时会有争执或处于隐性的对立状态。教师与家长之间的任何冲突都是建立在孩子的利益基础上的,因此,教师与家长面对矛盾和冲突,应共同寻找解决问题的办法,努力达到更有效地促进孩子健康成长的目的。

(五)针对性原则

为了使家长工作更有成效,对于不同的家长,家长工作的方式甚至内容也应该有所不同。

对年轻的家长:平等、热情。对年长的家长:尊重、热情、体谅、常赞美。

对高学历家长:采用研讨的方式进行交流,提供策略性建议。对低学历家长:多鼓励,提供操作性建议。

对离异的家长:尊重、接纳。

对保姆:热情、尊重。

对包办代替型家长:用制度管理来减少频繁出入园所带来的过度呵护行为。

对高期望型家长：肯定、赏识其孩子的优点和家长认真负责的态度，同时说明高期望对孩子健康成长的害处。

对放任型家长：强调规则对孩子成长的重要性。

对冲动直率型家长：微笑静听。

对拒绝配合型家长：从孩子入手，让孩子成为小广播，每天向家长播报幼儿园里的趣事、乐事，吸引他关注幼儿园，关注老师的工作，然后请他参加一些活动，与孩子互动，与其他家长互动，用别人的热情去影响他。

对被动配合型家长：让这些家长看到我们实际的工作成绩，用事实来说明问题，给他们更多的参加各类活动的机会，让他们在活动中了解幼儿园，了解自己的孩子，理解老师的工作。

对主动配合型家长："感谢"二字挂在口头，向他们更细致地介绍班级的工作，并将活动深入到家庭中去，使他们成为家长工作的领头人。

对性格内向、沉默寡言的家长：要面带微笑，经常主动热情地与他们交谈，逐渐拉近与家长之间的心理距离。

问题性质不同，沟通方式也不同。对于个别幼儿问题，可采用接送面谈、电话交流、家访等形式，与家长进行个别沟通交流；对于幼儿共性问题，可选择家长会、家长学校讲座、家长委员会会议、家长联系栏等形式与广大家长联系沟通。

第二节　幼儿教师做好家长工作应具备的素质

由于国内对幼儿教师的教育将所有的精力都放在了幼儿教育能力的培养上，开展家长工作能力的培养并未受到关注。这就造成了幼儿教师专业能力上的先天不足。

调查发现，幼儿园实习生普遍缺乏开展家长工作的能力。在调查中，75%的实习生表示"自己只能向家长反馈孩子在幼儿园的情况"；

87.5%的实习生"害怕家长向自己提有关家庭教育的问题",因为"自己也不懂";75%的实习生表示自己不会"科学地向家长反馈幼儿园的教育教学活动的开展及相关的教育理论"……从中可以发现,大多数实习生没有能力开展家长工作,正是由于这方面能力的缺失,使众多实习生回避家长工作。

因此,幼儿教师要了解做好家长工作应该具备的素质,同时,努力让自己具备相应的素质,进而更加有效地做好家长工作。

研究表明,幼儿教师要做好家长工作,就要具备相应的知识、职业品德、专业能力、心理素质。

一、做好家长工作应该具备的知识

为了更好地做好家长工作,幼儿教师必须具备幼儿教育专业知识、幼儿家庭教育知识,还要具备礼仪知识、社会人文知识等。这样,我们与家长才会有更多的话题——既可与家长交流孩子教育的问题,也可粗略地与家长谈论社会、生活问题,进而有更多的与家长沟通交流的机会,这样有利于增进彼此的了解和情感。就像一位幼儿教师所说的那样:"要想取得家长的信任,老师就应该有一定的专业知识,还要有社会人文知识。当家长有教育问题时,你最好能从专业的角度帮助家长分析,并且提出有效的解决措施;当家长谈社会问题时,你最好也能插上几句表达你的观点。如果你孤陋寡闻,专业问题不懂,社会问题你也不懂,和家长谈话翻来覆去总是那几句话,就显得很肤浅,很没有深度,家长也就不愿意和你谈话了。"

二、做好家长工作应该具备的职业道德品质

要做好家长工作,教师就要有公平、公正、尊重、热情、负责、体谅、体贴、合作之心。

案例1-10 嘴巴要甜一点儿

有经验的张老师对年轻老师说，跟爷爷奶奶讲话，嘴巴要甜一点儿，比如：

"爷爷好！爷爷来接丽丽啦？"

"奶奶来接小军啦？奶奶辛苦啦！"

"婆婆来接文文啦？婆婆真是很疼外孙啊！"

"公公来接小敏啦？小敏妈妈有公公帮忙就轻松多啦！"

"哎哟，今天是爷爷来接，奶奶在家里休息是吧？小孙子有你们二老照顾真幸福啊！"

"您老人家说得对，在这方面我应该多向您请教啊！"

确实是这样，家长很容易被我们的热情感染。你若表现出对老年人的一种热情，他们听了会很开心的，然后其他问题都好沟通。

案例1-11 老师不喜欢我家孩子

蕾蕾的妈妈向园长投诉，说老师对蕾蕾有偏见，不理不睬。起因是有一天蕾蕾做错了事，老师批评了她。第二天，蕾蕾妈妈送孩子入园时，孩子喊了"老师早"，老师却忙着处理别的事，没有听见。从此，蕾蕾妈妈就觉得老师肯定不喜欢蕾蕾。

家长和孩子是很敏感的，他们还很在乎老师对他们的一举一动，我们任何一个细小的疏忽都可能引起家长和孩子的误解。在接送孩子方面，几位保教人员应有效地分工，一位当"迎宾员"，其他的则负责照顾早上来得早或晚上接得晚的孩子。尤其是对于内向的家长和孩子，教师要主动跟他们打招呼。时刻保持微笑，因为微笑是最好的沟通方式。

案例1-12 无话可说

一天快下班的时候，我刚要离开幼儿园，就被家长给拦住了。她很生气地说道："我孩子的脸是怎么回事？都第三次了，怎么被划成这样？"我当时很紧张地说："三次了？您怎么才说呀？这是怎么弄的？"家长气急了："你问我？孩子才多大呀，不到两岁，我不说也不能这么欺负人呀？"我赶忙解释道："不是这个意思，这孩子比较小，有些调皮。"家长说："你说什么？我家孩子调皮，就该被划吗？"我真的是无话可说了，感觉说什么都是错的。

家长如此钻牛角尖的起因是老师刚开始沟通时就努力想着怎么开脱自己，减轻责任。如此一来，家长就很容易生气，甚至气愤地和你较劲。

家长最在乎的是教师的专业品德，而不是他的专业能力。因此，幼儿教师一定要加强自身师德的修炼。

三、做好家长工作应该具备的专业能力

做家长工作的专业能力包括：观察和了解家长教育需求的能力，设计、组织实施各项家长工作活动方案的能力，指导家长科学育儿的能力，研究与反思家长工作的能力，与家长沟通交流的能力。

案例1-13 牛头不对马嘴

亿亿妈妈："我家亿亿老是坐在后面，他会不会看不见？能不能定时调换一下座位呢？"

老师："亿亿个子高，没问题的，再说教室也不大。"

亿亿妈妈："我家亿亿其实是喜欢被关注的，能不能给他换到第一排？边上也可以。"

老师："这样吗？好的，我们会适当安排的。"

其实亿亿妈妈的真实想法不是给孩子换座位，而是想让老师在教育活动中给予亿亿适当的关注。可惜老师听不懂家长的意思，进而导致沟通不顺畅。

案例1-14 帮助家长制订一个计划

我至今还记得自己第一次以家长的身份去参加家长见面会的情景。当时我儿子上的是一个3岁幼儿班，每天只上半天学。他的老师很喜欢他。

老师对我说，我儿子很聪明、很听话，与其他小朋友相处得很融洽，她很高兴有这样的孩子。当然，我为她给予儿子的评价乐得合不拢嘴。

开车回家的一路上，我也是兴高采烈的，听别人夸自己的儿子有多棒当然很开心，但我总觉得像是遗忘了什么似的。

因此，教师仅仅告诉家长他们的孩子表现得很好、很受老师和同伴喜欢，是不够的。应该为每个幼儿制订一套将来要实现什么目标的计划，比如，你可以对家长说"你的孩子在数学方面表现出一定的兴趣，我们打算进一步培养他这方面的能力……"，让家长明了接下来应该怎么做，这样的沟通指导才有意义。

案例1-15 纽扣错位

离园时，宁老师发现小宁的衣服挺别扭，仔细一看，原来是纽扣错位了。在宁老师的指导下，小宁笨拙地解开了一个又一个纽扣，准备重扣。正在这时，小宁的妈妈出现在活动室门口。显然，她已经看到了一切，脸上写满了不高兴。只见她快步上前，动手要帮小宁扣纽扣。宁老师一把拉住她说："瞧这衣服模样，就知道肯定是小宁自己穿的。小宁能够独立穿衣服，这是一件很值得高兴的事啊！让他再练习一下，相信他会有进步的。你说对吗？"小宁妈妈听了宁老师的话，似乎悟出了什么，脸上慢慢由阴转晴，笑眯眯地对小宁说："乖孩子，慢慢扣，妈妈等着你！"

教师说话很机智，能瞬间将自己的教育理念融入话语中，扭转不利的沟通氛围，让家长对孩子和老师都由不满转向满意。

四、做好家长工作应该具备的良好心理素质

为了做好家长工作，幼儿教师还应该具有较强的心理承受能力、情绪自我调节能力、专业信仰等良好心理素质。因为不同的家长会有不同的教育诉求，有的合理，有的无理；有的家长通情达理，而有的家长则不近人情，你的好心不一定会得到家长的理解；你做的同一件事情，有家长说好，有家长说坏，还有家长对你进行人身攻击；再者，家长的观念和个性都不易改变，教师做家长工作会遇到许多阻力。如果你没有一点心理承受能力，没有一点情绪自我调节能力，就很容易受到不良情绪的困扰，甚至影响你的正常工作，还有可能让你产生放弃工作的念头。

案例1-16　孩子的奶奶怀疑老师打孩子

孩子的奶奶来接孩子的时候发现孩子不停地哭，同时也发现班级里的扫帚头断了，于是就怀疑老师打孩子。回家后，奶奶检查孩子的身体发现孩子的后背有一道伤痕，更加断定了她的想法。于是她将这件事情告知媒体，媒体报道了这件事情。但据幼儿园的工作人员说，那把扫帚早就坏掉了，孩子后背的伤是孩子之间打闹所致。在这期间，孩子的奶奶经常来找老师理论，要求幼儿园免去托保费，还要赔偿金。那个老师忍受不了，便和孩子的奶奶大吵了一架，然后就辞职了，并说再也不当幼儿教师了。

案例1-17　孩子妈妈的误会

有天放学的时候，有个孩子的妈妈气呼呼地跑来责怪我不让她的孩子玩玩具。她说是孩子说的，老师给别的小朋友玩就是不给她玩。她

还说我偏心，对孩子缺乏爱心等，把我搞得莫名其妙的。她说了半天我才想起来。她的孩子要的玩具是一个刚刚入学的小朋友从家里带去的，人家护着自己的玩具坚持不给她玩，于是，我只好好言相劝让她去玩别的玩具了。后来我向这个家长解释了，她觉得挺不好意思的，我心里也有点不高兴。你说她如果冷静点，先问清楚实际情况不就没事了嘛！

案例1-18 好心不得好报

徐老师被家长告到园长那里，原因是她要求家长购买芦荟驱蚊霜。徐老师感到很委屈，说自己并没有要求家长都买，只是因为自己的孩子使用时效果不错才向家长推荐的。园长说："那你为什么让家长在你那里买？"徐老师说："现在家长工作都挺忙的，市面上各种品牌的驱蚊产品良莠不齐，年轻妈妈经验又少，所以我就多买了几瓶，有需要的家长不用逛街也不用挑选了，直接在我手里买不是更加省心省力吗？我有收据，又没有多收她们的钱。"园长说："不是钱的问题，这样容易被家长认为不从你手里买就会得罪你。"徐老师很生气地说："那是她们的事，我可没有那么想，驱蚊是她们家的事，以后我再也不为家长做这些事了，真是好心没好报！"说完，她气鼓鼓地走了。

做幼儿教师真的不容易，做个家长都满意的幼儿教师更不容易。这需要我们有良好的心理素质，有坚定的专业信仰。

本章参考文献

[1] 晏红. 幼儿教师与家长沟通之道 [M]. 北京：中国轻工业出版社，2012：34.

[2] 汪秋萍，陈琪. 家园沟通实用技巧 [M]. 上海：华东师范大学出版社，2013：52-53.

[3] 吴邵萍.家园共同体的建构:幼儿园家长工作的方法与策略[M].北京:教育科学出版社,2011:170,133-134.

[4] 科特曼.幼儿教师88个成功的细节[M].李旭晴,译.上海:华东师范大学出版社,2010:143,171.

[5] 陈鹤琴.家庭教育:怎样教小孩[M].北京:中国致公出版社,2001:273.

[6] 苏霍姆林斯基.给教师的建议[M].杜殿坤,编译.北京:教育科学出版社,1984:397.

[7] 刘明.幼儿教师与家长沟通现状研究[D].大连:辽宁师范大学,2009.

第二章　幼儿园家长工作技能

本章主要介绍各项幼儿园家长工作的技能，主要目的是让幼儿教师明确各项幼儿园家长工作在家园沟通、合作中的独特作用，同时掌握各项幼儿园家长工作的技能，让幼儿园家长工作更加有成效。

第一节　幼儿园日常性家长工作技能

按幼儿园家长工作的经常性程序来分，可将幼儿园家长工作分为阶段性家长工作和日常性家长工作。

幼儿园阶段性家长工作是指幼儿园间隔一段时间开展的家长工作形式。它包括家访、家长约谈、家长开放日活动、幼儿园亲子活动、家长会、家长学校等。

幼儿园日常性家长工作指的是幼儿园在日常工作中经常性开展的家长工作形式，具体包括接送交流、家园联系栏、家园联系册、幼儿园网站、园报、家长委员会工作等。

日常性家长工作是幼儿园日常进行的最普遍的家长工作方式，也是幼儿园家长工作最重要的环节。我们应该认真研究它们，并努力让其成为促进家园和谐、合作的正能量因素。

一、接送交流技能

接送交流即在早上家长送孩子，教师接孩子，傍晚教师送孩子，家长接孩子的过程中所进行的家园交流。教师利用家长接送孩子的时间与家长简短交流，是一种简便、及时和最经常的联系方式，虽然时间短，只是三言两语，却可以及时互通信息，以便家园随时配合，共同教育。如，某幼儿中午用餐时比以前有进步，吃了些蔬菜，虽吃得不多，但在原有水平上有了进步，有心的教师记住了，离园时，教师在家长和孩子面前表扬了孩子的这一进步，家长听后十分高兴，孩子听到这一表扬后就很愿意重复这种良好行为，挑食的毛病就逐渐改掉了。

接送交流的优势：不用另外找时间和地点，不用奔波，教师和家长可以面对面地交流，并且每天都有两次机会。它比较适合教师与家长对孩子的情况和教育要求进行简短的交流，它是联络家园感情和展示教师专业形象和专业素质的好机会。

接送交流的弱点：时间比较匆忙，家长来园比较集中，教师在这两个时间段需要关注的家长和事情比较多。

为了更好地发挥接送交流的效果，我们应该注意以下五点要求：

（一）明确目的任务

接送活动前，教师要对本次接送过程中为什么要与家长沟通，要和家长沟通哪些内容做到心中有数。教师可以根据孩子当天的学习和生活情况向家长具体地反馈。适合接送时反馈的内容有：对进餐有问题或进餐有进步的幼儿的家长反馈孩子的进餐情况；对没有良好午睡习惯或午睡情况异常的幼儿家长反馈孩子的午睡情况；对幼儿书包里的衣服带得不合适的家长反馈孩子的穿衣问题；对在幼儿园里表现无太大异常的幼儿的家长反馈孩子的细小进步；对非常注重幼儿"学本领"的家长反馈孩子的学习情况；也可以抓住孩子身上今天发生的一两件有趣的事和家长聊聊；家长在教育孩子方面有问题时也可以利用这段时间与教师交流……三五句话，足以收拢家长的心。

无论是接还是送，三位教师都应该到场并进行分工——每个人有针对性地与家长交流。

> **材料2-1　向家长反映孩子情况的参考句式**
>
> 　　A 句式：孩子现在什么地方进步了，如果改掉××缺点，相信进步会更大！
> 　　B 句式：孩子在××方面表现很好，如果在×××方面再怎么样，就更加好了！

采用这两种句式的交流方式，家长听了既为孩子的进步感到高兴，对老师提出的建议也乐于接受。

案例2-1　妈妈高兴地离园

又是新的一天，孩子们陆陆续续地来到幼儿园，开始投入到自己喜欢的游戏中。我听到了熟悉的声音，张宸硕来了，每次他与爸爸或妈妈都要依依不舍地说再见。我一看，今天来的是妈妈，就说道："张宸硕早！张宸硕妈妈早！张宸硕有没有告诉妈妈昨天你很棒的，自己穿衣服，塞衣服，老师还给你发了一张贴贴纸呢？！"

张宸硕妈妈高兴地说："真的吗？张宸硕，你真厉害！"

我说："今天你还要自己穿衣服哦，吃饭也不挑食，好吗？老师再奖给你贴贴纸好不好？"张宸硕点点头，然后说："妈妈，再见！"

张宸硕妈妈高高兴兴地离开了。

适当表扬幼儿会让家长心情好，家园关系也容易融洽。

案例2-2 你赞成哪种交流？

班里有王老师、李老师、保育员。

家长要来接孩子了。王老师、李老师接待家长时，可以有如下三种不同的分工形式。

A分工方式：王老师、李老师都站在门口或附近，把孩子喊到家长面前交给家长，班内幼儿自行进行教师安排好的活动，由保育员照看。

B分工方式：王老师在门口把孩子喊到家长面前，李老师在班级里面组织家长还未来接的幼儿活动，同时与带着孩子进来的家长交流。

C分工方式：王老师在门口把孩子喊到家长面前，李老师在门口外面的场地与家长交流，班内幼儿由保育员照看。

A分工方式：正如问卷呈现的调查结果，家长看到教师处于忙碌状态，就不好意思去跟教师交流，这样家长在集中时刻过去之前就很难有机会与教师交流。这种方式是低效的合作分工，是教师资源的一种浪费，教师是在浪费与家长沟通的时机。

B分工方式：家长需要穿过"门"这一实际存在的障碍，进入班级内找机会与教师交流，但事实上有形的门也给家长设置了心理上较难逾越的障碍，在没有较强驱动力的情况下很少有家长愿意"破门而入"。这种方式下，李老师是在逃避与家长的交流。

C分工方式：就像教师把"服务"送上门一样，给家长的感觉是，教师在那儿等着家长去与她交流。面对这样一种热情的、开放的交流状态，家长容易很快地融入与教师的交流。采取这种方式的教师分工是高效的，表现出的是积极、主动、热情的态度，对幼儿、对家长高度负责的行为。

（二）与家长接送孩子时的交流要公平

让每个家长都有机会，每个家长不超过3分钟。不要只顾与某家长打得火热而忽视了其他家长,否则,其他家长会感到心理不平衡,甚至气愤。

(三)从细节上让家长感受到老师对孩子的热情

早晨接待时,每个孩子都应该得到教师的点名、问候、拉手、抚摩或拥抱,教师也可通过与孩子击掌表示见面时的高兴。

傍晚送孩子时,要让所有孩子及家长都得到老师的欢送。

(四)注意接送的安全

离园时要提醒幼儿整理衣物,家长来接时要认真核对接送证,亲手把孩子交到家长手中,提醒家长带孩子玩大型玩具时要关注孩子,防止孩子发生意外,要制止孩子不正确的玩法,教育孩子和同伴友好地玩。

(五)注意艺术化地提醒晨检的结果

在晨检中如果发现孩子身体的任何部位有划伤,教师不但要问明原因,还要让家长确认伤痕,以免放学后家长来接孩子时产生误会。

在晚检中如果发现孩子白天出现小的磕碰,即使已经在医务室得到了妥善处理,教师也要当面报告家长,说明孩子出现问题的情况以及班级老师当时所做的工作,让家长感受到老师的坦诚,感受到老师对孩子的关心和对家长的尊重。同时教师要表示歉意并承诺今后会努力避免类似事情的发生。如果教师隐瞒伤情,家长会以为老师对孩子不关心,或者老师企图推卸责任,这样家长会对老师的工作表现出强烈的不满情绪。

案例2-3 孩子受伤后的纠缠

一位家长在博客中写道:

有一次,我匆匆忙忙地接孩子回家,到家后发现孩子的腿受伤了。于是,第二天一大早,我就问老师,可是老师说不知道,说在幼儿园没发现孩子摔倒或者和其他小朋友打闹。我当然很生气，难道孩子的伤是我弄的不成？老师问是不是以前的伤，而没被我发现。我更生气了，以前受的伤现在还能有血痕吗？老师就是不承认，还说没有什么证据能够证明这伤一定是在幼儿园弄的。反正话都说到这份上了，大家自然很不愉快。我和这个老师的关系自然也好不到哪儿去。

上述案例给我们的教训是教师在晨检、午检和晚检时都过于马虎，对孩子的身体状况心中没数，这就导致无法跟家长说清楚孩子受伤的原因及时间。

二、家园联系册使用技能

采用家园联系册，作为家园联系的一种方式，是指通过家园联系册（一种册子，每个孩子人手一份，每天由孩子携带，便于教师与父母随时交流与沟通），教师采用书面语言的方式与家长进行联系交流，向他们报告其孩子在园各方面、各阶段的情况，征求他们的意见、见解，共同探讨分享育儿的方法、经验等的幼儿园家长工作方式。可以根据需要每日或每周或每月实现家园沟通一次，新生刚入园的第一个月可以每天交流一次，有重大事情可当天沟通提醒。

在家园联系册的前面部分可以印些幼儿园的基本信息——入园须知、办园理念、幼儿园联系方式等，这样可以加深家长对幼儿园的认识。

家园联系册上沟通的内容可以是老师提供的，也可以是家长提供的；有幼儿的表现，也有教育建议；有对孩子问题的反映，也有对孩子亮点的肯定；有家长对孩子的评价，也有家长对幼儿园工作的建议与感受。家园联系册像一座桥梁，将幼儿园教育和家庭教育紧密联系起来——家长可从联系册中了解到孩子的进步、问题及幼儿园对家庭在配合教育方面的具体要求；教师则可从联系手册中获得幼儿园教育效果的反馈信息，了解孩子在家中的表现，得知家长的意见和要求。

案例2-4 日本的"家园联系簿"

在日本的五之神幼儿园,每个周一早上都会看到入园的孩子拿着一个本子交给老师,这就是"家园联系簿"。这本小小的家园联系簿是教师开展家长工作的重要形式,在这本小册子里面,清楚地写明孩子在园一天的情况,包括进餐、大便及行为表现,同时也记录着孩子在家中的活动情况。园中的幼儿人手一册,由家长与教师共同记录,每日由幼儿携带,便于教师与家长随时交流与沟通,出现问题可及时联系。

家园联系册的优势:表述比较严谨;沟通比较及时,可以随时随地查阅——有些家长工作繁忙,难以抽出时间与教师经常交谈,有些家长没有上网习惯,在这种情况下使用家园联系册显得尤为重要;沟通交流有连续性——有利于看到孩子持续的变化;材料可直接当作档案保存;家长可带回家看,不受一时人多人少的影响;可为家长提供个性化的家庭教育指导;有些话不好当面讲,可以在家园联系册上讲。

家园联系册的劣势:受制于家园双方的书面表达能力和理解能力,比较复杂的问题不易写清楚,因此就不能及时地采取有效的教育措施;书写的交流速度没有面对面交流快,信息量也没有面对面交流大,并且双方无法看到对方的表情信息;教师的工作量过大。

为了更好地发挥家园联系册在家长工作中的作用,我们应该注意如下八点要求:

(一)明确使用家园联系册的目的

使用家园联系册主要是为了实现家园的有效沟通,进而更好地促进孩子的健康成长;另外,通过家园联系册可以展现教师的专业素质、教师对孩子的关注、教师对孩子的喜爱之情、教师的文笔水平。

（二）内容要符合家长的需要

有一位老师说，他们班有些家长在家园联系册上所写的内容千篇一律，如："谢谢老师，您辛苦了！""我们家的孩子谢谢您的照顾，这个月没有什么事情，非常好！""我家孩子很调皮，请老师多多管教。""谢谢！"

其中主要的原因就是教师在家园联系册上没有向家长提供他们感兴趣的内容，没有向家长提供能激发起他们交流欲望的内容或选题。

因此，家长在填写家园联系册时，一定要提供一些家长关心的内容。教师要相信：家长冷落家园联系册是有道理的。比如，有位家长说："我原来还挺愿意看家园联系册的，可是现在不愿意看了。因为每天联系册上的内容都差不多，老师写的都是那些话。"因此，教师一定要从自身找原因，努力根据家长的需要去收集并提供相关的材料，努力做到内容有新意、有趣、有意义，符合家长的需要。

案例2-5　家长、孩子因为家园联系册而改变

有个孩子经常迟到，老师在联系册上写道："本周内您的孩子没有按时入园参加晨间锻炼。晨间锻炼能够增强孩子的体质，培养孩子的交往能力，希望家长给予配合，让我们共同培养孩子参加体育锻炼的积极性。"第二周，这个孩子果然没有迟到，她的家长在联系册上写道："对不起，老师，由于我们的疏忽，让孩子没有得到应有的锻炼，今后我们保证不让孩子迟到……"

在上述案例中家园联系册之所以受到家长的重视，主要原因就是其内容符合家长关注孩子健康成长的需要。

（三）注意家园联系册上的用词

"各位家长"→"家长朋友们"；

"我们班级""我们幼儿园"→"我们";

"请您配合""请您帮助""请您支持""请您合作"→"和您一起""同步开展""让我们一起来""让我们一起行动起来!"等等。

后者让家长感到家长和教师是一个团队的,家园是一个整体,更容易让家长和教师站在一起。

(四)语言要具体明确

案例2-6 孩子的进餐习惯不好

A家园联系册中如此描述:"这两天孩子的进餐习惯不好,请家长与我们联系!"

B家园联系册中如此描述:"您觉不觉得您的孩子变得活泼了?现在,她爱说爱笑,愿意与人交往,我们真为她高兴!可是这两天中午,她不愿吃菜,也不愿喝汤,只吃点米饭,我们有些担心,不知道孩子为什么这样。您能帮我们了解一下吗?"

A家园联系册:内容抽象,语言生硬。

B家园联系册:先表扬孩子,再谈问题,家长容易接受;对孩子的变化和问题描述得十分具体,家长容易看懂。

家园联系册,应该讲孩子成长的故事,讲孩子的教育问题。

(五)内容应该全面

家园联系册的内容体现着家园对孩子发展的关注,因此,教师应该通过家园联系册来引导家长对孩子全面发展的关注。比如,家长更多的是关注孩子在知识技能学习上的进步与问题,而教师则要多地引导他们关注孩子的性格、社会性、行为习惯方面的进步与问题。

（六）让孩子听听联系册上的评语

家园联系册上的交流是家园间成人的交流，但他们交流的内容都是关于孩子的。家长不妨将家园联系册上的内容读给孩子听，让他知道老师是怎么评价他的优势与弱项的，在此基础上让孩子参与联系册的填写，鼓励孩子思考如何回应老师的期望，并把它写出来，变成孩子今后行动的指南。另外，通过"听"家园联系册，可让孩子及时了解父母、老师对自己的关爱和期望，进而不断取得进步。

（七）家园联系册上的好文章可供大家分享

案例2-7 家长是高手

班上有个孩子每次吃饭都是最后一个吃完。老师想要"矫正"他的行为——让他吃得快一点。老师在家园联系册上写上要求，请家长予以配合。

几天后，家长在家园联系册上留言："每次都盼望着阅读家园联系册，但今天看了老师们的来信，我的心情十分沉重……从另一角度来看，孩子吃饭习惯不好似乎也受先天不足的影响，给各位老师确实增添了很多的麻烦。除表达歉意之外，请各位老师给予孩子更多的帮助。同时，诚挚地请求各位老师在吃饭的问题上少给孩子一点批评。或许我的观点并不正确，但我认为：对于孩子将来一生的成长来说，足够的自信、健康的心态才是最为重要的。如果从小因先天的因素，如吃饭慢之类，而习惯于做'最后一名'，习惯于被批评，或许有些不值。老师是否可以多给孩子一些鼓励，多创造一些机会让他不致每一次吃饭都是最后一名呢？"

家长的留言，对我们教师也有教育意义。因此，当家长在家园联系册的留言中有好文章、好观点时，可以通过家园联系栏或班级博客等途径让其广泛传播。

（八）不要为难家长

家园联系册不是家园联系的唯一途径，本身也有其局限性。因此，对于那些不适合使用家园联系册这种沟通方式的家长，教师不要为难他们，而应该选择更加适合他们的家园沟通途径，否则，家园联系册就会成为一种负担。

案例2-8　某某家的家园联系册全是空的

一次，班级里其他孩子的家园联系册都上交了，并且家长都在上面写下了自己想说的话，只有涛涛的册子上还是空白的。我随即拨通了她妈妈的电话。以下是我与她的对话。

老师：涛涛妈妈，这个月您的家园联系册上怎么没写反馈意见呢？

家长：老师，我觉得您每次为一点点小事情就打我的电话，我都快被您烦死了！我哪有时间写啊？您一会儿叫我们做这个，一会儿叫我们写那个。我们是打工赚钱的，不是给您做东西的。

老师：我也非常理解您的难处，但是，我们让您写是想听听您对我们的工作有什么建议，大家共同帮助涛涛改掉坏习惯。首先，您是涛涛的监护人，您有义务教育他、指导他。

家长：您就别说了，反正我是不会写的。我不会写字，文化水平低，要不您帮我写吧。

老师：这样这本家园联系册就没有意义了，请您抽空写一下吧。

之后，涛涛的妈妈马上挂了我的电话。过了一天，涛涛交上来的家园联系册还是空白的。

案例中的老师太教条，她将家园联系册当作家园必不可少的联系途径，甚至是唯一的途径了。

三、家园联系栏设计技能

家园联系栏，也称家长园地或布告栏，是反映幼儿园或班级各种事务的宣传栏、墙报或展示板。家园联系栏主要有三种：全园性的家园联系栏、年级性的家园联系栏和班级家园联系栏。全园性的家园联系栏一般都是介绍有关家教新观念、家教好经验、保健小常识、季节流行病的预防、亲子游戏等；年级性的家园联系栏按年龄段来划分，以每一年龄段为单位进行统一设计，它主要是针对本年龄段现阶段的保教任务来设计的；班级家园联系栏的内容主要是反映本班最新、最有价值、最有意义的事件，包括本班幼儿的最新情况和点滴进步、周活动目标与内容、需要家长配合的工作以及一些有针对性的家教指导性文章等。

由于篇幅有限，本书介绍给大家的主要是班级家园联系栏的设计与布置技能。

家园联系栏的优势：家长可利用接送孩子的时间驻足阅读；更换简单易行；内容有一定时效性；不用面对面交谈。

家园联系栏的劣势：有的家长来去匆匆，没有时间看；有的家长不识字；有的家长视力不好，看不清相关文字。

家园联系栏是运用得非常广泛的家长工作方式，它是反映班级保教工作情况的一扇窗口，是反映教师班级管理情况的一面镜子，也是促进家园合作的一种载体。

为了更好地发挥家园联系栏在家长工作中的作用，我们应该注意如下四点要求：

（一）注意目标导向

设计家园联系栏应该以目标为导向，其栏目、内容、形式都应该为目标服务。设置家园联系栏的根本目的是为了孩子的教育，为了家园配合的默契，其具体目标为：向家长介绍现代家庭教育观念、做法，反映班级日常保教工作情况，提出家园配合的要求。

（二）了解家园联系栏的内容与栏目

我们调查发现，在家园联系栏的内容栏目设计上，教师的理念不同，动机不同，内容也会不同，但最常见的内容如下。

本周活动安排栏目：将本周的教育教学活动目标与内容，教师需要告知家长的一些问题、注意事项等公布在这里，每周更换。

亲子游戏栏目：每周介绍一个供亲子一起玩的时长为1～2分钟的小游戏。

亲子共同探索栏目：每周提供一个亲子共同到小区的自然界或社会进行的某一方面的探索活动。

请您配合栏目：专门用来记录当天教师要交代家长的事情。

家庭教育指导栏目：介绍一些具有操作性的家庭教育知识。

（三）增强服务意识

家园联系栏的设置是为家长更好地教育孩子服务的。因此，从家园联系栏的选址、版面设计到字体大小等都要考虑是否方便家长阅读。

家园联系栏既要为家长提供在家的教育信息，帮助家长解决疑难问题，为家长提供讨论的场所，同时还应具有更广泛的服务内容。服务功能的开发也凸显了家园联系栏人性化的发展趋势。我很欣赏有的班级在家园联系栏旁边放置放大镜或老花镜这一做法——虽然家长不一定要戴上它，但它能让家长感受到一份体贴和温暖。

（四）关照家长的需要

家园联系栏的设置主要是给家长看的。因此，在设计家园联系栏的内容和形式时，一定要考虑家长的需要，为家长了解幼儿园保教工作，解决家庭教育中的问题提供支持。为此我们应该做到如下三点。

1. 内容实用、有针对性

一位家长说:"反正都是那些东西,看不看没多大影响,对我们家孩子没多大用。"这提醒我们家园联系栏的内容要有针对性,要让家长觉得有实用价值。比如,小班设"入园快速适应几招""我的本领可真大"——展示孩子的独立生活自理能力,以免家长误将"教师培养孩子的生活自理能力"当作"教师对孩子缺乏照顾";大班最后一个学期设"一位小学教师的话""孩子入学准备有效策略"等内容;托班开辟"美味佳肴"栏目,为家长提供该年龄段孩子的饮食建议和适合的菜肴。此外,我们还应充分考虑到体弱儿的身体健康,可推出针对体弱儿的食疗方案。又如,秋季天气干燥,许多幼儿会出现嘴唇干裂的现象,我们及时为家长提供有效的预防和保护措施,就显得非常必要,可建议家长采取食疗的方法,每天给孩子喝一碗山药莲子汤、银耳炖冰糖,或者苹果、梨子粥。这种操作简便、实用性强的方法,最受家长们欢迎。

提供实用、有针对性的内容,不仅体现了教师的专业素养,而且体现了教师对孩子们健康成长的关切。

2. 家园联系栏的位置要适宜

家园联系栏应该设在光线良好、家长来园必经、所处位置与家长的视线平行、能容纳几个家长同时阅读的地方,过于狭窄、易堵的地方,如门口就是不适宜的,因门口也是进出教室的要道,如果家长驻足观看,势必会影响他人进出。

3. 内容要适时更新

内容至少一周更换一次,以保证内容常换常新,并且对家长的问题要有积极及时的回应。有规律地更换内容,让家长每次观看都有所收获,这样家园联系栏才有吸引力。

我们要经常观察家长是否关注家园联系栏,同时,还应经常对家长进行调查:您觉得本期的家园联系栏对您有帮助吗?最有帮助的内容是什么?对办好家园联系栏,您有何建议?

不断听取家长的意见,家园联系栏才能更加符合家长的需要,更好地发挥它在家长工作中的作用。

四、家园网络沟通平台建构技能

在信息化时代，网络无疑成为人们获得信息的重要渠道，网络在丰富人们生活的同时，也为家园沟通带来了新契机。当下，在众多的家园沟通形式中，网络沟通（家长可以通过网络的班级博客、QQ、电子邮箱、微博、微信等平台与家长交流）是幼儿园开展家长工作的一个非常重要的有效途径。家长通过网络，可以了解幼儿教育的方法，还可以从中了解孩子在幼儿园的表现，了解幼儿园教育活动情况。下面以QQ为例介绍家园网络沟通应该注意的事项。

（一）QQ的优势与劣势

有的家长这样说道："我上班，老师上班，我下班，老师下班；我们就像两根永远不能交汇的平行线。"还有不少家长反映："很多时候幼儿园组织的活动我不是不想参加，而是没有时间参加。"可见，工作时间冲突已然成为家园合作沟通不畅的重要原因。而QQ则可以弥补传统沟通的短处。QQ家园沟通的优势：及时，便捷，互动，免费，图—文—声融合，信息量无限，不受时空限制等。

QQ家园沟通的劣势：上网才能交流，并且需要一定的上网技术；消极的东西容易被迅速放大。

我们在使用QQ进行沟通时，应该扬长避短，充分发挥其积极作用，避免其消极作用。

（二）QQ在家园沟通中的作用

QQ在家园沟通中具有强大的功能，希望我们教师能了解它，并且熟练地使用它。我们不用引进什么软件，也不用进行任何改进，可以直接使用QQ所具有的沟通功能来搭建家园沟通的平台。

1. QQ 好友

当对方在线时，可以用来进行即时文字、语音聊天，即时传递文字、图片、音频、视频材料，可以有针对性地与家长进行个别交流和传送材料。

2. 班级 QQ 群

QQ 群有即时群聊功能，可用来进行专题交流、即时讨论等；它的"公告"可用来上传班级各项通知，供家长们下载；它的"相册"可以上传近期班级活动照片，供家长们下载；它的"文件"可以用来上传好文章、音频资料、视频资料，供家长们观看和下载。

3. QQ 信箱

不管对方是否在线，都可以用来给家长个人或群体发送各种电子材料。

4. QQ 留言板

家长和教师都可以在上面留言，可以提问、表白、建议等，家长和教师都可以在上面做出回应。

5. QQ 音乐

家长和教师都可以上传自己感觉不错的音频材料，如儿歌、幼儿故事等。

6. QQ 相册

家长和教师都可以上传孩子在家或在园活动的照片材料。

7. QQ 视频

家长和教师都可以上传孩子在家或在园活动的视频材料。

8. QQ 说说

家长和教师都可以往上发送文字、图片、视频、音频材料，让家长们分享和讨论。

9. QQ 日志

可以用来分享各种教育孩子的信息资料，可以是自己写的，也可以是转发其他作者的。

可以利用它的"管理"工具，将日志分成如下一些栏目。

（1）家长学校。主要内容包括家长素质、孩子心理、营养与健康、孩子教育等内容。

（2）经验分享。分享各位家长教育孩子的经验。

（3）亲子游戏。由家长和老师提供一些好玩的亲子游戏。

（4）幼儿园教育。向家长介绍本班各项保教活动的目标、任务、内容、家园合作要求。

（5）孩子作品。上传孩子的各种作品，让家长不受时空限制，看到自己孩子的作品。

（6）孩子成长电子档案。可以用来给每个孩子建立一个成长电子档案，将孩子学习、生活中的表现上传到网上存档。相关材料可以由家长提供，也可以由老师提供。

（7）孩子趣事。让孩子、家长共同分享他们在学习和生活中的趣事。

（8）可爱的老师。给每个老师建立一个电子档案，通过图文向家长们展示老师们的专业才能和教育信念。

（9）教育智慧。上传各种富有教育智慧的故事或做法。

（10）热点讨论。利用日志中的"置顶"功能，每个月将4个话题"置顶"，当作本月的热门话题来讨论。话题可以由家长提出，也可以由老师提出。

（三）使用QQ开展家长工作应该注意的事项

为了更好地发挥QQ在家园沟通中的积极作用，我们应该注意如下四点要求。

1. 采取实名制原则

为了让家园沟通更加高效、准确，我们主张家园网络沟通采用实名制。实名制还可以防止某些人利用网络恶意捣乱，避免不负责任的言行。

2. 积极、及时回应原则

对家长的留言、提问，教师要积极、及时地给予回复；经常得不到回应，将会大大挫伤家长利用网络这一平台的积极性。

案例2-9　一封邮件发出近一年都没有回音

一名实习生在幼儿园实习时，参与她所在班级的网上交流活动，结果她发现班级 QQ 邮箱里有一封去年 10 月 12 日的电子邮件。该邮件从未被点击过。邮件中写道："老师您好，最近我们比较烦恼，孩子近段时间上幼儿园的情绪很不稳定，几乎每天早上都要在家哭闹着不去上幼儿园，要让我们带他去公园玩，也许是才过完国庆的原因。希望老师在幼儿园里帮我们给孩子讲讲道理，让他尽快像以前那样能高高兴兴地上幼儿园，谢谢！虹虹父母。"该实习生将此电子邮件转给老师看，老师说："哦，那个邮箱我们都没怎么管，平时我们都是用 QQ 直接聊天的。"

我想，第一次给老师发电子邮件就没有回音，估计家长以后就不会通过这种方式与老师沟通了。

3. 需要性原则

要让家长感受到 QQ 对他们的意义——有收获、有趣、有用、有新意，这样 QQ 的沟通功能才能更好地发挥。当家长未发现 QQ 家园沟通有什么好处时，他们不愿参加或放弃参加 QQ 沟通活动就很正常了。

4. "三倡导"

为了聚集人气，教师就要多花些时间和精力在网络建设上，要做到"三倡导"——倡导原创、倡导个性、倡导回复。提倡教师根据班级情况撰写 QQ 日志，而不应一味地转载他人的作品；提倡教师富有个性地建设 QQ 空间，而不应一味地求同；提倡教师及时回复家长的留言和反馈，而不是视而不见。

网络不仅是家园沟通的平台，也是幼儿教师展示专业素养的好平台。幼儿教师平时应该认真研究如何更好地利用现有的网络平台来做好家长工作。

五、家长委员会工作技能

幼儿园家长委员会由家长代表组成,是代表着全体家长和幼儿利益的常设生自治性群众组织。它是由各班幼儿的家长推选产生的,是幼儿园园长和教师的助手,可协助幼儿园加强与广大家长的联系,保证幼儿园家长工作的顺利进行。家长委员会在幼儿园园长指导下,帮助家长了解幼儿园工作计划和要求,反映家长对幼儿园工作的意见和建议,协助幼儿园发动家长和有关组织帮助幼儿园解决具体困难,协助幼儿园组织交流家庭教育经验,负责开展幼儿园范围内的家园合作的具体活动。

案例2-10 家长委员会的特殊作用

以往,当班级中有孩子出水痘、得腮腺炎、手足口病时,某孩子还处在隔离期,家长可能会不顾园里传染病隔离期的规定,将孩子送到幼儿园。当教师告诉家长要对其他孩子负责,要考虑到其他孩子的健康,请他将孩子带回家,到隔离期满后再入园时,家长常常会置之不理,还可能会出现与教师吵闹不休的情况。如果此事由家长委员会出面处理,效果将会不一样,因为大家都是家长,孩子又在同一班级,这些家长就会迫于道德和舆论压力,将孩子领回去休养,也就不会出现与教师吵闹不休的现象了。

家园合作是一件很重要的事情,也会存在很多的困难。幼儿园总是有一些措施需要推行,但是有时候实际情况是,由于有些家长对幼儿园有着莫名的抵触心理,有些措施即使合理,也会受到家长的阻挠,推行不下去。然而,由家长委员会来做相对来说就比较容易了,因为大家都是家长,有着共同的利益,家长委员会来推行某项措施往往比较容易获得其他家长的支持。

为了更好地发挥家长委员会的正常功能,我们应该注意如下几点要求。

（一）家长委员会成员要有代表性

家长委员会是代表着全体家长和幼儿利益的常设性自治性群众组织，因此，它要有代表性，成员应该来自不同阶层的家庭，来自不同行业，同时要考虑性别结构，并适当让祖辈家长参与家长委员会。这样，他们的意见才具有真实的代表性。家长委员会不应该成为权贵俱乐部，也不应仅仅成为幼儿园的传声筒。

家长委员会的产生一般有三种方式：一是以教师推荐为主；二是以家长选举为主；三是推荐与选举相结合；四是自荐与选举相结合。我更倾向于第四种，因为家长委员会的成员首先得愿意为大家服务，其次要大家信任才行——第四种产生方式刚好符合这两个条件。

为了让更多更有影响力、更乐于为大家服务的家长加入家长委员会，在家长委员会选举之前教师一定要做好动员工作，将家长委员会候选人的条件（①有为大家服务的意愿；②有责任心；③有时间；④有一定的组织能力和活动能力）和职责公布于众，让候选人具有代表性，又能在家园之间起到良好沟通的桥梁作用，让家园关系更加和谐，让家长工作更加高效。

（二）让家长委员会成员明确其权利和义务

幼儿园家长委员会产生后，幼儿园应该加强对其成员的培训，让他们认识自己的权利和义务。这对规范他们的工作，对推动幼儿园各方面的工作和构建和谐的家园关系具有积极意义。

1. 幼儿园家长委员会成员的权利

一般认为，幼儿园家长委员会成员享有以下权利。

（1）知情权：家长委员会有了解幼儿园保育及教育情况、幼儿园管理工作、幼儿园发展规划及其他有关情况的权利。

（2）建议权：家长委员会有对幼儿园工作及规章制度提出建议和意见的权利。

（3）监督权：家长委员会有对幼儿园的各项工作进行监督的权利。

（4）评价权：家长委员会有对幼儿园的各项工作进行评价的权利。

（5）申诉权：家长委员会有向幼儿园上级教育行政部门、管理部门反映幼儿园情况的权利。

2. 幼儿园家长委员会成员的义务

一般认为，幼儿园家长委员会成员具有以下义务。

（1）大力协助幼儿园做好各项工作。作为幼儿园的合作伙伴，家长委员会有义务协助幼儿园做好各项工作。有些问题对于幼儿园来说是比较棘手的，但是家长委员会可以发挥自身的优势来帮助幼儿园解决。

（2）及时反映家长的意见及其建议。作为家园双方信息沟通的渠道，家长委员会有义务向幼儿园及时反映广大家长对幼儿园的真实想法，包括对幼儿园的意见及建议。

（3）积极开展家庭教育的经验交流。作为家庭的合作伙伴，家长委员会有义务经常组织家长开展家庭教育的经验交流活动，为家长交流育儿经验搭建平台。

（4）充分发挥自身的榜样示范作用。作为家长的代表，家长委员会的成员有义务做广大家长的榜样，发挥示范作用。家长委员会成员的言行举止会被其他家长关注，因此需要发挥良好的影响。

（5）有义务主动为幼儿园的公益建设和事业发展提供精神或物力上的帮助和支持，发动家长共同解决办学中的困难。

（三）充分发挥家长委员会的作用

1. 注意家长委员会组织机构建设

家长委员会成员，园级的以 7 人左右为宜，班级的以 5 人左右为宜。人多人少都不利于工作的开展。园级家长委员会应该设一位"主任"来牵头组织工作，下设宣传组（负责宣传报道等工作）、资源组（负责动员家长资源，组织家长义工参与幼儿园活动）、调解组（负责家长之间、家园之间矛盾问题的调解与处理），甚至还可以细分到专门负责单一项目工作的小组。班级家长委员会应该设立一位"组长"来牵头组织班级工作。

2. 注意对家长委员会工作的正确引导

家长委员会有园级家长委员会和班级家长委员会。园级家长委员会参与幼儿园重大事件的决定、敏感问题的处理等,班级家长委员会则参加处理班级的具体事务和班级的决策活动。

无论对哪个级别的家长委员会,幼儿园都应该加强对他们的正确引导。相关活动的策划和组织可以由家长委员会成员来承担,但老师也应该是活动的参与者和指导者,因为老师可以从专业的角度给家长委员会工作以建议,让其策划和组织的活动更加有利于孩子身心的健康发展。

为了使幼儿园的家长委员会工作更加全面充实,幼儿园需要聘请专家为家长委员会做工作指导和培训委员会成员,包括理论学习和具体运作培训,提升家长委员会的工作能力。

3. 家长委员会要正常开展各项工作

家长委员会要正常开展各项活动,没有相关的活动,它就会名存实亡。家长委员会每年至少要组织一次家长代表大会,听取幼儿园工作报告,提出意见和建议;听取家长委员会工作报告,研究确定家长委员会在新的一年里的工作计划。家长委员会还要协助幼儿园开展家长会、家长接待日活动,举办家长学校,开展家庭教育咨询,组织家长论坛、家庭教育沙龙等活动。

4. 避免家长委员会工作进入误区

材料2-2 家长委员会的职责

《教育部关于建立中小学幼儿园家长委员会的指导意见》将家长委员会的职责定为:

参与学校管理。对学校工作计划和重要决策,特别是事关学生和家长切身利益的事项提出意见和建议。对学校教育教学和管理工作予以支持，积极配合。对学校开展的教育教学活动进行监督，帮助学校改进工作。

参与教育工作。发挥家长的专业优势，为学校教育教学活动提供支持。发挥家长的资源优势，为学生开展校外活动提供教育资源和志愿服务。发挥家长自我教育的优势，交流宣传正确的教育理念和科学的教育方法。

沟通学校与家庭。向家长通报学校近期的重要工作和准备采取的重要举措，听取并转达家长对学校工作的意见和建议。向学校及时反映家长的意愿，听取并转达学校对家长的希望和要求，促进学校和家庭的相互理解。

从严格意义上来讲，家长委员会是代表全体家长和孩子利益的群众性组织，而不是代表幼儿园利益的组织。它是帮助家长和孩子维护正当权益的组织，是代表家长与幼儿园讲道理的组织，而不是代表幼儿园与家长说"歪理"的组织。对于家长委员会的性质，我们要有一个正确的认识。

很多幼儿园的家长委员会职责定位不明晰，家长委员会成了"联谊会""收钱会"。家长委员会只是在开学或学期结束的时候，通知家长委员会成员到幼儿园参加座谈会、聚餐联谊，家长委员会没有机会行使自己的权力。很多幼儿园的家长委员会成了为幼儿园拉赞助，发动家长"捐钱、捐物"，成为为幼儿园工作高唱赞歌者，没有起到民主监督和维护家长和孩子利益的作用。这是需要我们在实践中高度重视的。

第二节 幼儿园阶段性家长工作技能

幼儿园阶段性家长工作是指幼儿园间隔一段时间开展的家长工作形

式。它包括家长会、家访、约谈、家长开放日、幼儿园亲子活动、入园焦虑的克服等。

一、家访工作技能

家访就是幼儿教师到幼儿家中所做的访问活动。家访是家园联系常用的一种重要方式。家访这种家长工作方式的优点在于可以与家长面对面地交流；可以了解幼儿真实的家庭成长环境；时间比较充裕，可以用来进行较有深度的交流；家庭环境比较特殊，可以在家的氛围里加深教师与家长、教师与幼儿的情感。家访这一家长工作方式的劣势在于经济成本、时间成本和精力成本都比较高；教师家访时的人身安全有一定的风险；家庭的某些隐私或许会因此外泄。

为了更好地发挥家访在家长工作中的作用，我们应该注意如下几点要求：

（一）家访准备阶段及其注意事项

家访前，幼儿教师要做好如下六个方面的准备。

1. 确定家访的目的

教师的每次家访都应该有明确的目的，家访的目的是家访的出发点和归宿。

每次去家访之前教师一定要明确此次家访要达到什么目的、解决什么问题。一般来说，家访的目的有以下几个。

（1）了解幼儿家庭情况、家庭教育状况、家庭教育环境对孩子的影响（家长对幼儿园的态度，对孩子的教育态度和方法，对孩子的评价，教育背景，对教师工作的认识，业余爱好，对孩子的期望；家庭生活方式，家庭成员的角色，兄弟姐妹关系，空闲时间的活动等），孩子在家中的表现（孩子的兴趣，害怕的事物，喜欢的东西，对幼儿园的态度，饮食习惯，认知情况等）。

（2）及时向家长反映孩子近段时间在园的表现。

（3）共同探讨孩子的教育。

（4）宣传科学育儿观和教育观，展示专业素养。

（5）了解家庭教育活动资源。

（6）联络家园感情。

家访目的确定后，教师要通过电话、信函、便条等方式提前告知家长此次家访的目的，让家长有一个充分的准备和思考时间，以待家访时再深入探讨，进而提高家访的效率。

2．确定家访的时机

因为家访的成本比较高，所以教师在家访前一定要考虑其适宜性。一般认为，家访的适宜机会主要有如下五种。

（1）对新入园幼儿的家庭访问。应使幼儿在入园前先认识教师并产生初步的情感，留下良好的印象，幼儿入园后就比较容易认定教师，愿意离开家人在幼儿园生活。教师还可以调查新入园的幼儿在家中的生活、卫生习惯，以便有计划、有步骤地引导幼儿适应幼儿园的集体生活规则。如果教师不能对所有新入园的幼儿普遍进行家访，可根据幼儿体检表和家长登记材料，重点选择体质较弱、从未离家或家庭结构特殊的幼儿先访问，对于其余幼儿则在入园后一个月内尽快完成家访。

（2）当幼儿偶发疾病或意外事故，或者教师发现幼儿有严重的行为问题时，必须立即进行专题的家访。教师应向家长详细介绍事情的经过，以亲切负责的态度，稳定家长的情绪，讨论和寻找解决问题的办法。向家长谈及幼儿的缺点时，先要肯定幼儿的优点，并共同研究采取有针对性的教育方法等。

（3）家庭教育较好。当幼儿有明显进步时，需要通过家访帮助家长总结经验，以便加以推广。

（4）幼儿的家庭发生重大变故，需要教师给予安慰和协助，或者幼儿长期缺席，教师需要了解原因。

（5）家长对孩子的教育方法不当或者教养态度有严重问题，需要教师给予帮助、促使其改进时，也要适时进行家访。

3．确定家访路线

一般家访都是利用晚上或者周末的休息时间，为了少占用教师的休息时间，提高家访效率，应该对要家访的对象进行统筹安排，把集中在某一地段的家庭安排在同一个时间段分别进行家访。这样可以为教师节省许多在路上奔波的时间。

4．做好孩子及其家庭情况的准备

（1）做好孩子情况的准备。家访前，必须对孩子的在园表现，包括孩子在园表现、学习习惯、兴趣爱好、同伴交往、个性、优缺点等全面掌握，以便家访时信手拈来，让家长感觉到老师对其孩子十分了解和关注，同时，要帮助家长全面准确地看待孩子，在对孩子适度而合理的期望中找到适合孩子发展的家庭教育模式。

（2）了解家庭的基本情况。在家访前，教师对幼儿父母的职业、专业、工作单位、文化程度、宗教信仰、特殊爱好等要有所了解，这样，能为访谈时更快更好地切入交流主题和营造良好的心理氛围做准备。

5．做好家访前的准备

为了让家访更加高效地进行，在家访前教师还应该做好如下四项工作。

（1）临行前再次落实时间。提前预约是家访前不容忽视的环节。切不可贸然家访，做"不速之客"，要尽可能地考虑家庭的职业、家庭情况，提前预约时间。家访的时间宜控制在30～60分钟，以不妨碍家长工作、学习和生活为前提。

（2）再次落实地点，详细到单元、楼层、门牌号。

（3）再次落实家长的联系电话。

（4）准备一些小礼物。教师在家访前准备一些小礼物表示心意，既能体现教师的责任心，又能使家长备受感动，有利于今后的家园合作。如果孩子生病在家多日，教师前往家访时，还应特地带上一些水果去看望孩子。

6. 设计家访计划

为了让家访有目的、有计划、高效地进行，在家访前要拟订一个家访计划。家访计划主要包括以下这些要素：①家访标题；②家访目标；③家访对象；④家访准备；⑤家访时间；⑥家访内容与过程（包括如何引入所提的问题、如何理答、如何提出建议）；⑦结束（总结收获与共识，感谢家长的支持）。

（二）家访实施

1. 家访实施的一般要求

（1）做好与家长的预约工作。

一是时间预约。二是家访内容预约。比如带新班，教师要跟家长说明，大致是要看看孩子，了解一下孩子的生活和其他各方面的情况，使家长也有个心理准备；如果孩子是老生的话，家访可以针对专题方面，也得让家长有点心理准备。三是态度预约。家访前教师一定要获得家长的欢迎和认可，否则，不可冒昧地前往。

（2）展现教师的专业素养。教师要获得家长的信任，就必须在家访中体现自己的专业素养。

①展示幼儿教师的良好风貌。教师家访时应注意自己的形象问题，穿着以朴素大方为主，穿得稍微正式一点，切不可花枝招展或袒胸露背，给家长留下不端庄、不礼貌的印象。家访时尽量自己带上水，对家长过分热情的招待要委婉拒绝，不用或少用家长提供的饮料和食物，实在拒绝不了可适当接受，表示一种尊重。应该婉转拒绝家长请吃饭和送礼物及给钱打车回家的好意，使家长充分感受到教师的良好专业素养。

②展示教师的专业水准。教师在家访前要详细分析每个孩子的发展情况，了解孩子家长的文化层次，针对孩子存在的问题查阅相关资料，咨询相关专家并制订个性化的初步方案，做到有的放矢，使家长感到教师对自己的孩子很了解，进而更加信赖教师；另外，在家访中，切

忌漫无边际地闲谈，否则会让家长搞不清教师家访的目的，对教师的能力产生怀疑；谈话要有针对性，用通俗易懂的语言阐明教育理论、育儿知识。

③展示教师的文明礼貌素质。在家访过程中，教师可以从以下几个方面展示自己的文明礼貌素质：

A. 注意进门礼貌。

a. 礼貌地摁门铃。先按一下，然后等一会儿，倾听屋里是否有脚步声，若没有人来，再按一下。切忌一直按门铃，这样会显得粗暴无礼，还会让家长觉得教师非常没有耐心。

b. 礼貌地敲门。如果该家庭没有门铃，要先轻轻地敲两次门，看看动静，如果没有人出来开门，再轻轻地敲两次。如果还是没有人来开门，则应该打电话联系。切忌重重地、连续地敲门。

B. 进门后要讲礼貌。

进门后，教师应主动、轻声地关门，穿上自带的鞋套，妥善处理外套、雨具等，必要时要征求家长的意见，将雨具放在合适的位置。

要根据家长的指引落座，而不要随便走动，打量或评价房子，落座之时身体要放松、双腿并拢，同时注意调整衣裤。

C. 要尊重特殊家庭的忌讳。

每个家庭可能都有一些禁忌，如，进入孩子的家后，不见孩子的妈妈或爸爸，不要乱问："孩子他爸爸去哪儿了？""孩子他妈妈去哪儿了？"因为这些问题可能会涉及该家庭的隐私。

D. 不要冒失。

当你对孩子家里面的人物角色拿不准时，不要胡乱称呼对方，以免误将"爸爸"当"爷爷"，将"奶奶"当"钟点工"。当你对对方的身份拿不准时，可以这样问他："您是孩子的……？"也可以问问孩子："××，你告诉老师，他是谁呀？"

（3）注意对家访风险的管控。

虽然去家访的教师怀着崇高的教育理想和信念，但是这并不能掩盖其自身的休息权、报酬权、人身安全权受到侵害的可能。首先，任何教育法中都没有规定教师职业有进行家访的权利或者义务；其次，教师在实际的家访过程中往往需要花费自己的休息时间，而且一般也不会得到超时工作的报酬或者补助，作为公民的教师，其休息权和取得劳动报酬的权利会受到一定程度的侵害。如果将教师在家访过程中可能受到的人身或者意外伤害考虑进去，教师人身权利的保护会更加让人担心。从这个意义上来说，家访的社会成本并不低，这一点需要引起幼儿园管理者的高度警惕。

教师在实施传统家访的过程中会有意无意地了解到家长的一些私人信息，诸如家庭结构、婚姻状况、财产状况、宗教信仰、兴趣爱好、人际网络等，这些信息不一定是家长想让教师知道的，而且这些信息一经教师知道，就存在无意之间被传播和扩散的危险，这些都会给家长的隐私权带来威胁。

因此，在家访设计和实施过程中，教师要注意对潜在的风险进行有效管控。

2．家访中的交谈艺术

在家访交流中，教师应该注意如下五点要求。

（1）缩短心理距离。

教师可以通过和家长聊聊家长的职业、爱好，夸夸他的孩子，夸夸他的家居条件等入手，拉近与家长的心理距离，然后再导向家访的正题。如，一进家门，教师在与家长打招呼的同时，应尽快找到幼儿，与幼儿亲切地打招呼，手里拿点小玩具吸引他，这样既可以一下子拉近大家的距离，也可以让家长感受到教师对孩子的关心。

在家园关系中幼儿是一座桥梁。教师从孩子入手，把关注点都落在幼儿身上，双方就容易进入角色，后面的沟通会就变得容易。还可以让幼儿参与到交谈当中，教师直接询问他们一些简单的事情，并可抓住契机让幼儿亲自展示他在幼儿园里所学的本领，如画画、唱歌、讲故事、跳舞等。可根据孩子的表现，对家长说他的孩子很聪明、很听话，取得家长的赞赏。同时，要再三表示自己与这个孩子是好朋友，很喜欢这个孩子，增加幼儿和家长的亲切感。

家访可以从聊家常入手，从而减少陌生感，拉近彼此的距离。但切记要明确家访的目的，闲聊不可太多。要顺理成章地把话题引到主要问题上，避免啰唆、没有重点，否则会使家长对教师的印象大打折扣。

（2）家访交流应该是个双向交流的过程。

家访是个双向交流的过程，尽管教师起着引导的主要作用，但教师和家长是处于平等地位的，其中某一方夸夸其谈都不是理想的状态。如果教师在家访之前已了解到家长的大致情况，则可以根据家长的不同特点，采取不同的方法，使交谈更有针对性，让家长有话说、有机会说。

（3）防止以"告状者"的身份出现。

在大多数家长的眼里，孩子是独一无二的，他们对孩子怀有美好的期望，并将这种期望转化为一种现实的态度，希望听到他人对孩子的赞扬和肯定，不希望听到对孩子的负面评价。教师不仅要理解家长的这种心情，而且应理性地引导这种情感向积极的方向发展。对这种家长最好不要直接反映孩子的不足，否则会引起家长的反感，使其产生抵触情绪，认为老师不喜欢自己的孩子。如果从孩子的长处和闪光点入手，唤起其积极的情绪，家长会对教师产生亲切感、信任感，在此基础上教师再提出教育建议，家长不但不会反感，反而会从内心里感谢教师对孩子的关爱。因此，寻找幼儿的闪光点，是家园合作的重要策略。

（4）不要轻易许诺。

在与家长交流的过程中，不要轻易许诺，否则，届时你做不到，家长会双倍怪罪于你。比如，家长有点焦虑地对你说："我的孩子就交给你了！"你就不能这样回应："您放心，孩子不会出任何事的。"否则，真正出事时，家长会带着强烈的不满情绪质问："你当时不是答应我孩子不会有事的吗？！"你应该说："奶奶，我尽量照顾好孩子，不周到之处您要多谅解哦！"同时，你还要向其说明，孩子在幼儿园里出现磕磕碰碰的事儿是难免的。

(5) 使用好谈话的主动权。

从家访的主动性来看，教师是家访的发起者，又是预先准备的一方。家访谈话不能海阔天空，漫无边际，否则就达不到家访的真正目的了。教师要在有限的时间内精心组织谈话内容，务必突出重点，分清主次，掌握好先说什么，后谈什么，不随意更改话题。万一有时出现了离题，教师要想办法拉回话题。在整个谈话中，教师要把握好主题，使用好谈话的主动权。

3. 做好结束环节工作

教师应注意掌握访问的时间，尽量在30～60分钟内结束家访，除非受到了家长的特别邀请，如参加聚餐会、生日会等。每次家访结束前，都可以和家长说这样一段话："以后还请您多多支持我们的工作，如果我们有做得不到位的地方，请您及时告诉我们，我们一定会改进。如果您觉得我们在某些地方做得很好，也请您告诉我们，鼓励鼓励我们，让我们把工作做得更好。"在即将离开时，教师要分别与家长和幼儿告别。

家访后幼儿教师必须写好家访笔记，记录被访对象、时间、家访情况、满意程度等，以便随时翻阅，还可备幼儿园检查工作。另外，家访后要对本次家访的成败经验和教训进行总结，为下次再访提供依据，这样才能不断提高家访工作能力。

二、家长约谈技能

家长约谈是根据孩子成长过程中出现的困扰或表现异常，家园双方有计划地预约对方，进行有目的、有策略的沟通，以共同探讨原因，寻找更为有效的教育策略，促进孩子更加健康发展的家园沟通合作方式。

家长约谈与家访、接送交流的侧重点不同。家访侧重于老师对家长进行家庭环境和家庭教育的调查与访问；接送交流侧重于老师与家长之间时间短暂、话题较广泛的交流；家长约谈侧重于老师与家长专门针对某一现象或某一问题进行有备而来的深层次的教育交流，其交流主题比较鲜明，交流内容比较复杂，且有很强的针对性。家长约谈的主体可以是教师，也可以是家长；约谈的客体可以是家长，也可以是教师；约谈的家长可以是个别家长，也可以是某种类型的家长。

为了更好地发挥家长约谈在家园沟通方面的作用，教师应该注意以下九点要求：

（一）明确家长约谈的时机

一般需要家长约谈的合理时机有如下五种情况：
（1）家长对教师工作有意见或误会；
（2）孩子在幼儿园里发生特殊情况；
（3）家长对班级工作有意见和建议；
（4）孩子持续表现不佳；
（5）孩子有特别好的表现。

（二）做好准备工作

要及早告知家长约谈的时间、地点与内容，征得家长的同意。在约谈前，教师要汇集、整理孩子各方面发展情况的材料，进行分析，提取有用的事例。这样，约谈会更加有理有据，内容丰富。

对孩子材料的准备应该是一个长期的过程。平时，教师就应该注意收集最能说明孩子发展状况的典型材料，为随后的必要的约谈或其他形式的家园沟通做准备。

（三）营造宽松的气氛

约谈多是缘于孩子出了"问题"，为此许多家长参与约谈活动都会感到拘束、不自在，因此，教师在约谈时要态度自然一些，亲切一些。比如，先说一些孩子和班上有趣的事，或者开始时先问一句："小宇近来在家怎么样？"这样的问题家长好回答，从而能自然地进入交谈。

(四)避免使用专用术语

采用日常使用的普通语言与家长交谈,家长才能听懂。在介绍孩子的发展情况时,不要说得过于笼统,而要具体一些,比如,不要光说晓伟的小肌肉发展水平低于正常标准,要补充实例或换一种说法:"像晓伟这样的孩子还要继续学习画图画,用手剪剪东西,我们正在训练他……"

(五)要让家长感受到平等、尊重

在约谈的过程中,教师容易以专家自居,谈话时常常以"以幼儿园为中心"的态度来对待家长,认为家长不懂教育。这种认识会导致教师有意无意地以居高临下的态度教训家长,对家长发号施令,总是以命令的口气对家长说"必须""应该""不能"怎样……要想让家长感受到尊重,就要多倾听家长的话,多用商量的口气与家长谈话。在提出共同促进孩子发展的措施时,应该采用"……您看看如何?""您觉得应该怎么样呢?""您有什么更好的建议吗?"等口吻,征求家长的意见。

孩子发展可能出现了一些暂时的困难,但这并非家长所愿。每位家长都希望自己的孩子发展得好,因此,约谈家长主要是为了共同找出孩子问题的症结和有效的教育措施,而不是为了训斥家长。

(六)谈孩子的缺点时要注意方式

教师对孩子的评价一定要客观、全面,既要肯定其优点与进步,也要真诚慎重地提出其不足之处。如果家长很信任你,你可以说得直率一些。但在家长没有建立起对你的信任之前,对其谈孩子的缺点、坏习惯时,一定慎重。不要用"愚蠢""怪异""富有攻击性""屡教不改""无可救药"等消极词汇来评价孩子,以免家长听了不舒服,产生对抗心理。

（七）交谈时不拿孩子进行横向比较

在家长面前，不要拿其他孩子的长处来与该孩子的短处做比较。因为每个孩子都有他的长处和短处，同时，横向比较只能引发家长的抵触心理和防御心理，甚至是对抗心理，使得沟通、合作无法正常进行。因为在每个家长的心目中，自己的孩子都是最棒的。他们都不愿意听到别的孩子比自己孩子强的话语。

（八）提出解决问题的可行性方案

约谈家长的主要目的不是为家长指出其孩子的问题所在，而是在此基础上提出有效的教育方案。幼儿园准备如何做，家长又应该如何配合，措施和方法应该具体明确。

（九）愉快地结束约谈活动

约谈结束时，教师要对家长来参加约谈表示谢意，欢迎家长以后继续支持幼儿园的工作；在孩子教育方面有什么问题，欢迎随时沟通，共同促进孩子的发展。

三、帮助家长克服孩子入园焦虑的技能

孩子入园，不仅孩子存在分离焦虑，家长自身也存在分离焦虑，而且家长的焦虑现象似乎更为严重。请看下列案例。

案例2-11　家长落泪

早上入园，家长趴在窗户边偷偷地看着孩子。教室里面孩子渴望家长接走他的哭声，深深撕裂着家长的心。不舍的泪水，滑落在家长的脸颊上。每天教室门口都挤满了家长，跟老师说着孩子的情况："宝宝今天哭了没有？哭了多久？""老师，孩子的嗓子哭哑了，给他多喝点水

吧！""老师，孩子年纪小，请您多照顾！""老师，孩子高热惊厥，请您多为他量体温！"

案例2-12 一位家长的感受

女儿现在快3岁了，今年4月中旬开始上幼儿园。从上幼儿园的第二天起，她每天又哭又闹，不想去上幼儿园，连梦中都在喊"爸爸来接，妈妈来接"。每天早上送她去幼儿园，简直是一种折磨，小孩痛苦，大人也痛苦。

案例2-13 对老师不放心

新生离园时间到了，梦梦的奶奶一看见梦梦，就抛出一连串的问题："老师给你吃饱了没有？你想奶奶了没有？你中午睡着没有？"梦梦没有回答。奶奶又继续追问："幼儿园好不好？你明天还要不要来？"梦梦顺口回答："不来。"奶奶一路唠叨着："幼儿园里有那么多小朋友，老师怎么可能管得好？老师肯定对我们的梦梦不怎么好。"

案例2-14 依依不舍的奶奶

早上，奶奶陪儒儒玩了一会儿桌面玩具后准备离开。谁知儒儒一把揪住奶奶的衣领，身子半吊在奶奶身上，大哭不止。张老师跑过来，从背后抱起儒儒，硬生生地将他和奶奶分离。儒儒看不见奶奶，开始大哭大闹，满地打滚。

奶奶躲在窗后，时不时探出头来看看活动室里的动静，独自抹泪，不巧被儒儒察觉。于是，儒儒甩开张老师，打开活动室的后门，扑进奶奶的怀抱。张老师跟着追出来，阴着脸说："叫你们家长走，怎么还不走？快走，快走！你走了，孩子哭一阵子就好了。"说着，张老师强行拽回伤心欲绝的儒儒，并威胁道："再哭，就叫你奶奶不要来接你。"

案例2-15　忽隐忽现的妈妈

两岁的玛丽莎来幼儿园还不到一个星期。只要她一感到自己被别人"监视"着，助教帕姆就会想尽一切办法去安慰她，哄她。原来，玛丽莎不经意地朝窗户望去时，发现了她妈妈的脸，但是妈妈的脸马上又消失了。这一隐一现就像妈妈在跳弹簧床一样。帕姆不知道究竟是怎么回事，便把情况告诉了班上的老师，请她往窗外看看。果然，过了大约10秒钟，玛丽莎妈妈的脸又在那儿出现了，然后又消失了。可怜的妈妈啊，她最初假装离开了幼儿园，然后又匆匆地跑到教学楼后面，站在女儿所在教室的窗外"偷窥"里面的情况。

进入幼儿园是孩子第一次离开家庭踏入社会，许多家长都非常不放心从未离开自己身边的孩子。他们总是为孩子的生活、身体，为老师对孩子的态度及为孩子与同伴的关系而担心和焦虑。家长把孩子送到幼儿园后仍然不想离开，他们会嘱咐老师，再嘱咐老师；嘱咐孩子，再嘱咐孩子，眼神中透出无比的焦虑。

家长的分离焦虑，不仅影响自己的正常工作和生活，而且会加重、延长孩子的入园分离焦虑。这不利于幼儿尽快顺利地适应幼儿园的新生活，不利于幼儿园正常教育教学工作的开展。因此，减轻家长的分离焦虑也是新生入园时教师应该做好的一项重要的家长工作。

（一）帮助家长了解自己的入园焦虑度

教师可以让家长做如下焦虑度测试，让家长了解自己的焦虑情况，然后根据其焦虑情况给予相应的指导。

请家长根据自己的情况，如实地对如下命题做出判断。如果回答"是"，该题计为1分；如果回答"否"，则计为0分。

①送孩子入园后总是不能尽快离开幼儿园，总想偷偷地观察孩子和

老师在做什么。

②感觉上班的时候，时间比原来过得慢。

③担心电话铃声响，有电话总以为是幼儿园打来的。

④听别人说孩子的事立刻就想到了自己的孩子。

⑤担心老师可能不喜欢自己的孩子。

⑥孩子回家后，总是想办法让他吃很多食物。

⑦无条件地满足孩子的任何愿望。

⑧觉得孩子受委屈了。

⑨感觉自己的情绪不稳定，容易和别人吵架。

⑩睡眠质量下降。

测试完后，请家长计算自己所得的总分。得8～10分者，其焦虑度为"高分离度焦虑"；得4～7分者，其焦虑度为"中分离度焦虑"；得0～3分者，其焦虑度为"低分离度焦虑"。

给不同分离度焦虑家长的建议如下。

1. 给"高分离度焦虑"家长的建议

你一定要进行调整，否则焦虑的情绪将严重影响到你和孩子的身心健康，对孩子顺利适应幼儿园的生活十分不利。你可以坦诚地和老师进行交流，将自己的顾虑告诉老师，与老师共同寻求解决的办法。同时你也可以和中大班孩子的家长多多交流，听听其他家长是怎样度过这段焦虑期的。

2. 给"中分离度焦虑"家长的建议

你对自己当前的状态应该重视并做出适度调整。与老师保持畅通的交流是十分必要的。同时，要保持积极、乐观的心态，用你积极的一面去影响孩子，相信你和孩子都会很快地度过焦虑期。

3. 给"低分离度焦虑"家长的建议

你是一位非常理智并且善于控制自己情绪的家长。正由于你的理智，你的孩子与老师之间会很快建立起初步的信任与依赖。相信你的孩子会很快适应幼儿园的集体生活。

（二）根据家长的不同焦虑类型给予其有针对性的指导

从家长焦虑行为表现来看，家长的孩子入园焦虑可分为啰唆型、陪哭型、侦探型。我们要根据家长的不同类型，给予其不同的指导，让他们尽快走出孩子入园焦虑。

1. 啰唆型

此类型的家长从孩子入园的第一天开始，就不断地向老师说孩子在家里的成长状况及一些注意事项等，例如："孩子在家里睡觉要家长陪，要讲很多的故事给他听，要一个多小时才能睡着。""孩子体质差，一受凉就容易扁桃体发炎，一打吊针就要一个星期，老师你帮我们多照顾点。要不要再带一床厚点的被子？"家长对老师的要求一般会细化到孩子生活的每一个细小环节，几乎每天都不厌其烦地对教师和孩子嘱咐这嘱咐那，这种现象会持续一个月甚至半年以上。在这些家长心里全是对孩子的担忧和不放心。

针对这种类型的家长，教师应该做到如下几点。

（1）理解、接纳家长的"啰唆"。不批评，不厌烦，微笑面对。

（2）家长的应声虫策略。在幼儿园里，晨间入园时教室门口往往特别热闹。家长们千叮万嘱，久久不愿离去。教师们则恨不得能像孙悟空一样多变几个人出来，跟家长一对一地交流，可惜分身乏术。教师要充分理解家长的焦虑心情，家长的叮咛是对教师工作的帮助和要求，教师要对他们的各种要求予以明确的答复。

家长的叮咛通常分为两类：一是反映幼儿在家的生活情况和身体状况；二是介绍幼儿的生活习惯和特殊要求。教师不能嫌烦、嫌家长啰唆，要答应下来，做一个应声虫，让家长感受到教师诚恳真挚的态度、细心周到的服务，增加信任度、减少焦虑。如："小林昨晚有点低烧""这两天恬儿食欲不振"这一类交流属于前者，提醒教师特别关注这几个孩子的身体变化；"我家丹丹很怕热，麻烦老师帮她多擦汗""烨儿的体质特别弱，睡醒后要及时加衣服"这一类叮咛明显属于后者，可以帮助教师了解幼儿，掌握幼儿的个人特点，在工作中做到有针对性。

（3）利用接送时间，告诉家长其孩子每天在园里的积极信息：学了什么新本领，有了哪些进步，有哪些亮点。让家长感觉到孩子在幼儿园里过得很好，而不是他所忧虑的那样。

（4）展示教师的细心、耐心、诚心、爱心、责任心。

2. 陪哭型

此类家长的主要特点有：①孩子入园时陪送人员多。在幼儿入园第一天，几乎是一家几口（爸爸妈妈、爷爷奶奶、外公外婆、姑姨）都来送孩子。②送完孩子后，家长不愿离开。当孩子被送到教室里，家长的眼圈早就红了，抱着孩子不舍得放手，老师必须从他们手里把孩子"抢下来"，并催着家长们放手、快走。一些家长就是不愿意，说："我再陪会儿。"③家长的情绪影响孩子。有些家长将孩子送进教室后，边离开边抹眼泪，家长的这种情绪将直接影响孩子，使孩子本来稍微平息的情绪又再次调动起来，哭得更厉害了。

针对这种类型的家长，教师应该做到如下几点。

（1）理解并接纳家长的"脆弱"。不取笑，不调侃，不辱骂，态度要温和，以同理心安抚其失落的心。

（2）劝导家长大大方方地和孩子说再见。要求家长将孩子交给老师后大大方方地和孩子告别，然后果断地离开，千万别中途又回来看孩子。如果你听见哭闹就回来看他，那么孩子就会错误地认为："只要我哭，爸爸妈妈就会回来！"这样孩子就会坚持不懈地大哭。

（3）告诉家长他的犹豫和焦虑行为会加重孩子的分离焦虑，家长要相信孩子的适应能力，同时要相信老师有办法平息孩子的激动情绪。第一天，孩子可能不能接受分离，但到了第二天、第三天，他自然而然地就接受了。

（4）通过动作、语言展示教师与孩子的亲密关系。

（5）通过具体事件向家长介绍孩子在幼儿园里很能干。要让家长感觉到孩子并没有他们想象中那么脆弱、无能。有一位很受欢迎的教师,她成功的秘诀就是经常向家长表达她对孩子的欣赏:"你家的宝宝好能干,自己吃饭。我想帮帮他,他摆摆头。虽然动作不是很老练,但他吃得很认真、很好。我真的很欣赏他的这种独立性,很难得。"家长的心是很敏感的,体察到教师对孩子的肯定和喜爱,这比什么都更能令他们放心、安心和舒心。

3. 侦探型

此类家长会长时间地留在幼儿园里,目的是为了观察孩子在幼儿园里的生活状况。有些家长在"狠心"地把孩子推进幼儿园后,又偷偷隐蔽在门外的角落里观察孩子的表现。曾经有一个家长在幼儿园里观察孩子达半天之久,还用手机拍摄孩子在园的学习生活场景,就像电视里搞侦探工作的专业公安人员一样。

针对这种类型的家长,教师应该做到如下几点。

(1)理解并接纳家长的这种担心和焦虑。

(2)不要粗鲁地对待家长的焦虑之心。有的教师为了彻底让家长"断了念头",会采取拉窗帘、糊玻璃纸等极端措施杜绝家长看见孩子的机会。这样不但不能降低家长的焦虑度,反而会提高家长的焦虑度。

(3)适当开放幼儿园活动,满足家长了解孩子在幼儿园里的学习和生活情况的需要。

(4)经常给家长介绍孩子在幼儿园里学习、生活的情况。

(三)努力取得家长的信任

信任是一切工作的基础。要让家长放心地把孩子交到幼儿园,必须要让他们先信任幼儿园、信任老师。

1. 注意在家长面前树立良好的职业形象

老师需要把自己良好的教师形象(如亲切、和蔼、大方得体)和正确的育儿观念等展现在家长面前,以赢得家长的尊重。

2. 用专业和细心赢得信任

家访时提醒家长为幼儿做好一定的入园物质准备,如,为了减轻幼儿着装上的压力，为孩子准备便于穿脱的衣服；准备一些替换的衣服，以便在孩子尿裤子和弄湿衣服时替换，再为孩子准备一样心爱的玩具带到幼儿园去玩，使他在园中也能找到熟悉的玩伴等。要让家长感到教师的工作做得细致，想得周到，从而对教师产生一定的信任，进而缓解他们因此而产生的焦虑。

案例2-16　教师的脑子一片空白

接送时间到了，贝贝的妈妈迫不及待地走进教室，见到刘老师就问："刘老师，今天我家贝贝中饭吃了多少？"刘老师在脑中努力搜索贝贝吃饭时的情景，可脑中闪过的尽是混乱的片段，这儿把饭洒了，那儿把汤倒了，实在不清楚贝贝吃了多少，只好无奈地说："不好意思，今天我没有注意到贝贝吃饭的情况。"

刘老师不能详细地回答出孩子的吃饭情况，在家长眼里就是老师没有关注她的孩子。这样会让家长感觉到把孩子交给刘老师不放心，因而焦虑顿生。

3. 让家长全面了解幼儿园

孩子能否适应新的环境，这个问题一直困扰着家长，成为他们焦虑的主要原因。因此，在幼儿入园前，幼儿园就要帮助家长了解幼儿园，特别是帮助家长了解幼儿园的生活环境，让他们感受到幼儿园为减轻新环境对孩子的压力和陌生感而设计的家庭化的生活空间，符合孩子年龄特点，特别是考虑到幼儿身心发展和安全的各类室内外活动场地，以缓解家长的焦虑情绪。

4. 向家长全面介绍幼儿园的正面信息

家长的焦虑多是由于他们对幼儿园不了解甚至是误解而引起的。因此，幼儿园要利用各种机会，利用各种媒体手段，向家长介绍幼儿园的基本理念、基本活动，让家长体会到孩子在幼儿园学习生活的快乐；通过一些充满爱心、责任心、职业良心的温暖故事宣传幼儿教师的高尚道德情操。让家长对幼儿教师放心，对孩子在幼儿园放心。

5. 教师向家长全面、细致地汇报幼儿在园情况

针对家长的焦虑，教师应从小处着手，全面细致地向家长汇报幼儿在园情况，让家长放心。幼儿园可以利用家长开放日或采取拍摄幼儿在园半日活动的方法，在幼儿来园、离园时滚动播放给家长看，让他们更直观、真切地了解自己的孩子在幼儿园的活动。在录像中家长们能看到专门为幼儿设计的半日活动内容，看到教师、保育员在各个方面对幼儿无微不至的关心照顾，看到自己的孩子在与其他孩子交往、游戏等。另外，教师可用摄像机拍下孩子在家长离开5分钟以后的情况，这样一来，家长们可以通过录像亲眼看到孩子的"离别之苦"其实是很短暂的。这样他们对孩子在园的生活和学习也就放心了。

（四）告诉家长初入园的孩子哭闹是很正常的

告诉家长，一般的孩子在初入园的一两个星期内情绪不好，时常哭闹，甚至不想去幼儿园是很正常的。只要父母不断鼓励，坚持每天送孩子入园，一两个星期后孩子就能很好地适应幼儿园的学习和生活，并且能从中获得快乐。告诉家长要相信孩子的适应能力。

（五）多向家长介绍孩子在园学习生活的积极消息

第一个月不要批评孩子；第一个学期要不断地告诉家长其孩子在幼儿园里的趣事、良好表现和进步。让家长感受到孩子在努力地适应幼儿园的学习和生活，并且发生了可喜的变化，这样，他们的焦虑就会逐渐减轻甚至消失。

（六）教会家长一些自我调控焦虑情绪的有效方法

当家长因孩子入园而焦虑时，教师可教其采取如下四种方法来调整自己的焦虑情绪。

1. 观念确认

要确信，所有的孩子都会经历这个过程，这是孩子迈向社会的第一步，相信孩子一定有这个能力。

2. 寻求支持与理解

当家长因孩子入园而焦虑到不能自拔时，可以给自己的家人、朋友打电话，特别是给有过送孩子入园经历的家人、朋友打电话，听听他们当时的亲身感受和解决办法。

另外，家长可将自己的顾虑和困惑与老师进行交流，听听老师们的说法，或许老师们的答案会让家长发现自己的一切顾虑都是多余的。

3. 让孩子的影像时常出现在身边

家长可在钱包、电脑桌面、办公桌上都放上孩子的照片，时刻看着孩子的影像，以满足自己的想念之需。

4. 和孩子多谈幼儿园的"好"

每次接送时，都要多和孩子说："幼儿园里的好多小朋友等着你和他们一起玩呢！""老师可想见到你啦！""老师最喜欢你啦！""我真喜欢你们的老师，她笑起来真好看，讲话的声音真好听。"另外，还要多问一些具有积极导向的问题："今天有什么有趣的事吗？""今天你和小朋友玩了什么好玩的游戏？""今天你又学习了什么新本领？""你的好朋友是谁？""今天老师教会宝宝什么游戏了？"这样积极的交流，不仅有利于孩子更多地看到幼儿园的积极方面，也有利于家长对幼儿园形成积极的认识，进而缓解自己内心的焦虑。

（七）教会家长调控孩子入园焦虑的有效方法

家长对孩子入园产生焦虑往往是由孩子的入园焦虑引起的，教会家长掌握一些缓解甚至克服孩子入园焦虑的方法，有利于缓解家长的焦虑。

1. 入园前，家长要向孩子介绍幼儿园的好处

家长要有意识地和孩子多谈论幼儿园，可以谈谈自己小时候或者同事家的孩子在幼儿园的趣事，让孩子向往幼儿园生活。

家长还可以告诉孩子：在幼儿园里有很多小伙伴在一起玩游戏，幼儿园里的老师会讲很多好听的故事，会教小朋友唱歌、跳舞、做游戏。

家长绝对不能用幼儿园和老师来吓唬孩子，下列的话绝对不能对孩子说：

- "你不听话就把你送去幼儿园。"
- "看你这么调皮，送你去幼儿园，叫老师好好收拾你。"
- "你不乖就把老师找来。"
- "你再不听话，就把你送到幼儿园，让老师把你关起来。"
- "唉，到幼儿园你就没这么开心了。"

这类话语说多了，真的会让孩子觉得幼儿园和老师是十分恐怖的。

2. 家长要为孩子找个伴，每天相约一起去上幼儿园

入园前，就要有意识地让自己的孩子和小区里准备去同一个班的孩子一起玩耍，双休日一起去公园玩等，让孩子们成为好朋友。届时有了自己熟悉的小伙伴在同一个班，孩子的入园焦虑会大大减轻。

案例2-17 一位家长的经验

常听别人说孩子上幼儿园会哭闹，所以我一直很担心，没想到孩子第一天表现非常好，不哭不闹。可是好景不长，新鲜劲儿一过，4天后就无论如何都不愿去幼儿园了，甚至连幼儿园都用"那儿"来称呼了。实在拗不过大人去了幼儿园，她也基本上使用"三不政策"——不吃、不喝、不睡。

每天放学时，我都会跟老师沟通一次，了解幼儿园玩的游戏，回家和孩子一起做。每天我还会帮助女儿一起记住同班小朋友的名字，放学后联系这些孩子的父母，一起到小区花园里散步，沟通孩子的情况，同时让孩子们一起玩耍，让他们彼此熟悉，减少陌生感，还时常相约一起去幼儿园。有了同盟军，焦虑问题当然就迎刃而解了。

（摘自一家长送女入园日记）

确实是这样，幼儿入园焦虑的主要原因就是人和环境的陌生感。而班里有了自己熟悉的甚至是要好的小伙伴，幼儿的焦虑自然会减轻甚至会消失。

3. 给孩子提供心理上的支持

为了让孩子更加顺利地适应幼儿园的生活，家长在心理上应该给孩子提供坚定而有效的支持。

（1）入园前，家长要想办法让孩子向往幼儿园生活。

（2）设法让孩子喜欢老师。家长要尽可能地表现出对老师的信任和喜欢，引导孩子对老师产生好感。

（3）引导孩子喜欢自己的班级及班里的小朋友。放学的时候家长可以陪着孩子在班里再停留一会儿，和孩子一起参观他们的教室、休息室、盥洗室等，看看小朋友们的照片及每个小朋友的标志物。鼓励孩子和周围的小朋友交往，还可以在征得老师同意的情况下，把一些安全卫生的糖果分给小朋友。

（4）为孩子提供熟悉的物品，让孩子在陌生的环境中产生安全感。家长可以把孩子最喜欢的玩具、书、光碟等带到幼儿园。熟悉的物品会使孩子产生安全感，忘记分离焦虑。

（5）告诉孩子，每个小朋友长大了都要上幼儿园，要离开爸爸妈妈一段时间，但这并不表示爸爸妈妈不喜欢他了。家长可以和孩子玩玩幼儿园的游戏，让孩子慢慢接受上幼儿园的事实。

（6）带孩子去幼儿园看看，熟悉环境。让孩子知道幼儿园是小朋友学习本领、游戏玩耍的地方，在那里能够玩许多新玩具，结交许多新朋友。让孩子消除陌生感，对幼儿园的新环境产生安全感和认同感。

（7）准备好迎接老师的家访。多数幼儿园要求老师对所有新生进行家访。家长要重视老师的家访，在家访中尽可能向老师介绍孩子的各种情况，和老师谈谈自己的教育想法等。这样有利于老师了解孩子，制定相应的个别教育措施。

（8）和孩子一起玩捉迷藏的游戏。父母可以先在熟悉的环境如家里、家附近的空旷地带跟孩子一起玩捉迷藏的游戏,让孩子找藏起来的父母一方,为了安全起见,父母中的另一方可以陪着孩子一起找。以后可慢慢转移至不熟悉的、人又不是太多的地方玩捉迷藏的游戏,其目的就是为了增强幼儿对永久性客体的认识,知道只要妈妈是存在的,即使有一会儿或有一段时间看不见了,妈妈最后还是会出现的,以减轻幼儿对"妈妈不见了"的担忧。

4. 训练孩子的生活技能

为了让孩子更好地适应幼儿园生活,家长可以提前训练孩子的生活技能。

(1)配合幼儿园的要求,让孩子学会自己吃饭,克服要别人喂饭或挑食等不良习惯。对于那些用奶瓶当水杯的孩子来说,更应该练习用杯子喝水。

(2)教孩子学会自己小便,或者主动大声地告诉成人"我要小便""我要大便"。给孩子准备一两套替换的内衣裤。

(3)给孩子的衣服、鞋子等物品绣上名字或做上标志,并让孩子认一认,这样做便于孩子在集体生活中分辨自己的物品,也便于老师帮助孩子。

(4)在作息时间的安排上,应逐渐接近幼儿园的生活规律,早睡早起,饮食正常化。

(5)让孩子学会自己穿脱简单的衣服,对于孩子来说,脱衣服比较容易,家长可以让孩子先学脱衣服,再学穿衣服。

(6)不要给孩子选择过于新颖刺激的服装,如会叫的小口袋、会发亮的鞋子等,这样会影响孩子参与集体活动的兴趣,不利于孩子适应幼儿园生活。

(7)尽量不要给孩子戴首饰,这些物品会给孩子的活动带来不便,同时也存在不安全的因素。

5. 培养孩子的交往能力

为了让孩子更好地适应幼儿园的集体生活,家长应该有意识地培养孩子与人交往的能力。

（1）多带孩子到户外活动，多接触其他孩子，多和孩子讲有关独立、勇敢的故事或做一些相关主题的游戏。

（2）让孩子知道自己的学名，学会用语言表达自己的需求，学会和老师、小朋友打招呼，如"早上好""再见"等。

（3）让孩子学会分享玩具，教给孩子一些交往的技能，如：想和别的小朋友一起玩时，要勇于说出自己的想法；当别的小朋友有攻击性行为时，首先要避开，然后告诉老师。

（4）在老师的帮助下建立家庭友好小组，和班上其他小朋友的家庭建立联系，在双休日的时候一起去公园玩，给孩子创造与班里的同伴交往的机会，使孩子尽快熟悉小朋友，适应新环境。

四、家长会的策划与组织技能

幼儿园家长会是幼儿园召开的全体（全园或全班或全年级）幼儿家长的会议。主要是园领导或班级教师向家长报告幼儿园在本学期或某一阶段的工作及幼儿情况，宣传幼儿教育任务、内容和方法，听取家长意见，与家长共同探讨本园、本年龄段、本班教育中带有普遍性的问题，以提高幼儿园教育质量和家长的教育素养。一般每学期举行1～2次，如有特殊情况可随时举行。

家长会的优势是效率高（一人同时向许多与会者提要求），并且是面对面的交流，大家的意见在短时间内能很快地达成一致。

家长会的劣势是需要特别的准备，相关人员需要到一个统一的地方集中，个别交流机会和时间比较少。

为了更好地发挥家长会在家园沟通方面的作用，我们应该深入研究家长会的种类、内容、策划的原则、策划与实施过程等。

(一)幼儿园家长会的种类

从不同角度来划分,可以将幼儿园家长会分为不同的种类。

1. 根据参与会议的对象来划分

根据参与会议的对象来划分,可将幼儿园家长会划分为以下三种。

(1)全园性家长会。它要求全体家长都参加,一般安排在学年(或学期)初与学年(或学期)末,这种家长会的内容大多是向家长报告幼儿园的工作计划,汇报教育成果及向家长提出要求等。

(2)年级家长会。它向同年龄段家长报告本年级教育工作计划,特别是讲解这一学年(或学期)的教育目标和家园合作教育的要求,并可组织讨论,听取家长的意见和建议。

(3)班级家长会。它针对本班保教工作的需要和孩子发展的需要,向家长报告本班工作计划及孩子教育的新理念、新方法。它便于家长与教师双向交流,共同研讨有关孩子的保教问题。班级家长会的参与者相对较少,因此更具有针对性,形式也更加灵活,效果也会更好。比如,某幼儿园为了使家长克服为孩子包办代替的现象,与幼儿园配合一致培养孩子的自理能力,召开了一次家长会,请家长看孩子穿衣服比赛——"看谁穿得快"的游戏;另一所幼儿园则召开家长会,观看孩子操作智力玩具,了解孩子动手动脑的能力。通过观看孩子的活动,可使那些平日包办过多的家长看到自己的孩子与班上其他的小朋友比较显得笨拙、无能,从而受到触动。在这种情况下,教师再向家长讲包办代替不是爱,是一种对幼儿发展机会的剥夺,从而帮助家长克服包办代替的错误教养态度,使这些家长愿意与幼儿园配合,注意培养孩子的动手动脑和生活自理能力。

2. 根据会议召开的时间来划分

根据会议召开的时间来划分,可将幼儿园家长会划分为开学初家长会、期中家长会、期末家长会。这三种家长会都具有承前启后的作用,重视其前段时间工作的总结,然后提出下一段时间的工作任务和要求。

3. 根据家长会的组织形式来划分

根据家长会的组织形式来划分,可将幼儿园家长会划分为以下六种形式。

(1)交流式。交流式就是就孩子教育中的共性问题进行理论探索,或做个案分析,或开经验交流会。

(2)对话讨论式。对话讨论式就是就一两个突出的问题进行亲子、教师与家长的对话。

(3)展示式。展示式就是展览孩子的作业、作品、获奖证书或孩子现场表演等,让家长在班级背景中了解自己的孩子。

(4)专家报告式。专家报告式就是针对孩子入学后某个阶段的问题或某个共性问题,请专家做报告并现场答疑,以提高家长的教育素质。

(5)联谊式。联谊式就是教师、家长、孩子相聚在一起,用表演等欢快的形式,共同营造和谐的气氛,增进感情和了解。

(6)参观游览式。参观游览式就是孩子、家长、教师一同外出参观游览,在活动中发现问题,促进沟通与交流。

幼儿园家长会的形式是多种多样的,教师应该摒弃单一的教师讲、家长听和记的会议方式,采取多种多样的、生动活泼的会议形式,进而调动家长参与会议的积极性,满足家长在教育子女方面的不同需要。

(二)幼儿园家长会的内容

家长会的内容是家长会的灵魂。如果会议内容是家长感兴趣的,即使时间长,家长的兴致也会很高,也愿意听。可以这样说,家长对家长会的态度,在很大程度上取决于内容是否恰当和能否引起家长的兴趣。因此,我们要注意研究家长会的内容,努力以有趣、有用、有新意的内容来吸引家长参与家长会。

1. 一般家长会的内容

一般家长会的内容主要包括以下几个方面:

（1）分析班级整体情况，介绍目前教育重点；

（2）交流家庭教育经验，家园携手合作共育；

（3）告知家长配合之处，恳请家长提供支持；

（4）介绍园方教育理念；

（5）传递教师教育主张。

2．不同年龄班的家长会的内容

（1）新生第一次家长会的内容。

由于幼儿刚刚离开家庭，家长对幼儿在园的各种活动又不了解，所以一些妈妈上班时往往不能安心工作，常常担心自己的孩子没有水喝，上厕所时没有人管，不能吃好、睡好，这些生活中的小问题常困扰着家长。为了让家长安心工作，在新生入园不久班级就应及时召开家长会。家长会的内容应侧重以下几个方面。

①介绍幼儿在园一日活动的流程。教师要着重介绍幼儿在园生活的基本情况，也就是幼儿一天的吃、喝、拉、撒、睡等情况，让家长了解幼儿在园一日生活的流程。

②介绍教师如何照顾幼儿一日的生活起居。幼儿园里的孩子很多，家长会担心教师照顾不过来，教师要打消家长的这种念头，让家长放心。

③介绍新入园幼儿的心理状况。新入园的幼儿，由于环境的改变，会产生很多不适应的地方，教师要对这一状况进行分析，帮家长消除幼儿入园带来的焦虑心理，引导家长正确配合教师的工作，让幼儿尽快适应新环境。

④介绍本学期幼儿各领域的发展目标。

⑤交代家园合作的要求以及需要家长配合的工作。

⑥介绍本园的办园理念。

⑦介绍本班的特色目标与做法。

（2）第二至六学期开学初第一次家长会的内容。

小班第二学期、大中班各学期，开学初第一次家长会一般包括如下内容。

①对幼儿的基本情况分析，其内容包括：班级幼儿人数情况，任课教师情况；上学期孩子们各方面发展情况的分析；班级中存在的一些问题与希望。

②阐述新学期教学工作任务，其内容包括：运用教材情况；各领域教育目标；本学期将开展的主题活动和园里的重大活动。

③对家长的要求。

④家庭教育答疑。

（3）期末家长会的内容。

期末家长会一般包括如下内容。

①对本学期工作进行总结（本学期工作亮点、问题与希望）。

②对下学期工作的展望。

③对假期家庭亲子活动的倡议。

（三）幼儿园家长会策划的原则

为了更好地发挥家长会的积极作用，幼儿园家长会的策划应该遵循以下几个原则。

1. 目的性和必要性原则

在家长会召开之前，教师应该思考：这个会议一定要召开吗？如果非要召开，那么，召开这个会议的目的是什么？

会议目的确定后，会议的内容、形式、程序都应该围绕如何更好地达到会议目的来设计。

2. 简短性原则

幼儿园家长会以不超过1小时为宜。

3. 针对性与需要性原则

家长会一定是针对孩子的教育问题而召开的，从内容到形式一定要符合家长的需要——生动有趣，让家长参加会议有所收获、有所启发，教育观念和行为有所改进。

案例2-18　家长对家长会的抱怨

A家长:"家长会像教师的工作计划交流会。教师把自己的教学计划读一遍,其中还有许多教师的行话,比如角色意识、区角活动等,我们听不懂,所以很没劲。"

B家长:"每次开家长会都像是开批斗会。我家小囡很顽皮,老师讲着讲着就把她当反面教材提出来,让我很难堪,也很失望。"

C家长:"开家长会就是老师的报告会,轮到我们家长提建议的时候,老师一般都没有认真听,我们还没有说完就宣布散会了。"

D家长:"我家孩子在这所幼儿园都待了三年了,每年我都参加家长会,可每年都是那些东西。我不去都知道老师说了些什么。"

家长会是为家长而召开的,不是为老师而召开的。因此,家长会要考虑家长需要什么,会议又能给家长带来什么,如何才能更好地满足家长的需要。如果家长会仅仅是按照老师的思路来开,而不关照家长的需要与兴趣,那么,这种家长会将会导致家长逐渐讨厌家长会,甚至努力逃避参加这样的会议,如果迫于各种压力而不敢缺席,那么,也只能是人到心不到——我深信幼儿园家长会中的心灵缺席率远远高于身体缺席率。

有的幼儿教师说:"小班的家长是最配合的,中大班的家长资格老了,他们对好多事情都没积极性了,热度也没了,特别是开家长会尤其如此。"家长对开家长会越来越没有兴趣,这不能怪家长,这其中主要的问题是一次次的家长会让家长渐渐地看透,渐渐地失望,根本原因在于家长会是教师一头热的会议,家长没有参加的内在动力,因为家长会根本不关心家长们需要什么。

4. 尊重性原则

在家长会上要让每位与会者,甚至与会有关者都感受到被尊重。

在时间和内容的选择上,要让家长感觉到他们是受欢迎的。家长会时间的选择要尽量让所有的家长都方便参加，时间不方便的家长可以在其他时间再个别与教师会谈；会议要以轻松、积极、正面、肯定的方式开始；通过熟悉家长的名字、避免专业术语等一系列措施，让家长感觉到他们是团队中的一分子；会议结束时要对家长们的到来表示由衷的感谢。

要把家长会开成表彰会，而不是批判会。在家长会上，不仅要表扬孩子，还要表扬家长。要对家长们平时的积极支持和配合真诚地表示感谢。会议过程中要渗透"一切为了孩子"的思想，让家长感受到老师对孩子们的关心甚至比家长还要细致，尽最大可能地感动家长，把家长会开到家长的心窝里去，要把班级成果及孩子的进步充分地展示给家长看，不遗漏任何一个孩子，不遗忘任何一位家长。

案例2-19 家长会上的点名批评

家长会结束前，艾老师提到了班级中频频发生的攻击性行为。她阐述了自己的观点："孩子年龄小，争抢玩具的现象时有发生，也因此出现了打人、抓人、咬人的现象。特别是我们的何小贝，经常争抢其他小朋友的玩具，好几次都把小朋友的脸抓破了。希望何小贝的家长能予以重视，加强对孩子这方面的教育，让他形成良好的习惯。"何小贝的父母听到教师对孩子的评价，霎时显得很难为情，手足无措。何小贝的妈妈向其他家长道歉，并表示一定会加强对孩子的教育。

我不知道上述案例中艾老师的动机是什么，但我认为，孩子有问题可以私下和家长沟通，共同找出有效解决问题的对策，而不应该在家长会上公开地批评某个孩子。因为这是对孩子的不尊重，也是对其家长的不尊重，这不仅不利于问题的解决，反而容易引发家长的反感和心理上的对抗。

(四)幼儿园家长会的策划与实施过程

1. 会前准备

(1) 做好会议计划。

①做计划前理清思路。为了理清思路,我们应该认真思考以下几个问题。

A. 想一想。最近班级中最需要向家长交代的事情是什么?

B. 比一比。在这么多的事情里,哪一件或哪几件事情是最突出和重要的?

C. 写一写。家长会的流程如何?帮助自己整理思路、准备材料。

D. 家长会要围绕什么主题来开展?家长会需要有明确的主题,围绕一个主题来开家长会,才能把问题说清楚。不要眉毛胡子一把抓,什么都放在家长会上说。

②幼儿园家长会计划的体例。幼儿园家长会议计划一般包括如下这些要素。

会议名称

会议目的

参与人员

时间、地点

会议准备

会议内容与要求

会议议程

(2) 精心撰写讲稿,反复试讲演练。

讲话稿好与坏直接影响着教师在家长心目中的形象,更会影响到家长对你的信任和对你能力的评价。因此,你要认真准备会议的讲话稿。如果你害怕面对家长,紧张得不知道说什么,可以准备一份详细的会议发言稿。

幼儿园会议讲话稿的体例如下。

问好；

自我介绍；

感谢；

介绍今天家长会的主要内容：A，B，C。

A……

B……

欢迎大家提出合理化的建议或意见。

……

如果发言稿写完后，你仍然没有足够的自信心，害怕在开会时遗漏什么细节的话，你可以在开会前把会议的内容慢慢地、有条理地试讲一遍，试讲的时候注意用眼神和"听众"交流，这样可以显得更自信。

（3）制作邀请函，发布会议通知。

通过网络、电话及当面通知等方式多次发布会议邀请信息；临开会前还要再次核实哪些家长能来参加会议，哪些家长不能来参加会议。

2. 幼儿教师组织召开家长会应该注意的事项

（1）家长会那天，应该精心打扮一下，穿上比较正式的服装，化一下淡妆，让自己显得更加精神。

（2）布置会议场地，营造温馨氛围。

（3）准备会前互动，活跃会议氛围。如，中班幼儿要学着使用筷子吃饭，在家长会上不妨组织家长和孩子进行"夹豆豆"比赛，活跃会议气氛。

（4）分工合作，展现班组整体风貌。

（5）巧妙应对会议中的难题。

①和家长发生分歧时，你可以试着这样说：

"谢谢您对我们工作的关注，我们非常欣赏您这样直言不讳的家长。您的建议我们会考虑的。"

"您有这样的心情我很理解，等我们冷静下来再谈好吗？"

②回应家长的质疑时，你可试着这样说：

"谢谢您的提醒！我查查看，了解清楚了再给您答复。"

"您有什么想法，我们可以坐下来谈谈，都是为了孩子。"

③向家长反映孩子的问题时，你可试着这样说：

"苗苗最近上课注意力不太集中，并不是很严重，只是从上个月开始就有点迹象了。如果您有时间的话，我想和您详细地聊一下，看最近他的身边是否发生了些什么事。"

3. 会后沟通

（1）及时做好内部沟通，总结本次会议成功的经验和失败的教训。

（2）根据会议相关专题持续与家长沟通，拓展会议效果。

五、幼儿园亲子活动的策划与组织实施技能

幼儿园亲子活动是一种越来越受幼儿园重视的家长工作方式。我们应该研究它的特点、优势与劣势、形成、设计与实施的原则与策略，以更好地发挥其在促进家长联系、亲子情感及孩子发展方面的作用。

（一）幼儿园亲子活动的含义

幼儿园亲子活动是指由幼儿园创设一定的条件，以教师为主导，以亲子为活动主体，旨在促进家园沟通，增进亲子交流和情感的一种专门的教育活动。

幼儿园亲子活动具有如下特点：

（1）幼儿园亲子活动是幼儿园与家庭合作的重要形式；

（2）家长和孩子是亲子活动的主体；

（3）幼儿园亲子活动是幼儿园的教育活动范畴；

（4）幼儿园亲子活动主要是为亲子交流设计的，其次是为了促进家园沟通。

幼儿园亲子活动的优势在于，教师可直观地观察到亲子的关系状态，并给予有针对性的指导；有教师的指导，亲子活动会变得更有教育意义。

幼儿园亲子活动的劣势在于，亲子都需要到幼儿园里参加活动。如

果活动不安排在双休日，那么许多家长会由于工作原因而无法参加。对于到幼儿园参加亲子活动许多家长没有内在动力，因为它费时费力，又看不见什么实质性的效果。

（二）幼儿园亲子活动的形式

1. 亲子同游

平日里，家长由于忙于工作而抽不出时间与孩子外出游玩，幼儿园可以利用假日组织孩子和家长一同走进大自然，享受亲子间的幸福时光。可以组织郊游、春游、秋游——到公园，到儿童乐园，到名胜古迹，到郊区，在草坪上嬉戏。亲子同游可以在大自然中放飞心情，让家长在紧张的工作之余放松身心，老师还能发现孩子身上独特的一面和亲子关系状态，为今后的教育变得更加有针对性做好准备。

2. 亲子同做

亲子同做，就是指家长与幼儿合作共同完成某种物品或食物的制作活动。如，在开展"环保小卫士"的主题活动中，有的幼儿园请家长和自己的孩子一起利用废旧的塑料袋、光盘、纸盒、广告纸等材料设计时装。一件件富有创意的时装穿在孩子们的身上，伴随着欢快的节奏孩子们摆出不同的姿势，他们的脸上露出自信的微笑，家长们也露出欣慰的笑容。亲子同做不仅使家长感受到了参与的快乐，而且增进了对孩子的了解。

3. 亲子同演

亲子同演就是幼儿园为家长和孩子提供一个展示才艺的舞台，在适当的时间开展的一种表演活动。如有的幼儿园在每年"六一"节的时候都会组织"全家总动员"的亲子才艺表演。在舞台上，每一个家庭都各显神通，进行舞蹈、小品、器乐演奏、时装秀等表演。通过亲子同演，可使亲子的情感得到交融。

亲子同演的节目，可以是家庭自编自导自演的，可以是亲子原有才艺特长的展示，也可以由教师编导亲子表演——一个家庭或几个家庭的同演，教师要为亲子同演提供相应的支持，让每个家庭都有机会展示自己。

4. 亲子同玩

通过活泼有趣的游戏，让家长能带着一颗童心走进孩子们的心灵世界，和他们一同嬉笑、玩闹，在游戏过程中增强孩子与同伴、家长与家长、家长与教师之间的联系，使孩子和家长在交流与沟通中体验亲情，感受游戏的愉悦。如亲子运动会、亲子碰碰碰、网上游戏积分大赛等。

不过，幼儿园在设计亲子游戏时，不应该过分突显其竞赛性，而应该突显其合作性——让亲子合作完成某项游戏任务，让其在合作中体验亲子合作的愉快，同时增进亲子间的沟通交流。过分突显其竞赛性的游戏，会让亲子将过多的精力放在竞争上，而阻碍亲子之间的交流，甚至撕裂亲子之间的感情，因为在竞争性游戏中是以输赢论英雄的。

5. 亲子共同调查

幼儿园应该给亲子一些选题，让亲子利用在家的时间共同去进行调查，然后由家长协助孩子或与孩子共同完成调查的记录活动。如，调查所在小区里有多少种落叶植物，有多少种常绿植物，有多少种红花，有多少种黄花，有多少种昆虫等。这些调查有利于引导亲子对周围环境的关注，同时，在共同完成调查任务的过程中，可以增进亲子之间的互动和情感。

6. 亲子共同探究

幼儿在家长的协助下共同进行科学探究活动或科学小实验。如：通过实验了解家里有哪些东西在水里是可以浮起来的，哪些东西会沉到水底；通过实验了解家里有哪些东西可以被磁铁吸住，哪些东西不可以被磁铁吸住，等等。

（三）幼儿园亲子活动的设计与实施

1. 幼儿园亲子活动设计和实施的原则

为了更好地促进孩子的健康发展，设计亲子活动时应该遵循以下几个原则。

（1）安全至上原则。

安全是幼儿园各项活动的头等大事。亲子活动设计与实施一定要坚持安全至上原则：一是要考虑活动场地和设施的安全性；二是要考虑活动本身的安全性。有些亲子活动的场地是安全的，但活动是充满危险的，比如，我看见过某幼儿园里由一家体育培训机构策划的一个亲子活动——以家庭为单位的亲子倒立比赛——由家长扶着孩子的双脚，孩子倒立，看看哪对亲子坚持的时间比较长。事实上，倒立运动会使孩子的眼压和视网膜的动脉压升高，严重时可能会引起眼睑出血，损害眼压的调节能力。

（2）目标性原则。

教师在设计幼儿园亲子活动时，一定不要忘记设计和实施这项亲子活动的目的。亲子活动的目的是亲子活动设计和实施的出发点和归宿。我们反对为娱乐而娱乐的亲子活动，亲子活动应该是具有教育意义的。

幼儿园亲子活动涉及三个主体：教师，家长及孩子。亲子活动对三个主体而言都是意义的，我们应该努力让亲子活动所涉及的这三个主体在亲子活动中都能得到相应的收获。

①亲子活动中幼儿的目标。

A.喜欢与家长交流。

B.在亲子活动中体验与家长交流、合作的愉快情绪。

C.乐于遵守亲子活动中的基本规则。

②亲子活动中家长的目标。

A.了解亲子活动的意义，愿意参与亲子活动。

B.学会观察孩子的行为。

C.能与孩子进行有效的互动。

③亲子活动中教师的目标。

A.了解亲子关系状态。

B.展示自己的专业素质。

C.实现家园有效沟通，增进彼此之间的积极情感关系。

（3）尊重性原则。

幼儿园设计的亲子活动要体现出对每个家长和孩子的尊重。不要让某些亲子有被忽视的感觉，更不要让某些亲子感觉到有失面子或尊严。

案例2-20　自驾游还是包车游

在设计亲子同游活动时，费老师接受了部分家长的建议——班级自驾游。这样既方便，又可以省下包大巴的费用。

可令费老师没有想到的是，在她向全班家长宣布班级自驾游的时候，南南的爸爸、豆豆的爸爸等几位家长马上站起来说："如果是自驾游，我们就不去了。我们没车。"

此时，有车的家长说："你们可以和我们有车的家长拼车呀。"

可是那几位家长仍然坚持说："我们还是不去！我们的孩子会因为自己家里没有车，觉得低人一等。如果大家都坐大巴车，我们就去。"

……

南南爸爸等家长的担心是有道理的。自驾游比较方便，但它确实会给没有车的家长和孩子带来心理压力和自卑感，同时还会让有车的孩子内心有一种自豪感，让一些家长和孩子在无意中实现了"炫富"的梦想。

幼儿园亲子同游是一项教育活动，它要体现出对每个参与人员的充分尊重，对每个孩子的健康发展有益。任何有可能有损于某一部分人的事都是应该努力避免的。

我们建议幼儿园出游时统一包车前往。如此，大家都坐在大巴车上，有机会在一起，会有一种大集体的感觉，相互平起平坐，平等相处。这样虽然花了一些钱，有点不太方便，但孩子们在车上会觉得很有趣，同时，亲子之间、不同家庭之间、家长与教师之间，有更多的时间和机会相互交流，这更有利于亲子活动目标的达成。

（4）发展性原则。

亲子活动的设计与实施应该有利于促进每个孩子的身心健康发展。

凡是有损于孩子的身心健康发展的做法都应该避免和禁止。

案例2-21　赢就那么重要吗？

亲子运动会开始了。操场上，亲子组成的"消防队员"接力赛正在激烈地进行着。在"加油，加油"的呼喊声中，"消防队员"（父母扮演）们按规则背着小孩跑到指定地点，让小孩穿上一件外套（必须扣四个纽扣）和一双鞋子（必须系好鞋带），然后一起冲出"火场"。"消防队员"们和小孩一对接一对地在场地上奔跑着。突然，我们班的小朋友喊："大（3）班小朋友犯规了，他们的小朋友只扣了三个扣子！"大（3）班那个孩子只得停下来扣好纽扣。

过了一会儿，我们班的小丽在匆忙中也只扣了三个纽扣就和他爸爸跑过"火场"了。我们班有一个孩子叫了一声："丽丽，你的扣子……"旁边的小朋友连忙对他说："嘘——别作声……"那个孩子赶紧闭上了嘴。比赛结束，小丽和他爸爸跑回来时，我们班领先对方许多许多……

比赛中，孩子和家长们将赢看得比遵守规则更重要。这是不妥当的。亲子活动本身就应该是一项教育活动，它应该有利于孩子们形成良好的品行，而不应助推孩子不良品行的形成。

案例2-22　靠不诚实取胜

比赛办法：每班一组，一组1个老师、10个孩子、10个家长。老师拿一个装有10个小皮球的塑料筐和孩子们站在一侧，家长拿一个空筐列队站在对面，接孩子投过来的球。中间间隔约3米的距离。一个孩子投10个球，投中一个球得1分。家长拿筐的手可以前后左右移动，以便接着孩子扔过来的球，但身体不能越过警戒线靠近孩子。

特写：比赛开始后，有些孩子掌握不好投球的技巧，把球投到了地上，老师可不管规则，把球捡起来放到自己的篮中，让孩子继续投，可是孩子还是不能完全投中，等裁判过来，问这个孩子投了几个球时，老师马上回答"10个",记分员走了,比赛继续进行。最后获得冠军的肯定不是诚实的小组。

如此比赛,老师和家长都忘记了本次亲子活动的目的,在比赛活动过程中,为了获胜,教师带头不诚实,不遵守规则,家长默认,孩子会受到潜移默化的影响。如此的亲子活动,原来是一项教育活动,如今却变成了"反教育"活动——不仅不利于孩子良好品行的形成,反而助长孩子不良品行的形成。

(5)针对性原则。

设计的亲子活动,要考虑参与对象的特点,比如孩子的年龄特点和家长的年龄特点。参与活动的家长多是祖辈的和多是父辈的,其活动应该有所不同;小班的亲子活动与大班的亲子活动,也应该有所不同。如果我们在设计亲子活动时不考虑这些特点,那么,活动就很难进行,甚至还会出现安全问题,比如,让祖辈们参加以速度快慢定输赢的比赛,对他们来说是不公平的,同时,也可能会出现安全问题,甚至会出现生命危险。另外,亲子活动还应该考虑本班孩子或者是本班亲子普遍存在的问题。

(6)互动性原则。

亲子活动是一项教育活动,它应该有利于三个主体之间进行有效的互动,进而增进相互之间的了解,增进相互之间的情感。如果幼儿园亲子活动没有真实的亲子之间的互动,那么这样的亲子活动只能是徒有虚名。

在开展亲子活动的过程中教师能随时了解幼儿,并促进幼儿之间、家长之间、家园之间的互动。在亲子活动中,一方面,教师指导家长开展活动,及时纠正家长的一些不正确的做法,增进家长与教师之间的理解和沟通;另一方面,教师通过反思不断总结经验,提高亲子活动的质量。

(7)娱乐性原则。

亲子活动要让参与者体会到快乐,这样,家长和孩子才会发自内心地喜欢参与亲子活动。当然,亲子活动不能为了娱乐而娱乐,还要考虑亲子活动的其他意义。

2. 幼儿园亲子活动方案的体例与要求

幼儿园亲子活动方案一般包括活动名称、活动目标、活动准备、活动过程等要素。

（1）活动名称。

幼儿园亲子活动按领域来划分，可以分为指向单个领域的亲子活动或指向多个领域的亲子活动。指向单个领域的亲子活动，可以以《幼儿园教育指导纲要（试行）》中的五大领域（健康、社会、语言、科学和艺术）来命名，涉及多个领域的活动直接以亲子综合活动来命名。①直接以活动内容来命名，如，"亲子袋鼠跑步赛"；②以归属领域和活动内容来命名，如，"亲子健康活动：亲子三腿跑"；③以归属领域、活动内容以及活动类型来命名，如，"亲子语言活动：《妈妈爱我有多高》绘本阅读"；④以年龄阶段、归属领域和活动内容来命名，如，"大班亲子科学活动：沉与浮"。

（2）活动目标。

幼儿园亲子活动的目标既是活动设计和实施的起点，也是亲子活动归宿和评价的依据。幼儿园亲子活动目标的制订与幼儿园一般教育活动目标的制订既有共同点，又有不同之处，其共同点在于都强调目标的全面性和表述的具体性，不同之处则在于幼儿园亲子活动是由家长、孩子、教师三个行为主体参与，目标的指向有所不同，一般的教育教学活动指向单个主体——孩子，而亲子活动则指向家长、孩子、教师三个主体。因此，在设计亲子活动目标时，要从家长、孩子、教师三个维度来设计。

（3）活动准备。

活动准备包括环境准备、材料准备、人员分工准备、参与人员的确定等。

（4）活动过程。

亲子活动过程的设计要围绕亲子活动目标来进行，还要考虑上述亲子活动原则的贯彻。要确定亲子活动的流程、各项活动的地点、参与者、规则、主持人等。

3. 教师、家长、孩子在亲子活动中的角色

在亲子活动的过程中,教师、家长、孩子分别担任不同的角色。我们应该努力发挥他们各自的作用,为活动目标的最终达成服务。

(1)亲子活动中教师的角色。

在亲子活动中,教师既是活动材料的提供者、活动的引导者,还是家长和孩子们的合作者。教师必须尊重家长,以平等合作的态度对待家长,与家长共同商量,形成良好的亲子氛围。无论是对家长还是对孩子,教师都应该多给予帮助和指导。

(2)亲子活动中家长的角色。

在亲子活动过程中,家长要充当多种角色:①支持者——在活动前和活动中都要给予教师和孩子相应的支持;②充当参与者——在亲子活动的设计和实施过程中,家长都应该积极地参与,参与活动的设计,参与与孩子的互动,共同完成亲子活动任务;③充当孩子的伙伴——与孩子平等相处,共同合作完成亲子活动任务;④充当观察者和协助者——在亲子活动的过程中,观察孩子的行为与需要,及时给予有效的支持,而不是包办代替。

(3)亲子活动中孩子的角色。

家长和孩子是幼儿园亲子活动的两个主角,亲子活动要考虑孩子的特点和需要,努力以符合孩子需要的方式来设计和展开各项亲子活动,让孩子在活动中积极主动地参与各项活动,并从中体验快乐,获得发展。

案例2-23 谁才是主角?

在大班亲子活动"扎染活动"中,老师先向孩子们演示了扎染的过程,然后让孩子们自己操作。助教则将一张张小白布和一些细绳发给孩子们。有的孩子在父母的指导下开始扎染,有的孩子的活则完全由奶奶或外婆代劳,在扎染的过程中,老师与无家长陪伴的孩子一起操作。

活动结束,老师与家长的手都染上了颜料,而大部分幼儿的双手都是干干净净的。

家长没有扮演好自己的角色而越位代替孩子做这做那,这对孩子的成长不利,对建立健康的亲子关系也不利。

在亲子活动中,教师面对的不仅仅是孩子,更多的是面对家长,教师要引导家长明确自己的角色,让其与孩子更好地互动,这样才能达到亲子活动的预期效果。

六、家长开放日活动的策划与组织技能

家长开放日是指幼儿园定期或者不定期地向家长开放,届时邀请家长来园观摩和参观幼儿园的活动,以了解幼儿园教育,了解自己的孩子在群体中的表现,以便客观地看待孩子,加强与教师的沟通与合作。

家长开放日的优势在于家长可以以直观的方式了解自己的孩子在幼儿园方方面面的表现,了解幼儿园教育活动情况,了解教师的工作情况。

家长开放日的劣势是需要动用的资源过多,客人过多,孩子们会出现"人来疯",扰乱正常的教育活动秩序;同时,客人过多会增加疾病传染的风险;另外,教师的"失误"存在被放大的危险。

案例2-24 不是毛病也成为毛病

在小班开放日的早晨,黄老师正忙着抚慰哭闹的孩子,龙龙的外婆过来了,脸色不好看,语气也不好听:"黄老师,你们不能只理会哭的孩子,也要理会那些不哭的孩子啊!"黄老师一愣,脑海里迅速回忆龙龙昨天的表现。

愣神间,龙龙的外婆又说:"哪家孩子不是宝贝,你们不能偏心啊!"

黄老师忙解释道:"这两天有点特殊,请您多多谅解,有的哭闹得厉害,需要先抚慰一下。不过,谢谢您的提醒,我们会注意的。"

我在佩服黄老师回答问题的机智的同时，还是得提醒大家：家长开放日可能是部分家长挑剔老师工作的一次机会！如，有的老师抱怨："现在每次组织家长开放日活动，都是老师最忙最累也最不喜欢的事。""许多老师对于家长开放日都是苦不堪言，一次简单的开放日活动，老师们都要准备个把月时间，并且不一定能讨家长的'好'。"因此，我们要好好研究家长开放日活动，让其成为建构良好家园关系的促进剂。

（一）家长开放日活动的形式

家长开放日活动的形式主要有如下几种。

1. 观摩教育活动

教师通过上公开课让家长了解幼儿园教育活动的内容、方法手段，了解其孩子在教育活动过程中的表现。

2. 家长助教活动

在全面了解各位家长的兴趣、特长、工作性质的基础上，聘请家长做"教师"，组织教育活动。如，邀请牙科医生妈妈给小朋友讲解如何保护牙齿的知识和技能；让擅长种植、养殖的爸爸妈妈教孩子们培育植物、饲养小动物等。这样可以最大限度地激发家长的主人翁意识，使其成为开放日活动的积极参与者。

3. 亲子活动

亲子活动的目的是便于教师现场指导，使家长在与孩子共同活动的过程中获得亲子合作和互动的体验。

4. 庆典活动

邀请家长参与幼儿园组织的节日庆祝活动，让家长在庆祝活动中学习怎样寓教于乐，如组织元旦"亲子运动会"、三八节"我爱妈妈"等活动。

5. 环境展示活动

向家长展示具有教育意义的班级环境，同时，在引导家长参观相关环境的时候要告诉家长，教师所布置的班级环境蕴含的教育理念，让家长看得懂环境，懂得老师的良苦用心。

（二）举办家长开放日活动应该注意的事项

1. 明确家长开放日活动的目的

家长开放日活动的目的是家长开放日活动设计和实施的出发点和归宿。因此，我们在设计家长开放日活动之前，首先要明确举办家长开放日活动的目的是什么，然后围绕目的设计家长开放日活动的内容和形式。

幼儿园举办家长开放日活动的目的主要有如下五个方面。

（1）让家长通过开放日活动，了解幼儿园教育活动以及各项工作操作的过程和方法，给家长一个正确的教育理念。

（2）让家长了解自己的孩子在幼儿园活动的情况及表现，进而有针对性地进行教育。

（3）让家长检验幼儿园的各项工作，对幼儿园的工作提出自己的意见和看法，进而完善幼儿园的管理。

（4）沟通家长与教师的感情，加强家庭与幼儿园的联系，让家长关注教师的教学情况，了解幼儿园的发展状况，更好地支持幼儿园的管理工作。

（5）展示教师的专业风采。家长开放日是教师展示自己专业素质的好时机，教师应该利用家长开放日活动向家长展示自己的师德和精神面貌，展示自己的专业能力和专业理念，让家长看到自己如何关爱每个孩子，如何有效地促进孩子的发展。

每次设计家长开放日活动时，都应该综合考虑如何达到上述目的。就一次具体的家长开放日活动而言，既可以考虑综合达到各项目的，也可以考虑重点达到某一项目的。家长开放日活动目的的选择，要综合考虑家长的需要和家园合作的需要。

2. 积极做好家长开放日之前的准备

（1）活动前制订周密的活动计划。

家长开放日活动计划包括活动名称、活动目标、活动准备、活动时间与场地安排、活动工作人员与分工——有各项具体工作的负责人，也有引导家长参观相关活动的引导员。因为许多家长并不太了解幼儿园里各个具体地点的方位。

家长开放日活动计划，有园级家长开放日活动计划和班级家长开放日活动计划，后者要在前者的基础上制订。

（2）分工与准备。

不同岗位人员，其准备工作也不同。

①园长的准备工作。园长主要负责审定开放日活动的内容与形式，审查活动安排，提供物质材料支持，确认家长通知的落实，实地检查。

②教师的准备工作。教师具体负责保教活动的设计，各项活动材料、场地的具体规划与布置，通知本班每位家长，告诉全班幼儿。

③家长的准备工作。要让家长明确参与家长开放日活动的目的，让他们了解该做什么、不该做什么；同时还要了解看什么、怎样看，特别是看到自己的孩子与别的小朋友在某方面有差距时应如何认识和对待，以免产生负效应；另外，还要提醒他们观看时不干扰正常的教育活动秩序。

案例2-25 家长直接插手孩子的活动

"今天的手工活动是学习折兔子"。当教师交代完要求后，幼儿就开始动手操作起来。心急的菲菲外婆忍不住要在旁边指指点点："先往上折，再折出一个角，然后……还是我帮你折吧。"菲菲外婆接过菲菲手中的纸，很快就折好了兔子。菲菲得意地给旁边的点点看，点点看看折好的兔子，又看看自己的妈妈。妈妈似乎明白了点点的意思，蹲下来对点点说："自己折，老师不是教了吗？"点点只好又继续自己的操作。再过了一会儿，心心妈妈也帮心心折好了兔子……点点委屈地哭了起来，点点妈妈终于忍不住也帮着折起来……

这种情况在家长开放日活动中经常出现，很多家长经常直接介入活动，指挥自己的孩子做，甚至干脆包办代替。出现这一情景的原因在于很多家长事先对开放日活动的内容一无所知，不知道自己该做什么，不该做什么。

案例2-26 较劲

教师有感情地朗诵完一首诗歌后开始提问。

甜甜奶奶见前几个问题甜甜都没有举手，有些着急。她先是悄悄地走到甜甜身边问："你怎么不举手呀？快动动脑筋。"说完又退回到自己的座位上，见甜甜还是不举手，反而一脸茫然，甜甜奶奶更着急了，干脆搬着椅子坐到了甜甜的身边。"举手，快举手，老师问的这个问题你一定知道。""老师，你让我们家甜甜来回答吧！她今天是怎么回事呀？！"因为着急、生气，甜甜奶奶的嗓音几乎高过了教师，教师只好叫甜甜来回答问题。过了半天，甜甜好不容易在奶奶的帮助下回答了问题，并得到了教师的表扬。没想到还没等教师把下一个问题说完，就有几位家长也开始强烈要求教师让自己的孩子回答问题，弄得教师手足无措……

家长们如此较劲，一方面扰乱了正常的教学秩序，另一方面也给自己的孩子带来了很大的心理压力。

（3）良好气氛的营造。

①制作精美的请柬或署有被邀请人姓名的邀请信，加盖园章并派专人送达家长手中，以示对家长的尊重和对活动的重视。

②在园内竖立欢迎标语牌，在观摩教育活动的多媒体教室中布置滚动幻灯片，内容有"热烈欢迎各位家长来我园参加开放日活动""展示保教成果，提高教师素质""广泛征求家长意见，全面提升我园管理水平"等。在园门口悬挂横幅，预祝开放日活动圆满成功。

③后勤部门负责招待工作，准备茶水及杯子，负责室内外卫生，布置好环境。

④园长热情洋溢地致欢迎辞,同时也对家长提出一些注意事项,如,观摩活动时不吸烟、不接手机、不讲话、不随意走动、不提前退场等。

⑤反思接待细节,营造良好气氛。

A. 考虑家长的感受:当家长走进幼儿园时,他们感到受欢迎了吗?

B. 思考家长的处境:站在幼儿园大楼的入口处,以一个家长的眼光来环顾四周,看看周围的环境是否在说"家长也是受欢迎的"。

C. 反思家长的接待:当家长来到幼儿园时,保教人员问候他们了吗?

3. 开放日活动过程的正确把控

(1) 关注家长的关注。

教师一定要明确,家长开放日活动是为家长而开放的,因此,教师一定要思考家长来参加开放日活动的需要,努力关照他们对孩子成长、对幼儿园教育的关注需要。

案例2-27 为什么不提问我的孩子?

某家长参加幼儿园开放日活动后,问袁老师:"为什么不提问我的孩子?会不会影响我孩子的发展?"

袁老师回答说:"你的孩子比较内向、胆怯,没有准备好,没有绝对的把握,他是不会举手的。如果我上课中强行提问她,她会更加紧张,这样不利于孩子的健康成长。我们近期正在准备开展……主题活动,你们在家和孩子准备相关知识或技能后,如果没有这方面的书,我可以借给你们。你们准备好了,告诉我,我一定给她表现的机会。她不举手,我也会给她机会尝试来讲讲。"

每个家长来参加家长开放日活动,其主要心思都是放在自己孩子身上——他们关注自己孩子的表现,关注老师怎么对待自己的孩子。因此,教师在开展任何活动的过程中都应该将每个孩子放在心上,如果由于种种原因,你未能满足家长的需求,那么,你一定要想好能说服家长的理由。案例中袁老师在教学活动过程中没有提问某个孩子,但她心中早已有十分合理的理由,给家长的建议也十分可行。家长听后,肯定会心服口服,并且由衷地敬佩老师的专业能力和专业品德。

上述案例给我们的启示是:你关注到了家长们的需要,如果今天的活动未能给予充分的关照,那么,你一定要想清楚如何给家长一个满意的答复,否则,家长开放日活动中将会产生无数的家园纠纷。

案例2-28 老师一点面子都不给

幼儿园为庆祝六一节,需要临时排一个节目,舞蹈老师就在各个班级挑选舞蹈小演员,晨晨没有选上。晨晨妈妈得知后就带着孩子一起去找舞蹈老师,问为什么没有选上晨晨。老师认为晨晨的舞蹈基础不如其他孩子,但是为了维护孩子和家长的自尊心,就说:"晨晨是挺喜欢跳舞的,跳得也不错,但是这次我们要的是身高相近的演员。"晨晨妈妈说:"你是说晨晨不够高,那可以站在前排嘛。"老师和晨晨妈妈交流一番后,最终还是没有同意让晨晨参与跳舞。

类似的场面我们在幼儿园节日庆祝活动中常见。老师认为很正常,家长却不同意,我也不同意。节日活动应该是所有孩子的节日活动,否则,节日的快乐仅限于舞台上的少数孩子,而当看客的大多数孩子在节日活动准备和节日活动展示时都是痛苦的。另外,对于家长而言,他们到幼儿园参加节日庆祝活动,并不是想去看别人家孩子的表演,而是想看看自己孩子的表演。案例中,老师找出种种理由来拒绝家长的合理要求,还觉得这样做很能"维护孩子和家长的自尊心",这说明我们的教师在设计节日活动时,根本没有"为了一切孩子"的理念,幼儿园和教师只有自己的"面子",而不顾孩子和家长的面子,过分追求节日活动"好看"而把一部分孩子排挤在节日活动之外,是缺乏基本职业道德的一种表现。

(2)告诉家长别影响正常的保教活动。

告诉家长静静地做个旁观者,尽量不要干扰孩子的活动。如果家长紧紧地跟在孩子身边,时不时地插上几句话,甚至代替孩子操作,这样就会干扰孩子的正常活动,从而使家长无法看到真实情境中孩子的真实状态,这样就会使家长开放日活动的价值大打折扣。

案例2-29　焦急的姥姥

正在组织孩子上活动课的张老师刚提出问题,在旁边听课的奶奶立即冲着孙子田田说:"田田快举手,回答老师的问题。"田田看看奶奶,慢悠悠地把手举起来……"请小朋友画出小熊该怎么回家。"当老师宣布完要求后,琳琳的姥姥就坐不住了,一边拿着琳琳的手帮琳琳画,一边念念有词:"应该从这边走……这样才能尽快走回家,看这样多快啊!"

田田的奶奶如此焦急地给予孙子直接的指导,会导致孩子错失从"试错"到成功的过程,这样的操作对孩子发展的价值几乎为零。

(3) 引导家长正确应对孩子在活动中的表现。

当孩子表现很出众的时候,请家长不要在别的家长和孩子面前扬扬得意;当孩子表现出人来疯、哭闹、撒娇、在活动中不专注等现象时,请家长千万不要烦躁不安,要用适当的言行鼓励孩子融入集体,帮助孩子平稳过渡;当孩子表现落后的时候,请家长不要认为这是孩子在给自己丢面子,要知道一次活动只能反映孩子的一个侧面,自己的孩子也有许多优点。

(4) 请家长填写开放日记录。

开放日记录主要包括:观摩活动后有何感想?对幼儿园工作有何建议?

4. 活动后的工作

(1) 让家长及时与孩子进行积极的沟通。建议家长及时与孩子交谈,告诉他爸爸妈妈对他的关心,用具体的事例来肯定孩子的进步,并就其存在的问题提出今后的努力方向。

（2）组织家长进行交流。开放日活动结束以后，还应组织家长进行交流，让家长以口语或书面语的形式表达自己的真情实感及对幼儿园今后工作的建议。幼儿园及教师要积极应对家长的建议。

（3）评价与指导相结合。对孩子及其家长在开放日活动中的表现要进行适当评价，并根据家长和孩子的实际情况给予适当的指导。如，召集不举手发言孩子的家长开座谈会，为他们提出如何让自己的孩子积极主动地在班级里举手发言的有效方案——告诉他们家庭应该做些什么，幼儿园应该做些什么，相互配合，共同促进孩子的健康发展。

家长开放日活动是展示教师专业素养的好机会，教师要充分利用家长开放日活动向家长展示自己对孩子的爱心、细心、耐心、责任心，让家长对教师敬佩、信服，进而建构起良性的家园互动关系。

本章参考文献

[1] 邓惠明. 幼儿园家长工作指导[M]. 上海：复旦大学出版社，2013：44-45.

[2] 施燕. 幼儿园新教师上岗手册[M]. 上海：华东师范大学出版社，2012：68-69，71-76.

[3] 汪秋萍，陈琪. 家园沟通实用技巧[M]. 上海：华东师范大学出版社，2013：52-53.

[4] 晏红. 幼儿教师与家长沟通之道[M]. 北京：中国轻工业出版社，2012：178-179.

[5] 吴邵萍. 家园共同体的建构：幼儿园家长工作的方法与策略[M]. 北京：教育科学出版社，2011：22-23，39-45，159.

[6] 陈帼眉，姜勇. 幼儿教育心理学[M]. 北京：北京师范大学出版社，2007：117.

[7] 鲍燕波. 让《家园联系册》真正发挥作用[J]. 新课程（下），2014（3）：

84-84.

[8] 朱伟君. 家长约谈: 有效的家园沟通方式 [J]. 考试周刊, 2013 (18): 184-185.

[9] 胡耀岗, 葛东军. 幼儿园综合亲子活动的特点、类型及过程 [J]. 教育导刊 (幼儿教育), 2013 (6): 60-63.

[10] 付晶艳, 吴云洲, 赵雁. 幼儿园"家长约谈"工作调查 [J]. 早期教育 (教科研版), 2013 (5): 11-15.

[11] 周玮君. 老师"有约"——家园沟通中新型约谈方式的有效开展 [J]. 家教世界, 2012 (18): 19-24.

[12] 张丹. 小企鹅大作用: QQ群在亲子班家园互动中的有效应用 [J]. 好家长, 2011 (Z1): 112-113.

[13] 李生兰. 美国学前教育机构的家访工作及其启示 [J]. 幼儿教育 (教育科学), 2009 (12): 50-54.

[14] 刘爱民, 刘闰中. 幼儿诚信教育缺失分析——对在一次幼儿园"趣味运动会"上所见之思考 [J]. 学前教育研究, 2007 (11): 29-33.

[15] 吴邵萍. 开放性管理的思考与实践 [J]. 幼儿教育, 2005 (11): 37.

[16] 史爱芬. 幼儿园亲子活动主体定位、互动现状及其改进 [J]. 内蒙古师范大学学报 (教育科学版), 2013 (4): 33-35.

[17] 王赛. 幼儿园亲子活动的研究 [D]. 上海: 华东师范大学, 2013.

[18] 公燕萍. 幼儿园亲子活动的现状研究 [D]. 福州: 福建师范大学, 2013.

[19] 肖青梅. 长沙市示范性幼儿园家长教育工作的现状研究 [D]. 长沙: 湖南师范大学, 2013: 45-46.

[20] 樊茜. 幼儿园家长委员会的现状、成因及对策 [D]. 苏州: 苏州大学, 2010: 1, 8-9, 10-11, 29-30.

[21] 陈丹. 幼儿园家长委员会的研究 [D]. 上海: 华东师范大学, 2009: 1-2, 7, 27-29, 33-34.

[22] 刘明. 幼儿教师与家长沟通现状研究 [D]. 大连: 辽宁师范大学, 2009.

[23] 王岫. 幼儿园"家长园地"的研究 [D]. 上海: 华东师范大学, 2007: 3, 20-21.

[24] 矢琳琳. 接送幼儿过程中家长与教师交流现状研究 [D]. 南京师范大学, 2006: 28-29.

第三章 幼儿园家长工作艺术

本章主要介绍幼儿教师与家长建立良好关系、与家长沟通孩子成长过程中的问题、处理家长工作中棘手问题的艺术。本章的主要目的是让幼儿教师在理解相关原理的基础上，学会艺术化地处理幼儿园家长工作中的各种问题，以建构良性的家园互动关系，进而更好地促进孩子们的健康发展。

第一节 与家长建立良好情感关系的艺术

与家长建立良好的情感关系，有利于更好地开展幼儿园教育工作。对幼儿教师而言，与家长建立了良好的情感关系，家长就相信你，喜欢你，支持你，维护你，体谅你，有利于你提高工作的幸福感。因此，幼儿教师要努力与家长建立良好的情感关系。

一、情感关系建立的基本理论

要想与家长建立良好的情感关系，我们就应该首先了解影响情感关系建立的因素有哪些。

（一）认识是情感产生的基础

心理学研究表明，认识是情感产生的基础。有什么样的认识，就有什么样的情感。因此，为了与家长建立良好的情感关系，教师平时要努力为家长提供关于自己的正面信息，避免出现和消除与自己有关的负面信息。

（二）需要是情感产生的基础

情感是人针对客观事物是否符合自己的需要而产生的一种内心体验。情感总是和人的需要密切相关，需要是情感产生的基础。也就是说，产生什么样的情感，取决于事物是否能满足人的需要。当人的需要得到满足时，就产生肯定的（或称积极的）情感，如满意、兴奋、喜悦、热爱；而当人的需要得不到满足或者追求满足需要的努力遭到挫折时，就产生否定的（或称消极的）情感，如失望、忧虑、愤怒、憎恨等。

因此，幼儿教师要认真研究家长的需要，并在工作中积极有效地关照家长的合理需要，特别是关照他们对孩子成长的合理需要，进而增进家园的情感关系。

（三）适当频率的交往有利于增进彼此的情感

社会心理学研究表明，过高、过低的交往频率都会导致情感热度下降，适当频率的交往有利于维持和增进情感的热度。因此，幼儿教师要努力与每位家长保持适当频率的交往，以维持和增进与家长的情感，使其保持在适当热度之中。

二、与家长建立良好情感关系的艺术

为了与家长建立良好的情感关系，幼儿教师可以从以下十一个方面去努力。

（一）努力给家长留下美好的第一印象

幼儿教师给家长的第一印象是否良好，是否专业，对今后教师与家长能否建立积极的情感与互动关系至关重要。如果第一印象是专业的、良好的,那么,家长今后就会认可你,接受你,支持你;如果你给家长的第一印象是不好的、不专业的或者水平不高的,那么,家长以后可能会处处质疑你,进而不配合、不支持你的工作。因此,幼儿教师要注意做好在家长面前的各项"第一次",如第一次家访、第一次家长会、第一次家长开放日活动、第一次见面、第一次约谈等都要努力做好,不得随便应付。

案例3-1 好评如潮的李老师

李老师刚刚到一所幼儿园工作时,为了能给家长留下一个好的印象,每一次的家园活动、家长会,甚至包括家长接送孩子们的一瞬间,她都要精心准备。从着装到言行举止,她都力争给家长们一个好的印象:干练、专业、业务、有修养、有热情、有活力、亮丽。因此,家长们对她好评如潮,都放心地把孩子交给她。

幼儿教师要利用好每一个"第一次"的机会,把自己最好的一面展现在家长面前,为今后的交往奠定良好的基础。

材料3-1 新加坡幼儿园实习生的穿着打扮要求

★ 不符合条例的穿着(男实习生)

☆拥有粗俗或猥亵图画或字语的衣服

☆半透明或紧身衣服

☆刻意撕毁的牛仔裤

☆短裤

☆任何会掩饰穿者身份的头饰或脸饰

☆汗衫

☆无袖衬衫

☆非自然颜色的发色

☆文身

☆头发长度超过了耳朵、眼眉或衣领

☆无鞋跟的鞋如凉鞋

★ **不符合条例的穿着（女实习生）**

☆拥有粗俗或猥亵图画或字语的衣服

☆半透明或紧身衣服

☆刻意撕毁的牛仔裤

☆短裤

☆任何会掩饰穿者身份的头饰或脸饰

☆暴露或带有色诱性的衣服如无肩带衣服

☆紧身裤

☆超短迷你裙

《新加坡幼儿园实习生的穿着打扮要求》给我们的启示是：幼儿教师的穿着打扮应该具有职业特性，符合职业工作和职业道德的要求，不应该过度追求新潮，而有失自己的身份。

材料3-2 "第一次"见家长的温暖话

第一次与家长见面，或第一次开家长会时，老师可以选择说以下这些温暖家长的话，来为自己的第一印象加分：

①选择我们幼儿园是您对我们的信任，谢谢您。

②孩子是您的，也是我们的，我们会和您一样爱他。

③这是我们的联系方式，请您记下。有需要，欢迎您及时联系。

④孩子刚入园，会有一些不适应。让我们一起努力帮助孩子度过这段不适应期。

（二）展示你的专业品德

幼儿教师要在家长面前展示出相应的职业品德，如公平、公正、无私、尊重、关爱、耐心、责任心、热心等，并且通过适当的行为来让家长看得见，听得见，感觉得到。

案例3-2 超级保安

某幼儿园的一名保安在幼儿园里很有名，原因在于他工作热情，负责任。他见到每个家长和孩子都能主动、热情地打招呼——叫出每个家长的姓名、职位、职称，甚至能叫出每个孩子的小名，还能和孩子及其父母聊上一两句。

因此，大家都叫他"超级保安"。

"超级保安"为什么会有如此超级的表现？根本原因在于他热爱这项工作，他用心去做这项工作。每年新生入学前，他都主动向园方要一份孩子及其家长的资料，并且熟记于心。我由衷地希望幼儿园的工作人员都可向这位"超级保安"学习，努力做个"超级老师""超级保育员""超级保健医生"……

（1）保安、门卫：热情、亲切、微笑迎接家长和孩子。

（2）医务人员：晨检时要微笑、抚摸、寒暄；变走"近"孩子为走"进"孩子；细心、耐心、专业地向家长提供孩子保健方面的帮助。

（3）炊事人员：怀着爱心、充满感情，将菜切小炖烂，研究孩子们的口味，努力做出既符合孩子口味，又符合科学营养要求的饭菜。

（4）生活教师：给食欲不佳的孩子盛饭时要少盛多添；努力做到夏季电扇下不睡孩子，空调不直吹孩子；冬天午睡安排体弱的孩子到相对保暖处；肥胖儿进餐时尽量让其先喝汤、后吃饭；照顾每个孩子吃饭达到基本的饭量等。

（5）幼儿教师：细心准备各种教玩具，进行区角设置和材料投放，创设班级环境；制定作息制度，合理安排环节，开展一日生活；组织游戏和户外活动，把握教育契机……

案例3-3 细心的老师

某幼儿园有一位老师午睡值班时特别细致。哪些孩子容易出汗，睡觉前要脱几件衣服；哪些孩子容易着凉，要帮助其捂实被子；哪些孩子喜欢蹬被子，要帮助其盖被子，等等，她心中都清清楚楚，所以她班上的孩子出勤率高，家长非常满意。

案例3-4 以负责任的精神打动家长

一天，老师与家长约谈孩子不吃饺子的事情，说孩子见了饺子就哭，一口也不吃，家长说："我们在家里都是她吃什么才做什么。"

老师说："在幼儿园只能食堂做什么，孩子吃什么，你们太娇惯孩子了。"家长则认为娇惯孩子累的是自己，自己就这么一个孩子，心甘情愿地为孩子累，用不着老师来评教育。

后来老师没有与家长谈及此事，而是着手教育孩子。等再吃饺子的时候，老师没有强迫孩子吃饺子，只是鼓励孩子舔一口，孩子感觉舔一口没关系。

老师接着鼓励她咬一小口，孩子就咬了一小口，老师竖起大拇指表扬她，孩子非常高兴。然后，老师拿出自己买的午饭给孩子吃了。到再吃饺子的时候，老师既为孩子准备了午饭，又鼓励她慢慢地多吃一点饺子。一个月以后，孩子已经不再讨厌吃饺子了。老师把事情的经过告诉了家长，家长听后非常感动，也为自己曾经误解老师的言行而感到惭愧。

教师不计前嫌地关爱孩子，并且专业地解决了家长一直以来都没有解决的孩子吃饺子问题，这不仅让孩子发生了变化，而且让家长对教师的看法和态度也发生了变化。在这个案例中，教师体现出来的职业品德就是爱、耐心、责任心、宽容大度。

（三）让家长感觉到你很专业

如果幼儿教师能让家长觉得你很有专业水准，那么，他就会相信你、敬佩你、配合你、支持你。幼儿教师可以从以下几个方面来向家长展示你在幼儿教育方面很专业：

1. 专业技能展示

在我国，幼儿教师教育都比较重视艺术技能的训练，因此，幼儿教师与其他非艺术类职业人士相比，其艺术才能都比较全面——能讲、能唱、能跳、能画，并且有一定的水准，这为幼儿教师在家长面前展示专业素养提供了基础。

幼儿教师可以通过家长开放日活动、班级博客、日常教育活动向家长和幼儿展示自己的艺术才能，进而提高自己的专业威望。

2. 专业知识介绍

幼儿教师具有专业的知识，比家长更了解幼儿期孩子的发展规律，因此，幼儿教师可以通过家庭教育讲座、家访、接送孩子、家园联系栏、班级博客等途径，向家长介绍其前所未闻的专业知识，让家长感觉到我们幼儿教师真的很有专业水准。专业知识影响着我们与家长沟通的质量，比如，有位教师说："要想取得家长的信任，老师就应该有一定的专业知识。这样，当家长有问题时，老师才能从专业的角度帮助家长分析和找出有效对策，否则，翻来覆去总是那几句话，很肤浅，没有深度，家长也不愿意与你沟通。"

3. 环境设计

教室环境是一个班级的窗口，它反映着本班教师的教育理念和具体做法。教师除了要精心布置本班教室环境外，还要引导家长去理解这种布置的教育意图与目的，理解教师的良苦用心，并从中看到教师的专业风范。如，有位教师告诉家长，在环境布置中使用孩子们的作品是有教育意义的，可让家长感受到教师是很用心的，而不是在偷懒，这会让许多家长对教师的专业素养感到佩服。

4. 为家长提供有效的家庭教育指导

幼儿教师要精通业务，要能为家长排忧解难，解决一些一直困扰他们的孩子发展与教育的问题，以此展示我们的专业素养。幼儿教师不仅要善于发现问题和提出问题，更要善于向家长提出解决问题的有效方案。幼儿教师应该能够为每位家长提供以下三种教育方案：

（1）孩子的个别问题＋有效的解决方案；

（2）孩子的强项＋发扬光大的方案；

（3）孩子共性问题＋教育方案。

平时，许多幼儿教师只会向家长提出其孩子存在的种种问题，却未能向家长提供有效的解决方案。"问题"提得多，家长不喜欢，甚至反感——其实，许多问题，家长也看得出来，他们只是没有有效解决的办法罢了。如果教师不仅能为其指出孩子存在的问题，还能为其提供有效的解决方案，进而解决持续困扰他的孩子教育问题，那么，家长就会由衷地佩服你。

案例3-5 为家长提供专业化的教育指导

班上有个女孩十分内向，不善于交朋友，在集体场合不愿意讲话，家长注意到这个问题，来问老师怎么让孩子变得活泼、大方一些。

面对十分内向的小女孩，你给家长的专业建议是什么？

A方案

A老师提出了以下三点建议。

a. 多带孩子出去，给她和同伴一起玩的机会。

b. 给孩子讲些有利于孩子学会与同伴交往的故事。

c. 家长以身作则，在社会交往中主动、热情。

B方案

B老师提出了以下三点建议。

a. 教会孩子讲《三只小猪》《老鼠偷油》《小马过河》三个故事，先让其在家讲给家人听，熟练后到幼儿园来讲给小伙伴们听。

b. 放学后让孩子学习轮滑，让孩子参加班级轮滑小组活动。

c. 在班上组织开展了"周末好朋友"活动，并发给每个孩子一张调查表，请孩子在父母的帮助下写下自己好朋友的名字，老师再把好朋友的电话号码填在他们的表上，为他们建立好朋友档案，然后开家长会使家长了解此活动的方式及意图，孩子们在周末轮流做客，去好朋友家玩，家长在家做好接待工作。

与 A 方案相比，B 方案具体明确，具有操作性。家长毕竟不是专业的幼儿教育工作者，建议和措施不具体明确，不具有可操作性，家长在执行时往往还是不得要领。

幼儿教师平时要注意研究该年龄段孩子容易出现的各种心理行为问题，然后帮助家长有效地解决。

案例3-6　老师比家长有办法

一天早上，聪聪的妈妈拿了一只鸡蛋来到幼儿园："朱老师，我们家聪聪特别任性，我用尽了所有办法，他就是不愿意吃鸡蛋，他最听你的话了，麻烦你叫聪聪把鸡蛋吃了吧！"……我拿着鸡蛋来到聪聪身边，握着他的小手说："聪聪，鸡蛋的营养可多了，它可以开发大脑，使你变得更聪明，鸡蛋还有……"还没等我说完，聪聪拿过鸡蛋几口就吃完了。

这让站在一旁的聪聪妈妈看得目瞪口呆，对我佩服不已。

案例3-7　我要妈妈抱

"我不上幼儿园，我要妈妈抱……"小宇使劲搂着妈妈的腿，不肯放开。老师见状微笑着迎上来对小宇说："哟，小宇，今天你是让妈妈抱着来的呀！我昨天晚上做了一个梦，还梦到你了呢！你猜，我梦到你什么了？"小宇轻轻地把头抬起来一点儿，看着老师："什么呀？"老师用夸张的口气回答："我梦到你早晨来幼儿园的时候笑得像花儿一样，还给了我一个大大的拥抱。啊，我好幸福呀！好想抱抱你啊！可爱的小宇，行不行啊？"小宇想了想，终于松开妈妈的腿，开口道："那好吧。"

老师高兴地从妈妈手里接过小宇，并轻轻地亲了他一口，同时对妈妈小声地说了一句："放心吧！"妈妈看到小宇带着泪花的脸上有了笑容，自己也笑了，紧张的情绪顿时烟消云散，发自内心地说了一句："谢谢老师！"

幼儿教师就应该有这样的本领——时常以专业的、有效的办法解决家长无法解决的教育问题，这样，日积月累，你在家长心目中的良好口碑就会逐渐地形成，你在家长心目中的专业威信就会逐渐地树立起来。

因此，幼儿教师平时要多研究家长们所面临的各种教育问题，随时随地为他们提供有效的指导。

国外提倡"一分钟爸爸妈妈"，我们幼儿教师也可以尝试给家长们提供一些能在家里玩的一分钟亲子游戏、一分钟故事等，让家长感觉到我们的家庭教育指导是看得见、摸得着，有效果的。

5．为家长提供家庭教育智慧

幼儿教师应该利用自己的专业资源，通过各种途径向家长提供一些具有教育智慧的教育故事、教育名言、教育措施，让家长从中得到启发与教育，进而更好地教育孩子。

为家长提供有教育智慧的教育故事，不仅可以让家长获得教育智慧，而且可以让家长感觉到幼儿教师是很有教育智慧的专业人士。下面向大家介绍一位幼儿教师平时收集的一些教育故事。

案例3-8 妈妈的智慧

儿子马上就3岁了，每天有问不完的为什么，有时真让人应接不暇。一天晚上，给儿子洗完澡，帮他擦着身上的水珠，儿子突然问妈妈："妈妈，你看我有小鸡鸡，男孩儿都有小鸡鸡吗？""对呀。""女孩儿有没有小鸡鸡？""没有。女孩儿都没有。""妈妈你有没有？""妈妈也没有。"妈妈有点儿惊讶，儿子的好奇出乎她的意料。

正在这时，儿子又提出了一个要求："妈妈，让我看看你有没有小鸡鸡好吗？"妈妈的脸一下子红了，大脑飞速地运转，想着如何给儿子一个合理的答案。她急中生智，隔着睡裤摸着自己平平的腹部说："你看，妈妈这儿是平的，什么都没有。"儿子释然。

上述案例介绍了这位妈妈如何有智慧地回应孩子有关性方面的问题，这对其他家长也是有启示意义的。

材料3-3　提问促进孩子的发展

有位学者提出，在孩子要求做某件事之前，要让他认真思考如下四个问题。

A. 这件事，你可以做，但你能考虑到它的后果吗？！

这样的提问让孩子有长远的眼光。

B. 你这样做，别人怎么想？

这样的提问让孩子站在他人的角度思考问题。

C. 对于这件事有没有更好的办法？

这样的提问让孩子富有创造性，追求卓越。

D. 你能告诉我你要做这件事的三个理由吗？

这样的提问让孩子富有理性。

案例3-9　他不让我玩……

孩子很气愤地说："小莉不让我玩三轮车。"

你将如何回应？

妈妈1："你去观察小莉，等几分钟，或先做其他事，过一会儿再去问她，她可能就让你玩了。"

妈妈2："去和小莉说，'你让我骑三轮车，等一下荡秋千时，我帮你推。'"

妈妈3:"没关系,还有好多活动,你可以先去玩别的。"
妈妈4:"去跟小莉说,'我很想玩三轮车,我等了很久了。'"
……
你推崇上述哪位妈妈的做法?为什么?

上述案例,让家长知道孩子面对小伙伴"拒绝自己"时的种种应对措施,同时,还让家长知道经历挫折,经历遭人拒绝也是成长所需要的一种经验。

幼儿教师平时要多积累这方面的材料,然后向家长展示,让他们有所启发,有所思考,有所收获,这样,我们作为专业人士的专业地位就会不断地提高。

(四)通过共同的任务或活动,增进彼此间的了解和感情

教师要充分利用和创造各种机会与家长沟通与联系,进而增进彼此间的感情。比如,在节日活动时,有些幼儿园举办亲子同舞活动——让教师当舞蹈教练,教亲子舞蹈,以班为单位上台表演,家长、孩子参与的积极性很高,同时,排练舞蹈需要较长的时间方能练好,这就为家园沟通交流提供了机会,这有利于增进家长和教师的相互认识,进而增进彼此的感情。

只要我们用心去挖掘,我们还会发现许许多多的家园沟通机会,如郊游活动、家长开放日、幼儿园策划的亲子活动、孩子接送等,都是家园沟通的好时机。

案例3-10 聊出感情

A老师说:"我刚从学校毕业时跟家长聊天都是躲在主班老师后面,不敢跟家长聊天,因此与家长的关系比较疏远。现在跟家长聊多了,发现这个感情真的是聊出来的。比如,你跟他讲孩子好,好在哪里;或者

你跟他讲孩子不好，不好在哪里，不好需要怎么改进。这样时不时地跟他聊一聊，感情就这么聊出来了，你一次次地去跟他聊，与家长的感情就渐渐培养出来了。"

B老师说："幼儿教师要深入了解每个孩子的优点、缺点、个性、潜力、近日的进步情况等。这样在与家长沟通时，你就能具体翔实地向家长汇报，并以家长乐于接受的方式向其提出一些切实可行的教育建议。家长定会对你佩服得五体投地，并发自内心地感谢你。这样，还愁感情不好吗？！"

从上述两位老师的叙述中，我们可以看出，沟通交流对培育家园之间的积极情感是有很大帮助的，同时，教师心中要有家长所关心的话题和内容，这是深度沟通的基础，也是沟通促进良好情感关系形成的基础。

（五）在家长面前表现出你对其孩子的成长很用心

如果你能在家长面前表现出你对他的孩子很用心，那么，他一定很容易对你产生好感。具体应注意以下几点。

1. 用具体的事例来与家长沟通孩子的状况

当某位家长问你"老师，我家的宝宝在幼儿园的表现怎么样？"——家长与老师交流时常会向老师提这样的问题——你若是简单地回答"挺好的""还可以"，对于这样的回答，家长肯定不满意。因为家长会认为你对他的孩子关注不够，所以你留给她的印象肯定是不好的。

许多幼儿教师反映，家长在咨询孩子在园情况时，都是聚焦于幼儿一日生活的细节，比如："今天孩子喝了几次水，每次喝了多少？""今天孩子大便了没有？""今天孩子的手指上划伤了，是怎么弄的呢？""今天回家的路上我发现孩子的袖子是湿的，是什么时候弄的呢？"家长对孩子一日生活中与健康和安全相关的任何细小的事件都十分关注。

观察是与家长沟通的基础，作为一名幼儿教师，拥有"眼观六路、耳听八方"的敏锐的观察能力是必要的。这样我们和家长沟通孩子的情况时，才能用具体的事例来说话。家长也会认为你确实关注了他的孩子。你可以说：

"今天小明学会了……"

"今天强强吃了两碗饭！"

"今天小虹和小丽一起玩，小虹不小心推了小丽一下，小虹道歉后她们又一起玩了。"

"今天中午晓帆吃得比较少，下午吃点心的时候就让她多吃了两块饼干。"

"今天晓萍在科学活动时，主动发言了。"

"晶晶今天午饭后大便了。"

……

教师每天都能用具体事例介绍孩子的情况，哪怕只有三五句话，也足以收拢家长的心。

2. 一张照片胜过千言万语

平时，教师可以用手机将孩子有趣的表现、有趣的作品拍下来，通过QQ或微信、微博、电话、邮件等发给家长，与家长分享孩子成长过程中的快乐，同时也表达自己对孩子的关注。家长看后，定会觉得教师是个很用心的人。

3. 平时留心观察并记录每个孩子的表现

如果家长向教师询问孩子的情况，教师却回答不上来，家长就会认为教师从来没有将他关注的事情放在心上，甚至误认为教师没有责任感。因此，为了与家长沟通孩子的情况时有话可说，有具体材料做支撑，教师平时要注意对每个孩子的表现进行观察和记录。

案例3-11 用心观察赢得家长的心

老师在与某家长交流时，谈到她的孩子在午睡时，始终需要老师陪伴，睡着后还会伸出手来不停地向周围或空中抓东西。老师问家长："孩子在家睡觉时是什么样的？为什么会出现这种情况呢？"家长立刻说："老师观察得真仔细，我们家孩子一直是我陪着睡觉的，而且她睡觉时一直习惯拽着我的头发,所以她用手在空中抓,是在找我的头发。"

这样,家长就感受到老师工作很细心、很负责任;当然,家长还会感到他们的孩子在老师心中占有很重要的位置,继而对老师更放心。当接下来老师提出帮助孩子养成良好睡眠习惯的要求和策略时,家长就会认同并愿意接受老师提出的观点。

为了更详细地记录孩子一天的表现,进而更好地与家长交流,教师可以用表格的方式来记录孩子的日常表现。

材料3-4　表格交流

幼儿	情绪	早饭	中餐	晚饭	饮水	午睡	大便	其他
幼儿A								
幼儿B								
幼儿C								

表格符号说明如下。

情绪:√稳定,开心;△比较稳定,偶尔哭一下;×不稳定,哭半个小时以上;○缺勤。

睡觉:√2小时;△1小时;×没有午睡;○缺勤。

吃饭、喝水:√独立,主动;△在老师引导下进行;×需要老师喂或提醒,不喜欢吃或喝;○缺勤。

表达:√主动表达,声音适中;△主动表达,声音小;×不愿意表达;○缺勤。

同伴交往:√乐于并友好地与小朋友交往;△愿意交往,但有时有攻击行为;×独自玩,或对他人不友好;○缺勤。

成人交往:√愿意,主动;△被动交往;×不交往;○缺勤。

大便:有/无。

（六）让孩子喜欢你

案例3-12　家长因孩子喜欢而喜欢

又到期末，园部照例对各班家长进行满意度调查。见戴老师在园门口收调查表，我心里忐忑不安：家长对我的满意度一定不会高！学期初，我刚调入这所幼儿园接手中（2）班，而且，因为做园刊的缘故，我常常不在班里，与家长们的接触交流也很少，怎敢奢望家长们的百分百满意呢？

可是，出乎我的意料之外，戴老师特意跑来告诉我："陆老师，你不用再担心，你们班的家长对你百分百满意！倒是小曾老师……"我为小曾老师打抱不平："怎么会呢？这学期，家长工作几乎都是曾老师在做，曾老师对孩子们也很好……"

家长们是怎么想的呢？家长因孩子而喜欢老师——谜底在新学期开学这一天揭晓。因为工作安排，我不再带这个班，乐之妈妈知晓后给我打电话："陆老师，你以后还有可能来带这个班吗？我家乐之不打算转到青岛的幼儿园上学。上学期乐之的变化太大了！我虽然和你没有很多的交流，但我每天都听乐之回来讲到你，这是之前从来没有过的事情，真希望你继续带他们！"放学时我在园门口值班，无意间听到原中（2）班的家长聚在一起议论，他们突然看到我在身后，都笑着告诉我："陆老师，之前我们和你交流不多，但孩子们都特别喜欢你，我们都觉得你真好！"原来，家长们对我的百分百满意，源自孩子们对我的喜爱！

赢得孩子的喜爱，就会赢得家长的认可和喜爱。因此，幼儿教师要努力赢得孩子的喜爱。为了赢得孩子的喜爱，幼儿教师可以通过如下肢体语言体现教师对孩子的爱：拍一拍他的肩膀，摸一摸他的额头，抱一抱他，亲一亲他的小脸，摸摸他的小脸蛋，拉拉他的小手，善意地微笑着看他一眼，当他完成一项具有挑战性的任务时，对他竖起大拇指。幼儿教师还可以用适当的语言让幼儿感觉到教师对他的爱："××小朋友，今天怎么没有见你笑呀？你是不是有什么不愉快的事情？跟老师说说好吗？""你今天有什么高兴的事？能不能说出来让我听听？""能不能告诉老师，昨天晚上你在家有什么高兴的事情？"……经常的亲密接触和充满爱意的语言交流，会使孩子身不由己地喜欢上你。

教师还可以根据幼儿期孩子的年龄特点和喜好，从孩子们的喜好出发穿衣打扮，这样不仅可以得到孩子们的喜爱，还可以让家长感受到教师对孩子们的爱。如，教师在绘画瓢虫时，穿一件有黑色圆点的红衣服，戴一个瓢虫造型的小发卡。一件有"三只熊"图案的小马甲，会让幼儿想到很多关于熊的故事。这样可让家长感受到教师在教育上的用心，进而会对教师产生好感和敬佩心理。

（七）让家长感受到教师对孩子的爱

调查表明，家长欣赏老师的前三个原因依次是：对孩子有爱心，态度热情，真实地反映孩子的情况。因此，我们不仅要发自内心地爱孩子，且还要通过各种方式让家长感受到，我们真的很爱他们的孩子。

1. 教师与孩子的亲密关系要让家长看得到

教师不仅平时要注意和每个孩子建立亲密的关系，而且要努力在家长接送孩子或参加开放日活动时通过适当的肢体语言和口头语言表现出来，这样，家长们就会看在眼里，明在心里，从而对教师的工作更加认可和放心。

2. 关注孩子的穿衣打扮

幼儿教师在孩子午睡后，特别是在家长准备来接孩子前，要注意孩子的穿着打扮，如，给女孩梳个新异的辫子或发型，让男孩穿戴整齐等。

3. 用孩子的照片和录像来体现教师对工作的用心

家长把孩子送到幼儿园，尤其是小班新入园时，总会有许多担心和挂念，教师可以用手机记录下孩子游戏、参加各种教学活动、进餐、午睡等一日活动的情况给家长看，当家长们从照片、录像中看到自己的孩子吃得很好、玩得很好、睡得很好时，就会更放心，更加相信老师对孩子生活和教育的用心。

4. 做的好事要让家长知道

按传统思维，做好事是不应该留名的，因为"做好事不留名"是一种传统美德。但是，从建立良好家园情感关系的角度来看，我觉得教师为孩子做的"好事"要及时地让家长知道。因为家长需要知道教师对孩子做了些什么，给予了多少关注。如果教师一直没有把事实反馈给家长，那么家长就无从知晓，他们会认为孩子在幼儿园里很少得到关怀和温暖，甚至认为教师没能尽到自己的职责，长此以往，家园之间的关系就会越来越生疏，家长不再信任教师，不再信任幼儿园。因此，为了建立良好的家园情感关系，教师要及时将自己在幼儿园里所做的"好事"告诉家长。如，某班有个幼儿在幼儿园里经常被蚊子叮，然后家长就会跟老师说："老师，我们家孩子很容易给蚊子叮啊。"老师就在孩子睡觉的时候，用驱蚊水帮他多喷几下——虽然多喷几下是教师负责任，但是家长不知道啊，所以家长来接的时候，老师就跟家长说："××爷爷，今天睡觉的时候我们特地用驱蚊水帮××多喷了几下，如果这也不行，我们就只能想想其他办法了。"

老师不仅按家长的要求"做"了，而且告诉了家长。这样，家长就感受到老师是负责任的，是可以依赖和依靠的。

（八）做一些让家长感动的事情

幼儿教师应该通过做一些令家长感动的事情来改善和增进彼此之间的情感关系。比如：用你的爱心、专业素养、敬业、细心、责任心、热情去感动家长；用孩子的可喜变化和班级的温暖去感动家长；用你对孩子的深入了解和恰当的评价来感动家长；通过家长开放日让家长了解你对孩子的关爱以及你工作的智慧和辛苦，进而深受感动，等等。其实，家长很容易被感动。请看下列的案例：

案例3-13 为老师的细心所感动

一位家长在网络日记中写道：

开学大约两周的一个周六，宝宝感冒了。周六、周日两天的症状：白天状态非常好，到下午5、6点钟就发烧，并且烧到39℃。周一早晨上学时，王老师、蔡老师都在忙着接待家长和孩子，我恰好看到陈老师，就把儿子的情况跟她说了。放学时，见陈老师在教室门口忙着与家长、小朋友告别，我就没好意思打扰。但等我和儿子出教室的门时，陈老师主动告诉我儿子的情况，并且说："午睡时，我摸过孩子的头，孩子没有发烧。"当时我真的好感动——老师太细心了！

案例3-14 关注细节

一位家长在博客中写道：

寒假后刚刚开学那段时间，处于供暖期，教室里比较热，孩子们穿得又多一些，三位老师担心孩子们午睡时太热，竟然细心地管孩子们盖被子的细节问题，让孩子们不要把被子盖得太往上，免得太热——这件事也是儿子讲给我听的。这些细小到微乎其微的事情，是不是只有妈妈才能想到、做到？老师的细心、用心让我感动！

案例3-15 真诚付出

46年前，有一天穆老师像往常一样带班，忽然听说自己班上有个孩子的妈妈因公受伤，失去了一只手。穆老师下班后，立刻赶往医院探望。就在她看到孩子母亲的那一刹那，她做出了一个令人动容的决定。她真诚地对那位母亲说："放心吧！今后你孩子和你们家人的毛衣我包了！"穆老师言出必行，更为可贵的是，这一承诺她竟然坚持了十多年，直到孩子长大工作。

如此真诚，如此奉献，家长能不被感动吗？不过，现在这样的老师太少了！！

幼儿教师可以做好下列工作让家长感动。

（1）入园初。入园初的放心短信，生病时的贴心关怀，周末里的爱心提示，节假日里的甜蜜问候，都容易让家长感动。

（2）短信关怀。孩子生日时，短信祝贺；孩子家里发生了不幸的大事，短信问候，可让家长觉得老师是关注他的孩子和家庭的。

（3）说说孩子的进步、孩子的趣事。以孩子的进步等为沟通主题，用具体的事例来说明孩子的进步，并评价孩子的细微变化，可让家长感觉到老师一直在关注孩子的进步和变化。

（4）用微笑感动家长。每天早晨在门口迎接时，多给孩子和家长一个微笑，会让孩子开心一整天，更会让家长一百个放心。早晨，当家长迎着阳光出现在教室门口时，看到班上笑容可掬的老师，听到老师对孩子亲切的问候，也许家长一天的好心情从此开始，他们会觉得孩子在幼儿园里像在家一样，令他们放心；下午，当下了班的家长来园接孩子时，老师微笑着对他说："您的孩子真棒，今天学会了……"也许他的劳累会立刻减轻一半；当家长有事耽误了接孩子时，面对心急如焚、满脸歉意的家长，老师依旧微笑着说："没关系的，您别着急！"这又怎能不让家长感动呢？

只要你用心，你就能发现许多可以让家长感动的策略与措施。

（九）让家长感受到做幼儿教师真的不容易

通过家长开放日，让家长了解教师是如何辛苦地带班的，让他们看到教师的辛苦和不容易，这样，家长就很容易对老师产生感激之情。另外，让部分家长自愿报名尝试来园带班，让其真实地体验幼儿教师的专业性，很容易让家长对幼儿教师产生崇敬之情。

案例3-16 没想到做幼儿教师是如此不容易

某市一位初中体育特级教师，应邀到儿子就读的幼儿园组织一次体育活动。没有到幼儿园上课之前,她是信心满满的;但真正上课时效果令她感到十分尴尬:教育活动一开始,她就马上发现孩子们的活泼程度远远超出她的想象;10分钟后,孩子们就开始各做各的事情了,根本没人听她讲述游戏规则;最后,她不得不求助于幼儿园的老师。

此次经历后,她逢人就说:"做幼儿园老师真的不容易!"

现在许多幼儿园都喜欢请家长到幼儿园上课,并且在课前老师和家长一起备课、试教,努力帮助家长将课上好。我不同意这样做,因为让家长很容易地就将课上好,从另一个方面说明幼儿园教育没有专业性,我们教师的专业地位就会受到质疑甚至贬低,相反,家长在给孩子们上课时屡上屡败,那么,他们就会发自内心地感悟到当幼儿教师真的不容易,它有许多专业性的东西在里面,这样,家长对幼儿教师的崇敬之情就会油然而生。

(十)与家长有误会要主动化解

有些教师与家长有误会只会生闷气,不会主动化解,让相互之间的误会变成了积怨,并且越积越深,以至一见到某位家长脸色就晴转多云。这严重地影响了幼儿教师职业生活的质量;同时,结怨的家长可能会到处说老师的"坏话",不断地对老师的工作吹毛求疵,在工作上不但不给予相应的配合,反而会与老师作对,甚至还会发动其他家长一起来与老师作对。因此,幼儿教师与家长有误会后应该以最快的速度将其化解,自己不能化解的还可以借助外力(如,请其他同事,甚至园领导、家长)来化解。

案例3-17 斗气

一位老师在博客日记中写道:

有的家长实在是不敢恭维,我们老师没办法与其沟通了。对那些态度一直很不好的家长,我的态度也不会好的。一次,一位家长对我说:

"喂，孩子的衣服呢？"我说："在柜里！"家长说："哪个柜子呀？你也不说明白，我哪知道？！"我说："当然是你孩子自己的柜子啦，还能是别人的柜子吗？！"家长就没有说什么。这个家长对老师的态度向来如此，是众所周知的。以前我们对他客气的时候，他总是态度极差。我们老师都认为他很多时候都是故意的，总爱刁难老师。

幼儿教师和家长要经常进行心灵上的沟通，千万不可与家长斗气！幼儿教师在处理与家长的矛盾时不要"以怨报怨"，而应该"以直报怨""以德报怨"。

案例3-18 用爱心融化家长的误解

接待家长时，范老师总是说："为了孩子上学，你们辛苦了！"家长听了心里总是甜甜的。黄小米小朋友是个非常调皮、好动的孩子，一天户外活动时他在和小朋友追逐时摔倒，手划破了一点皮，范老师急忙带他到医院看医生，可黄小米的爸爸知道后却对范老师大骂起来，范老师含着委屈的泪水挨着骂。后来，有一次，黄小米发高烧，范老师背着他就往医院跑，孩子最怕打针，范老师怀里抱着黄小米，用脸贴着他的脸，给孩子勇气。当黄小米的爸爸赶到医院看到这一切时，被眼前的情景感动了，连声道歉："老师，谢谢你了，我错怪你了……"

范老师应该值得我们许多老师学习。当我们被家长误解时，不要"以怨报怨"，而应该通过展示自己对孩子的爱心来化解家长的误解，进而赢得家长的理解和尊重。

一位年长的老师说："家长越是不信任我，我越对他的孩子好，结果孩子见到我就想让我抱，时间久了，家长就不得不信任我。只要孩子喜欢上幼儿园、喜欢老师、喜欢小朋友，家长的一切担忧都会化解；只要孩子爱老师，家长对老师的信任感就会逐渐建立起来。"我觉得，这位老师说得很有道理，她化解家园矛盾的策略也十分正确。

(十一)家长交代的事情要努力做好并及时反馈

对于家长的叮嘱和关照,不仅要有行动,还要有反馈,不要光做不说。如,有些家长可能在送孩子的时候或在电话里向教师请求:"让他多喝点水;要经常给他换衣服,湿衣服穿了会生病的;你要记得不能让他……"那么,在该家长来接孩子的时候就要将他"吩咐"过的事再跟他说一遍:"今天宝宝喝了很多水,每一次我都特别注意他喝了多少水……今天给宝宝换了三次衣服,户外活动两次,中午睡前看他还有点汗就又给他换了,一会儿他要是在外面玩就再给他换一次吧,湿的衣服已经和干净的衣服分开放了……今天我特意观察了宝宝……"总之,要通过你的语言表述让家长知道他的要求老师都记住了,而且全都做到了,从而让家长体会到老师是将他的话放在心上的,同时,让他感觉到老师是很辛苦的,也是很爱他的孩子的。

无论老师吩咐我们做什么事情,我们都应该努力做好,并且在下午家长接孩子时做出反馈。因为这些吩咐对我们来说可能是一件小事,忘了也无所谓,但在家长的心里会留下一个"疙瘩",会直接影响到家长对我们的认识,甚至还会影响到我们的工作能否得到家长的支持。

第二节 与家长交流孩子发展信息的艺术

幼儿教师与家长交流孩子身心发展的信息,有利于家园更好地了解孩子,进而在教育上更好地形成合力,促进孩子的健康发展。

幼儿教师在与家长交流孩子发展信息时,应该注意以下几点。

一、注意保密原则

无论何时,你在和家长聊天时,都要注意周围的环境,要谨防幼儿或其他家长听到你们的谈话。幼儿家长有权要求幼儿教师以专业的水平和方式处理事情，并尽一切努力尊重和保全他们的隐私。

案例3-19 小宇的手小时候动过手术

活动后，一个孩子突然问我："张老师，小宇的手为什么要动手术呀？"大家都用疑问的眼光看着我，我就随口讲起了小宇刚入园时一位老教师跟我说起的关于小宇的手的事情："小宇生下来的时候有一只手上长了6根手指头，可一只手应该只有5根手指头。所以，医生就帮他动手术切掉了多余的一根手指头。以后你们要多帮帮小宇。"孩子们都感到惊奇，走过去摸摸、看看，小宇也显得很自豪，高兴地给这个看看、那个摸摸，大家都很开心。

下班后我刚回到家，电话铃响了，我拿起听筒，里面就响起震耳欲聋的声音："你今天跟我们家小宇说什么了？你究竟还是不是老师？你怎么能这么说……"我心中一片糊涂："究竟发生什么事了？你能说清楚吗？"接下来我在狂吼怒叫中终于听明白了，是关于白天我跟孩子们讲起小宇6根手指头的事。小宇回家问起了他妈妈，他妈妈非常愤怒，因为这是他们全家守了6年的秘密。他们怕孩子长大了知道后会自卑，在孩子刚生下来后没打麻醉就动了手术。可这个秘密竟然被老师公布于众，他妈妈怎能不愤怒呢？！

家长们无意中向老师透露的一些秘密，教师一定要信守诺言，不要有意无意地将之公布于众。这涉及教师本人的诚信问题，同时，对孩子的成长可能也会有消极影响。教师如此管不住自己的嘴，将让家园信任关系被打破。这将成为今后家园沟通和合作的一个很难逾越的障碍。

案例3-20 判断

作为一名助理教师，汉娜已经工作两个学期了。她认识班上一些孩子的家长。一个星期六，在超市外面，一名家长向汉娜打听为什么她们班上有个孩子需要个别辅导。汉娜告诉这名家长，那是因为这个孩子有行为和语言困难。她还告诉这名家长，这个孩子现在正在进行言语评估和治疗，其家人也正在进行一些咨询。

①为什么这属于严重泄密？
②你认为汉娜应该如何回答才不会泄密？

孩子的许多秘密就是在无意之中被我们泄露出去的。因此，当别人问及有关某个孩子的情况时，你一定要仔细思量：这是否涉及孩子的隐私、秘密？如果涉及，我们就不能如实地告诉别人——尽管你没有什么恶意。

二、注意专业知识的积累和专业态度的端正

有位家长说："有个老师语气比较凶，声音比较大、生硬，我就不想跟她沟通。"还有位家长说："我孩子的老师开家长会的时候批评家长就像批评小孩一样，凶得很，哪个还敢去跟她交流？！"

在交流过程中，家长也在观察、了解老师。家长如果看到老师比较温柔、随和，提出的建议很有针对性，他们就相信你，愿意跟你沟通。但如果跟你交流多次后觉得你没有什么新的知识，基本上就是原来那些套话，他们就不再愿意和你交流了。

要让家长信任你，愿意跟你沟通，最重要的一点是你自己要有渊博的知识，这就要求你平时多看书，多学习别的老师的优点等，不停地给自己"充电。"要知道现在的家长对幼儿教育方面了解得也不少，万一你在哪一点上说错了，以后就很难博得他们的信任了。

三、明确信息交流的目的和内容

在与家长交流之前要明确交流的目的和内容。

与家长交谈的根本目的是更好地促进孩子的发展，增进家园情感。

与家长交谈的内容主要包括孩子的教育与发展问题、家常。在会谈前，教师要汇集、查阅孩子各方面发展情况的材料，进行分析，提取有用的事例。实际上，这项准备工作在孩子入园后就已开始。针对每个孩子都有一个材料盒，用于存放幼儿教师平时观察记录的材料及孩子的作品等，可供会谈前挑选、查看与使用。

从某种意义上讲，家长每天都在准备与家长交流的内容——教师时常积累这方面的资料，见到家长就会有话可说，有问题可聊。

四、注意缩短心理距离

有些家长对会谈会感到拘束、不自在，所以教师要注意营造轻松的气氛，比如：先说一些孩子和班上有趣的事。在交谈时也要自然一些，显得亲切一些，开始时可先问一句："××近来在家怎么样？"这样的问题家长好回答，从而能自然地进入交谈。交谈也可以从家长的工作、服装、关注点等入手；夸一夸对方，或者夸一夸他的孩子，也会取得意想不到的效果；安排座位时，教师与家长要坐得近一些，或坐在同一张桌子上，这样传递给家长的信号是你们要一起解决问题。

案例3-21 畅畅妈妈这么漂亮啊？

老师："畅畅妈妈这么漂亮啊？您是第一次来幼儿园吧？"

畅畅妈妈（笑着说）："哪儿呀，都老了。我是第一次来接他。平时上班太忙，时间上赶不及。那次家长会上见过您一次，没想到您的孩子都那么大了，您还那么年轻漂亮……我们家孩子今天怎么样？"

老师:"今天上课的时候,其他小朋友都坐得很好,畅畅在那儿发呆……"

妈妈:"畅畅,这样好不好?下次一定要听老师的话啊……"

老师:"他还是很能干的。"

在上述案例中,老师与家长的交流始于对家长外貌的赞美(畅畅妈妈这么漂亮),这本来与孩子的表现无关,但正是这些交谈营造了交流的和睦气氛,为后续的和谐交流奠定了基础。

案例3-22 善于说"好话"

老师1:我以前就是这样的,说说孩子的闪光点,他的爷爷奶奶就乐得不行。

老师2:对于爷爷奶奶也得夸,比如说带孩子很辛苦啊,把孩子养得白白胖胖啊……得听爷爷奶奶把话说完,他们唠叨完就行了。要关注孩子很小的可爱的细节并讲给他们听,让他们感觉自己的孙子有多么聪明、多么可爱。在他们高兴的时候提点小意见,他们还是容易接受的。

人都是喜欢听"好话"的。家长不仅喜欢听关于自己孩子的"好话",而且也喜欢听关于自己的"好话"。幼儿教师要善于说"好话",为家园交流奠定良好的基础。

案例3-23 你能对他说哪些"好话"

一个家长前来咨询如何帮助孩子克服一些不好的行为习惯,他会叙述自己已经尝试过好多努力,可是收效甚微。

你会如何回应?

这时老师可以说:"看得出来,您为了帮助他养成好的习惯做了很多努力,而且有些方法很管用,只是他暂时还没有完全改变过来。"

其中,"很多努力""有些方法很管用"就是向家长说"好话",对家长充满信心。发现家长的努力,发现孩子的优点,为良好的家园沟通提供前提,就是对孩子未来发展最好的期待。

五、要以平等的身份与家长交谈

幼儿教师切勿以专家自居,采取居高临下的态度教训家长,不要发号施令似的总是说"必须……""应该……""你不应该……",更不能责怪家长并要尊重家长,多倾听家长的话。幼儿教师提出共同促进孩子发展的措施时,宜采用商量的口吻,征求家长的意见。

教师在与"有异议"的家长交流时,要善于体谅和支持家长的意见,对家长某些错误的想法和看法要有耐心,要控制好自己的情绪,要用积极和友好的态度说明"我也同样爱您的孩子",然后指出,"如果我们采用了您的方法,就会……您看这样行不行……""要是……会不会更好一些""我想是不是可以……",并说明家园双方不同的意见和建议在教育孩子方面有哪些不同的作用和影响。这种亲切友好的气氛表明了教师对家长观点的重视,有利于家园之间的相互了解。

案例3-24 有异议时的语言艺术

"××小朋友的家长发言,给我们幼儿园提了很好的建议,我们很受启发。下面我谈谈自己对这件事的看法……"

"这个问题我这样看:……你觉得呢?"

"这件事,你觉得该如何处理?我很想听听你的意见。"

这样,既体现了对有不同意见的家长的尊重,又能让他们把话说完,避免负面情绪的产生。

六、沟通要用事实来说话

许多老师在与家长沟通孩子发展的信息时，时常会用一些抽象含糊的语句跟家长说："你的孩子表现得棒极了。""你的孩子需要进一步的培养。""你的孩子已经超出一般孩子的水平。""你的孩子今天表现得不错。""你的孩子又进步了。""你的孩子还可以。"……虽然你为此而费尽心思、绞尽脑汁，但家长听后并不清楚自己的孩子到底好在哪里，到底进步在哪里，所以他们对老师的回答是不满意的。

老师与家长沟通孩子发展的信息时，应该通过孩子活动的照片、作品的照片、作品或具体事例来说明孩子的"好"，这样的沟通才有说服力，才能让家长听懂，才能让家长感觉到你真的用心在关注他的孩子。一位老师与家长交流孩子的不良习惯，家长不承认，还觉得老师对孩子有偏见。老师一方面耐心解释，积极引导家长从正面理解老师的用意；另一方面拍摄了孩子的日常生活片段，让家长拿回家看。家长看后主动找老师约谈，承认孩子的不良行为习惯给老师和其他小朋友带来了烦恼，然后又诉说了自己教子无方的苦闷，教师与家长由此打开了进一步沟通和合作的新局面。

观察是家园交流的前提。与家长谈话之前，你要观察他的孩子，这样，你才能在与家长交谈的过程中拿出他的孩子在幼儿园实际生活中具体的例子来说明你的观点，进而让家长信服。如果你没有事先做好准备，可以找个借口先不跟家长谈话。比如，今天早上有个家长来跟你说："老师，您今天下午有空吗？"但是你没有观察，没有例子，心里没底，就可以找一个借口："对不起，我今天下午有事。"或者说："我和别的家长已经有约了。我们另约时间再谈吧。"再比如，家长问你："这段时间我的孩子怎么样呀？今天他睡觉怎么样？吃饭怎么样？"如果你真的没观察，就不能跟他说"还不错"或"还行"，因为家长会认为你是在敷衍他，这时，你可以这样跟他说："今天由于其他事情，我没有很好地关注您孩子这方面的情况,明天我关注后再和您交流。"这表明我们是负责任的,是愿意关注孩子的。

七、描述,但不下结论

如果你希望和家长谈谈某个话题或你对其孩子的关心,你最好向家长讲一件你亲眼所见的小事,作为双方谈话的事实依据。请一定要详细描述事情的经过,但不要加入个人评论。这样,你可避免惹怒家长。和家长们通过具体事件来谈论孩子的行为要比用笼统的一般性评价容易得多。大多数父母都明白:如果他们的孩子出现了什么不好的情况,他们会欣然接受那些他们认为是帮助自己的人所提出的建议,而不是那些听起来像是责备、批评孩子的人所提出的建议。

因此,在与家长交流与孩子发展有关的信息时,幼儿教师要先向家长描述与孩子相关的事件本身,而不要急于下结论或表达自己的观点。

告状式:"我提醒过××好多次了,叫他拿其他小朋友的玩具时先征得小朋友的同意,他就是不听,每次都抢,所以常和别人发生纠纷。"

描述式:"××年龄小,每次看到小朋友玩玩具时,就很想玩,而记不得先要说什么,拿过来就玩。小朋友不肯,就争起来了。"

在与家长交流孩子发展的信息时,我主张采用描述式,反对采用告状式。如果教师再借助孩子发展的知识来表达,就更能让家长了解自己的孩子,明确教育的方法,达到共同教育孩子的目的。如:"孩子才3岁,行动时还不能考虑对方的想法或事情的后果,这是很正常的。与小朋友发生纠纷,使他能慢慢注意到别人的反应。不过,我们会注意提醒他记住规则。希望妈妈也注意一下,在家里如果孩子强要东西,也要提醒他。"

八、善于说具有暖意的话

在与家长交流时，幼儿教师要掌握语言的艺术，要善于说些让家长感觉到温暖的话，进而增进彼此的情感，让家园关系更加融洽。下面与大家分享幼儿教师常用的话语。

材料3-5　幼儿教师常用的话语

1. 您的孩子最近表现很好，如果在以下几个方面改进一下，孩子的进步就更大。

2. 请家长不要着急，孩子偶尔犯错误是难免的，我们一起来慢慢引导他。

3. 您有什么事情需要老师做吗？

4. 您有特别需要我们帮助的事情吗？

5. 谢谢您的提醒！我查查看，了解清楚了再给您答复，好吗？

6. 您有什么想法，我们可以坐下来谈谈，都是为了孩子好。

7. 孩子之间的问题可以让他们自己来解决。放心吧，他们会成为好朋友的。

8. 谢谢您的理解，这是我们应该做的。

9. 很抱歉，孩子受伤了，老师也很心疼，以后我会更关注他。

10. 真对不起，由于我们的疏忽，您孩子的头上撞了一个包。

11. 您的孩子最近没有来园，老师和小朋友都很想他。真希望早点见到他。

12. 幼儿园的食谱是营养配餐，为了他的身体健康，我们一起来帮他改掉挑食的习惯，让他吃饱、吃好。

13. 您有这样的心情我很理解，等我们冷静下来再谈好吗？

> 14. 我们非常欣赏您这样直言不讳的家长，您的建议我们会考虑的。
> 15. 您的孩子一直有进步，只是……还需要努力。
> 16. 这段时间他进步很大，我和您一样感到非常高兴。
> 17. 我们一起商量看看怎么做可以帮到他，希望他早点改变那个小缺点。
> 18. 您这么做我能够理解，想必当时您也非常着急。
> 19. 我们一定认真考虑您的意见。
> 20. 我知道您的出差计划确实不好调整，对您来说这也很重要。这也提醒我们下次活动尽可能早点告知家长，以便您妥善安排，能够抽出时间来参加我们的活动，与您的孩子一起感受活动的快乐。我想，这对于您的孩子，对于您，都是非常有意义的。真诚期待下一次活动可以见到您。祝您出差愉快！

案例3-25　温暖与冷漠

★**家长提意见或提要求时**

√ 您的要求我们明白。

√ 请您放心，我们会转达您的建议。

√ 谢谢您的帮助。

× 那怎么可能？！

× 你想得太多了！

× 这是不允许的。

★**当幼儿生病吃药和照顾时**

√ 您放心，我们会按时给孩子服药的，有特殊情况会及时与您联系。

× 知道了。

× 她的药真多。

× 他怎么老是吃药呀？！

★ **当家长打电话或亲自为生病的孩子请假时**

√ 谢谢您通知我们。

√ 孩子的病情怎么样了？

√ 等孩子的病情稍好些，可把药带到幼儿园，我们会帮您照顾的。

× 知道了。

× 好的。

× 没事的。

★ **家长与你的看法不同时**

√ 您说得很有道理。不过……

√ 您的心情我能理解，您看这样如何……

× 您这种认识绝对是错误的。

× 我是搞这个专业出身的，还没有见过哪个专家这样讲过。

★ **傍晚接孩子，家长迟到好久时**

√ 您迟到了，我感到很担心！

× 你要准时！

建议老师经常用"当您（做）……我感到……（描述）"的句式与家长说话，而不要用"你应该（做）……"的句式。因为前者代表老师的感受，让家长去体悟应该如何做，这样家长没有什么抵触心理和反感，后者是命令，是逼迫，容易引起家长的反感和对抗。

★ **教师正在跟一位家长交谈时，另一个家长在旁边急于提问**

× 没看见我正忙着吗？！

√ 请稍候。

★ **家长有时会向教师提出一些可能超出幼儿园常规做法的要求**

× 这事你应该去找我们园长说。

√ 我试着帮助您解决。

★ **家长向教师提出很难做到的教育要求时**

× 不行！

× 绝对不行!

√ 我能做到的是……我会尽力……

九、向家长反映孩子发展问题的艺术

在每个家长心目中自己的孩子都是最好的,从内心深处来讲,他是极其不愿意听别人说孩子的"坏话"。因此,当你不得不告诉家长其孩子成长中存在的问题时,请一定不要太莽撞,务必小心谨慎,考虑周全后再让家长知道孩子的问题。向家长反映孩子的缺点时要特别注意艺术。

(一)不要以告状者的身份与家长交流

大多时候孩子有问题老师总是会想到第一时间告知家长,但孩子有了进步或成绩,我们的老师却很少想到也要向家长报告。这样,给家长的印象就是:老师来电话或者老师约谈,肯定没有什么好事。因此,家长会拒绝接老师的电话,拒绝与老师沟通。

案例3-26 家长被老师的语言激怒

有一个刚入园的幼儿,生活自理能力很差,平时家长什么事都喜欢包办代替。一天家长来接孩子,保育员对他说:"你的孩子什么也不会,吃饭、大小便、脱衣服都要人帮忙。他的能力这么差,你们家长也不注意培养,这样的孩子将来是成不了大器的。"家长听了这一番数落,脸色由红变青,最后终于爆发了:"我的孩子就是不会才来上幼儿园的嘛……"双方的关系一下子搞僵了。

有一天,一位家长向我抱怨说:"我的孩子很调皮,但也很聪明,而她们班的老师总是告状说我的孩子很顽皮捣蛋,学习不认真,平时老是动手打人,身上似乎全是缺点,难道老师就没发现孩子的优点吗?比如，我的孩子很热情，会主动关心和帮助他人。"由此可见，老师总是发现孩子的问题，投诉孩子的问题，家长是不高兴的，当然，也不愿意与这样的老师合作。

家长不喜欢告状者，家长喜欢平等交流者，喜欢建设性的沟通者。

（二）让家长感觉到受尊重

教师在向家长指出其孩子的不足时，不能当着其他家长的面，否则，家长会觉得没面子，自然要反驳了，甚至对教师产生对抗情绪。

在每个家长心里自己的孩子都是最棒的，而教师在家长会上直接点名批评某个孩子，不但对问题的解决毫无帮助，还有可能导致家园对立，家园合作可能由此而成为泡影。

案例3-27 做好精神崩溃的准备

我今天又接到老师的电话了，说是女儿上课时到处乱跑，扰乱上课秩序什么的。老师训得我都没有插嘴的机会，反正就是我们家长要学会从自身找原因……她说我们的孩子这么大了，做父母的都没费一点工夫。这是什么话？她说得我哑口无言。真让我伤心……我心里特别难过。这个老师的态度总是这样，每次她打来电话的时候，我们都要做好精神崩溃的准备。

教师与家长沟通交流，不仅要表现出对孩子的尊重，而且要表现出对家长的尊重。这是与人交流的基本原则。

（三）建立相互信任的关系后再谈

只有教师与家长建立了相互信任的关系，才可以向家长提出孩子的问题。否则，家长可能对你反感，可能觉得你对他和孩子有偏见，甚至认为你不爱他的孩子。

为了与家长建立相互信任的关系，至少在一年内，教师要多与家长分享孩子的积极事情。如果可能的话，每天都要这样做，通过有帮助的、积极的、支持性的交流赢得家长的信任。平时，教师要努力对家长的顾虑表示出同情、理解和负责。如果你能做到这些，家长会尊重并认真对待你提出的问题。

另外，教师平时还要适度表达对孩子的喜爱之情、重视程度以及特殊照顾之处，从情感上拉近与家长的距离，这样交流起来不容易产生隔阂，更容易赢得家长的信任和支持。

案例3-28　奶奶为什么会拉下脸？

肖韵，男孩，3岁，父母工作都很忙，从小由奶奶照顾，奶奶对孙子的照顾可以说是无微不至，每天送孙子来园，都会不忘向老师夸奖她的孙子。在奶奶的眼中，孙子是没有任何缺点的。而事实上，肖韵在幼儿园里的自理能力很差，脾气倔强，并且不爱和小朋友一起玩。有一次开家长会的时候，新教师想和奶奶交流一下，问奶奶孩子为什么性格这么孤僻，自理能力为什么弱。奶奶一听新教师这么说马上就拉下脸来说："你不要老讲我孙子的缺点，不然我就不送他到幼儿园来了！"新教师一时语塞，不知道该如何将这个话题进行下去。

新教师沟通失败的原因就是她刚刚来接班，没有与奶奶建立相互信任的关系就贸然提出孩子的问题，导致奶奶内心不快，甚至反感、对抗。

（四）先扬后抑

教师向家长指出孩子的不足时，一次最好只说孩子的一个缺点，并要先说孩子的一系列优点，使家长感到老师是很关注他的孩子的，是很爱他的孩子的，他的孩子有许多优点，但也有一点缺点。教师向家长指出孩子的缺点时，还要注意词语的选择和语调的运用，如，不要用生气的口吻、生硬的语气说"你们家××……不好"，而应用希望的语气说

"我们班的××最近的进步可大了……可是他还有一个小缺点,要是他能够把这个小缺点改掉,就更好了",这样,家长反而会迫不及待地问孩子有什么小缺点。

因比,教师也要改变观念,平时要多发现每个孩子的优点和长处,发现孩子每天的进步,然后与家长沟通问题时,才能告诉家长孩子的优点和亮点,才能拉近与家长的心理距离,为心与心的沟通奠定基础。另外,发现每个孩子的优点和亮点,也有利于我们改变对孩子的态度,更好地对他们进行教育。

案例3-29 与家长沟通先扬后抑的通用句式

有一位老师提出,与家长沟通孩子的问题时可以用这个句式与家长沟通:"你们家孩子……很好,……很好,就是……"比如:

妈妈:"老师,我们家孩子表现怎么样啊?"

老师:"你们家孩子表现挺好的,发言很主动,喜欢思考,就是有点坐不住……"

妈妈:"哦,我们在家就鼓励他主动大方,不能扭扭捏捏的。就是有点坐不住是吧?那我们回家注意……"

案例3-30 A老师与B老师

A老师直接向家长说:"今天你家牛牛又在游戏时推搡小朋友了!"

B老师先说:"你家牛牛今天画画很认真,进步非常大,但有攻击性行为,不会与小朋友交往,今天他又推人了。"然后教师趁机提出要求:"我们希望与家长互相配合,对孩子进行一致教育,来帮助他改掉这个不良习惯,使孩子做得更好。"

A老师如此直接的说法,可能会让家长觉得不舒服和没面子,进而导致家长的反感;B老师先说优点,再说缺点,然后提出要求,家长比较容易接受和配合。

（五）为家长提供一个可行的解决问题的计划

作为专业人士，幼儿教师的工作并不止于向家长说出你发现的问题，关键是你必须给他们一个具有操作性的解决问题的行动计划。如果只是告知孩子的问题，无异于将他们从船上扔进汪洋大海。你还必须给他们一个救生圈——能给予他们一个有效地解决问题的方案。

孩子的问题，可能家长也发现了，只是他们苦于没有找到有效的解决办法罢了，因此，作为专业人士的幼儿教师更大的责任在于为家长提供一个解决问题的具体方案——家长应该做什么，应该如何做。

另外，在交流结束后的每个星期，都要定期或不定期地与家长联系，看孩子是否有进步，是否需要其他帮助。

（六）遵照你的议程并适时结束

在交流前，教师就应该和家长订立会谈议程，然后按照议程来交流，这样有利于提高交流的效率。

教师与家长交流的议程如下。

（1）教师分享事实和观察到的情况。

（2）家长分享他们的观点和顾虑，提出孩子行为背后可能的原因。

（3）教师分享其他的观点以及所在幼儿园的策略。

（4）教师和家长一起进行头脑风暴，讨论在幼儿园里和家里解决问题的办法和策略。

（5）教师和家长一起为最好的解决办法制订一个行动计划。

（6）确定下次会面的时间，检查计划的有效性（在谈话结束后的一两个星期，一定要和家长联系，看看孩子是否有进步，他们是否还需要其他帮助）。

与家长交流要适时地结束——每次交流以半小时内结束为宜；如果达到预期目的了，或者一方出现了厌倦情绪则可以当即结束。如果每次交流的时间都太长，家长可能就不愿意再和你碰面了。

结束前，要向家长表达谢意并提出你的希望。这时，教师可以选择用"非常感谢……；接下来，我们一起努力。在幼儿园，老师会……在家里，您可以这样做……""如果遇到其他问题，我们共同探讨"这样的语言句式来结束交流活动。

第三节 应对家长工作棘手问题的艺术

一、应对家长晚接孩子的艺术

家长晚接孩子是个令许多教师感到头痛的问题，因为这不仅影响了教师的正常生活，而且处理不好，还会影响家长对教师的看法和情感，也不利于孩子的健康成长。

（一）预防家长晚接孩子的技巧

（1）在明显的地方张贴接送孩子的时间。

（2）通过网络或家园联系栏或约谈等方式，提醒家长晚接孩子的后果：孩子焦虑、有被抛弃的感觉等，这将影响孩子今后人格的健康发展。

（3）把家长手册上关于接送孩子不能迟到的原则陈述一遍，告诉家长为什么要准时接送孩子。讨论一下你自己的家庭生活也需要时间，如果家长迟到了也会影响到你。

（4）与幼儿园领导讨论对迟接孩子的家长征收罚款的事情。要知道，对有些家长来说，为迟到付额外的几块钱是应该的，然而，如果迟到一分钟征收两块钱，那么几乎就没有人迟到了。如果家长提前打电话来说因为不可避免的情况不得不迟到，那么可以适当减少费用。

（二）家长晚接孩子后的应对措施

（1）注意与家长说话的态度。家长接孩子来晚了，有的教师可能会对迟来的家长宣泄自己的不满情绪："你们这些家长太过分了，有急事就是理由吗？把孩子放在幼儿园就没想到按时来接？孩子哭着要妈妈，我都帮你哄了好几回了，你不心疼，我们心疼啊！真不知道你这妈妈是怎么当的！"教师如此质问，家长会对教师的工作态度很不满；同时，教师说话的态度和语气不对，往往会导致家长的对立情绪，这对解决问题没有一点帮助，甚至会导致家长有时候会有意用"晚接孩子"来气你——反正你拿他也没有办法。

而有的教师会很委婉地说："没关系，您以后要是遇上急事，不能及时来接孩子，就先给我们打个电话。这样孩子就不会担心，老师也不会着急了。您放心，只要孩子在我们幼儿园，我们老师会照顾好的。"教师这样说，家长会非常感激。作为成人的幼儿教师，大多有自己的家庭和孩子，应换位思考。在家长晚接孩子这种情况下，我们需要调整好自己的心态，控制好自己的情绪，真诚地表达自己对幼儿和家长的关心，这样站在家长的立场去理解其苦衷，家长自然就会对教师的工作态度感到满意，教师尊重家长，家长就会尊重教师。

案例3-31 你倾向哪种做法？

都晚上八点多了，孩子的父母才急匆匆地进园……

A老师十分生气地质问孩子的爸爸："你看几点了！这么晚才来，孩子不要了？！"

家长："你的工作不就是照顾孩子吗？"

结果，弄得非常尴尬。

B老师温和地、不急不缓地对家长说："哎呀，遇到什么急事了？我和您的孩子玩了好久，孩子听了好几个故事。我们心里挺着急，怕您有什么事，还给您打了电话，可怎么也打不通。还好，您现在终于来了。"

家长抱歉地说："不好意思，谢谢老师！今后我一定想办法准时来接孩子。"

B 老师既将着急的情绪表达了出来，又将老师对孩子的照顾向家长讲明了，家长不但不会生气，还会非常理解和感激呢！

（2）公开感谢那些总能准时接送孩子的家长，可以进行口头感谢、书面感谢或网上公布，还可以附上一封信或一个证书。

（3）与接孩子迟到的家长会面一起商量解决问题的办法。让他们知道自己的迟到影响了你的生活。花些时间让他们知道晚接孩子对你来说是一个严重的问题，会把事情变得很糟糕。

（4）幼儿园全体工作人员采取每天两人左右轮流留下来陪伴没人来接的孩子。这样，既可以减少家长晚接孩子对某个教师生活的影响，又可以形成一个团队来面对晚接孩子的家长，进而给这些家长更大的压力——努力按时接孩子回家，另外，这样还有利于主班教师与迟到的家长保持一种比较良好的关系。

（5）对于长期迟到的家长，你要问问上级，对他的迟到次数做出限制，并告诉家长你不能忍受迟到的家长给自己的生活带来的困扰。这样做是最后的一招。

和家长谈晚接孩子的问题时，要多从晚接不利于孩子健康成长的角度来谈，比从不利于教师正常生活的角度来谈更容易打动家长，因为家长关心自己的孩子远胜于关心我们的教师。

二、应对家长的不合理要求的艺术

由于家长爱子心切以及他们对幼儿教育的误解，他们时常会向幼儿教师提出一些不合理的要求，如果幼儿教师一味地满足家长的无理要求，不仅会增加自己的工作负担，也不利于孩子的健康成长；如果简单地回绝家长的这些不合理要求，那么家长可能会认为教师工作态度有问题，幼儿园服务质量有问题。因此，幼儿教师要学会艺术地应对家长的不合理要求，努力做到既回绝家长的不合理要求，又让家长心服口服，甚至还支持教师的正确做法。

（一）了解家长的需要与顾虑

其实，每位家长向老师提出的每一个要求，哪怕是无理要求也都是"有道理的"。因此，为了更好地应对家长的无理要求，我们老师应该认真研究他们提出这些要求的动机是什么，然后，有针对性地应对，这样更容易取得预期的效果。

案例3-32　选床

开学第一天，家长们都在自由地选择孩子中午睡觉的床铺。波波的奶奶非常挑剔，从第一张床一直挑到最后一张，还是不满意。此时，其他家长已经纷纷选好了床铺。

最后，波波的奶奶和老师说："我想要靠近老师办公桌的床。"

老师一看，那张床已经被其他家长选定了，就说："奶奶，那张床已经被别人选定了。"

奶奶立刻变了脸说："我们家波波的身体不好，靠在老师边上，老师可以随时照顾到。现在被别人选了，怎么办？你们老师就不能帮助我们调整一下呀？！"说完，她硬是将自己孙子的被子放在那张床上，气呼呼地走了。

如果你是当班的老师，你将如何应对？

波波的奶奶要求选择靠近老师办公桌的床，理由是波波身体不好，需要教师特殊的照顾——很简单，波波奶奶的诉求动机是想波波得到教师特殊的照顾，而不是想要"靠近老师办公桌的床"——她的这个动机确实有一定的合理成分，因此，教师应该根据家长的动机给予有针对性的回应——不要纠缠在如何让波波的奶奶得到理想的床铺上，而应告诉波波的奶奶："奶奶，谢谢您告诉我波波的身体状态。在今后的工作中，我们一定会努力给予他相应的关照的。不过，我想告诉您，孩子们午睡时，老师并不是固定待在办公桌的座位上，而是根据需要不停地巡视孩子的睡觉情况，并给予需要帮助的孩子及时的帮助。波波的身体弱一些，我们巡视时，一定会特别关注的。我也会告诉其他值班老师波波的身体情况，相信她们也会给予波波合理的关照。谢谢奶奶！"相信老师如此一说，波波的奶奶就不会再在乎波波睡哪张床了。

在原案例中，当班老师处理波波奶奶诉求的方式是：不厌其烦地和波波奶奶一起逐一试每张空床，直到满意为止。我觉得这位老师的处理方式有点牛头不对马嘴。

（二）尽可能从有利于孩子健康成长的角度找出回绝的理由

对家长的无理要求，我们肯定要回绝，但回绝的理由应该是"按家长的要求做不利于孩子的健康成长"，这样，家长才会心悦诚服。回绝家长的无理要求时，请不要从减轻教师工作负担方面找理由，因为这样会导致家长认为教师不负责任、怕麻烦，不是个好教师。

案例3-33 孩子不喜欢午睡

孩子刚上幼儿园时，因为在家没有午睡的习惯，一到午睡时间，孩子就哭闹，于是家长要求老师："中午她不睡就算了，让她玩玩具吧。"这个在家长看来很简单的要求，在教师的集体管理中显然行不通。

A老师的回应

A老师说："那当然不行，如果让她玩玩具，她更不愿意睡了，其他的孩子也会受影响，时间一长，全班孩子的午睡习惯都被破坏了；另外，你孩子一个人在活动室里玩，在午睡时间，我们既得看其他孩子睡觉，又得看你家孩子玩，没有那么多精力，哪顾得来呀？！"

B老师的回应

B老师说："幼儿园之所以要安排午睡是有科学依据的。孩子每天保证12个小时的充足睡眠，有利于其身体的健康成长。您的孩子中午在幼儿园不肯睡觉,可能是原来在家没有养成习惯。您可以试试让她早上早点起床,把她在家睡觉时用的小枕头和小被子拿来幼儿园,周末在家你们陪她一起午睡,慢慢让她养成习惯。"

两种不同的回答,虽然都是拒绝家长的要求,但效果很显然不同。

A老师说得很有道理,但家长对她的说法不太容易接受,因为她觉得不让孩子玩而要让他的孩子睡觉仅仅是为了方便管理。她可能还认为"顾不来"不是理由——一个人顾不来,你可以安排两三个人值班呀——反正我们已经交学费了,照顾孩子是老师应该做的事。

B老师的说法很高明:一方面,让家长认识到午睡对孩子健康成长的重要性;另一方面,又为家长提供了解决问题的方法。这样,家长不但乐于接受,而且会对教师心存感激,更重要的是,B老师是用专业知识来说服家长的(而A老师所说的道理都是日常生活道理,与专业无关),这无形中又增加了家长对教师专业素养的认可,这样,有利于教师今后更好地开展工作。

案例3-34　家长要求老师给其孩子喂饭

一位刚上小班孩子的家长觉得孩子吃饭很困难,害怕孩子吃不饱,于是要求老师给孩子喂饭。

老师回应的主要观点如下。

(1)在幼儿园一般是鼓励孩子自己吃饭。随着年龄增长孩子逐渐开始具有自我意识,如果他发现别人会做,而他不会做,就会有自卑心理。

(2)别的孩子都会自己吃饭,而你的孩子不会自己吃饭,那么,小伙伴们可能会因此讥笑他"不能干""不乖"。

(3)我们保证两个月内教会你家宝宝愉快地独立吃饭。

(4)请你们在家里配合,平时就让孩子独立吃饭。

客观来说，每位家长都是关心孩子的健康成长的。因此，相信家长听完老师的陈述，一定能够体谅老师的良苦用心，进而支持老师的工作。这时，家长绝对不会谴责老师，而会反省自己，觉得自己平时可能对孩子的要求太低了，以致阻碍了孩子的正常发展。

（三）不要简单地回绝家长的无理要求

对于家长的无理要求，许多教师感到很厌烦，经常很不屑地一口回绝——不讲道理，没有商量余地。她们的口头禅是"不可能""绝对不可能"。

案例3-35　家长要求老师给孩子换床位

新生入园，冬冬比其他孩子晚了一个星期来园，只剩门口附近的一个上铺了。冬冬爸爸对此很不满意，要求郭老师更换。郭老师说那得征求其他家长的意见，冬冬爸爸说肯定没有家长愿意换，要求郭老师让小朋友们重新挑床位。郭老师说："这是不可能的，因为刚刚开学就换床位，会让其他小朋友感觉很不适应，并且其他家长也不可能同意。"冬冬爸爸非常不悦，于是就把床位之事讲给了冬冬去年小小班的班主任张老师听。张老师说："冬冬爸爸你先别用自己的喜好影响孩子，先让孩子适应一段时间，如果孩子实在不喜欢，再想办法换；或者等开学过一段时间，冬冬交上了好朋友，再跟个别家长交流是否愿意换床位。"冬冬爸爸觉得这也算是个办法，就暂时把换床位这件事放下了。事实上，后来冬冬睡上铺安然无恙，还交上了新朋友，冬冬爸爸也没有再提换床位的事了。

与郭老师不同的是，张老师没有简单地回绝冬冬爸爸的要求，而是给他提出建议：一是，适应一段时间，如果孩子实在不喜欢，再想办法换；二是，冬冬交上了好朋友，再跟个别家长交流换床位的事。冬冬爸爸对郭老师的回绝内心是有不满情绪的，而对张老师的建议则可以接受。其实客观上张老师也只是给了个万分渺茫的所谓的希望而已,这实质上是一种缓兵之计,但这表达了老师是关注家长的愿望的,家长的内心会好受得多。

(四)如何回应

根据上述原则要求,你将如何回应家长以下的不合理要求?

1. 是否可带饭菜来幼儿园?

一位家长跟老师交流孩子的饮食情况。她说孩子饭量少,身材比较瘦小,自己也知道孩子比较挑食,也想过一些办法,但效果不是太好,想问老师自己能不能在家做一些合孩子口味的饭菜,带到幼儿园。吃饭的时候,麻烦老师热一热之后再给孩子吃。

2. 我的孩子不会蹲着大便,得把着他才行。麻烦老师记得在孩子大便时把着他。

3. 在家时,我家孩子每次上完厕所,都是我们帮他提裤子的。麻烦老师在我家孩子上完厕所后记得帮他提裤子。

4. 我家宝宝每天都要摸着妈妈的耳朵睡觉,午睡时最好也让他摸摸老师的耳朵。谢谢了。

5. 我家宝宝在家都是喝果汁,不喝白开水。我们每天送他来园时,顺便带果汁来,到时候麻烦老师让他在幼儿园里继续喝果汁吧。

6. 昨天老师请我家宝宝当了一次排头,他可高兴了,以后天天都让他当排头好吗?

7. 你们不教我家宝宝写字,我就把宝宝转到其他幼儿园去。

请大家记住以下回应家长不合理要求的四个基本要点。

(1)阐明不良做法或不良习惯对孩子健康成长的影响。

(2)形成良好习惯对孩子健康成长的积极意义。

(3)承诺:努力让孩子在一段时间后形成良好的习惯。

(4)敬请家长配合,促进孩子的健康发展。

三、应对家长非理性卷入孩子冲突的艺术

案例3-36 家长因孩子之间的冲突而打起来

一天,壮壮在幼儿园里又不小心把红红碰倒在地上,红红的头上被碰了一个大大的包。事后,老师向红红的爸爸做了解释,并引导壮壮当着红红爸爸的面向红红道歉,但红红的爸爸依然很激动,他不顾老师的阻拦,一把抓住壮壮的手,对壮壮说:"如果以后你再欺负我家红红,我就打你的屁股!"

正巧这时壮壮的爸爸也来到幼儿园接孩子,他看到红红的爸爸拉着自己儿子的手,好像要打孩子的样子,二话没说,就揪住红红爸爸的衣领,和红红的爸爸扭打起来。

两个孩子吓得哇哇大哭。

案例3-37 奶奶的威吓

有一天,齐齐与坤坤因抢玩具而互相推撞,坤坤被推倒了,坤坤的奶奶直接对齐齐说:"你再推我的孙子,看我不打你!"齐齐吓哭了。

齐齐的外婆来接外孙时,见齐齐脸上有泪水,在了解情况后,两位奶奶在幼儿园门前大吵了起来。

由于自我控制能力差,加上缺乏人际交往的经验和能力,孩子之间产生冲突是很正常的,也是常有的事。许多家长不了解孩子冲突的特点及其化解艺术,时常错误地介入孩子之间的冲突,这不仅没有很好地解决孩子之间的冲突,而且变成相关家长之间的冲突,甚至是恶斗。这令许多老师感到头痛。因此,我们有必要研究如何有效化解家长之间因孩子的冲突而演化出来的冲突,为和谐社会的建构贡献力量。

（一）家长之间发生冲突前的家长工作

1. 向家长介绍同伴冲突的性质和意义

幼儿园应该通过多种形式让家长知道，孩子之间产生的矛盾与大人之间发生的矛盾是完全不同的，孩子的朋友和"敌人"是瞬息即变的，孩子之间发生的问题应由孩子自己来解决，这样就能培养孩子解决问题的能力和社会交往的能力。同伴冲突的产生源于孩子社会交往技能的缺乏，冲突的产生及其解决有利于孩子走出自我中心，加强孩子彼此之间的了解，让孩子学会按照社会规范，通过协商、互惠、互谅等手段来协调彼此之间的关系，有利于提高他们解决社会问题、协调人际关系的能力，有利于加速幼儿社会化的进程。

孩子之间的冲突不仅没有许多家长想象中那么坏，而且对孩子的成长有积极意义。

（1）冲突是孩子与同伴交往的一种方式。

（2）冲突对孩子的社会性、言语能力、思维能力的发展有积极意义。

（3）在冲突中孩子学会了解决冲突的技能。

（4）孩子从冲突中了解了别人的需要和想法。

（5）没有与任何同伴交往比与同伴发生冲突更为可怕。因为一个孩子在幼儿园与同伴没有冲突，可能说明这个孩子根本就没有与任何同伴交往，这更加需要我们重视和关注。

（6）家长介入孩子之间的冲突剥夺了孩子自我解决冲突的机会，会导致冲突复杂化，激化怨恨，让孩子夸大冲突的消极作用；同时让孩子从此学会了求援，而且不再通过思考解决问题，失去了锻炼其情商的机会。

案例3-38 孩子比成人更懂得化解人际矛盾的艺术

6岁的丫丫和小伙伴在房间里玩玩具，不一会儿，房间里传来了相互争吵的声音："这是我的！""你这个笨蛋！""我要告诉你妈妈！"……

越来越大的争吵声让房间外面的丫丫妈妈一时不知如何是好,想出面劝阻,又怕方式不当让孩子难堪,很是迟疑。正在犹豫不决之际,电话响了,等她接完电话,发现房间里的争吵已经变成了欢声笑语。

孩子之间的语言交往不可能总是和平地进行,争论、争吵是不可避免的。但在成年人看来不正常的"刚刚还面红耳赤,转眼又喜笑颜开"的现象,或许恰恰是孩子特殊的人际智慧(我们成年人的这种智慧已经丢失、退化了!)。孩子的交往能力、人格和德行就是在这样的争吵、和解、争吵、调停、和好的循环过程中得到发展的。

案例3-39 不怕"吃亏"

孩子在幼儿园被别的孩子打了之后,家长都非常担心自己的孩子会吃亏,因此,在接送孩子时经常会反复地对孩子连哄带吓:"今后不得再跟××玩了,别忘了他昨天打过你……"可是,孩子们都有些健忘,昨天刚打过架,今天又屁颠屁颠地凑在一起玩。

家长发现自己的孩子与昨天的"敌人"一起玩,会训斥道:"都告诉你多少次了,别跟××玩,可你就是不听,难道你吃的亏还不够?……"

其实,家长们忽略了一样很重要的东西,那就是孩子成长中最重要的东西——快乐!而快乐就在他们的游戏之中。在孩子的游戏里,没有谁吃亏、谁占便宜的意识,只要他们在游戏中得到了快乐,这时就没有"敌人",他们都是玩伴,都是快乐的天使。

2. 告诉家长介入孩子同伴之间冲突的目的

家长最好不要介入孩子之间的冲突——给孩子成长的机会,让孩子在冲突中学会解决冲突。如果孩子们无法自我解决冲突,那么,家长也不要忘记了:你介入孩子之间的冲突是让孩子学会解决矛盾冲突,而不是直接为孩子们解决矛盾冲突,更不是与对方家长争个谁有理谁无理,或者谁该向谁道歉。

案例3-40　孩子们不知道妈妈们为什么吵起来了

邻居小宝买了新的自行车，小伟忙去找小宝一起玩。两个小家伙你一圈我一圈，玩得挺开心。

小宝觉得小伟骑得比自己好，有点不服气，骑完自己的一圈后霸占着自行车不下来了，小伟推了小宝一下，想叫小宝下来，没想到小宝被小伟绊了一下，翻身下车就往小伟的脸上咬了一口。

小伟还没反应过来，正巧被买菜回来的妈妈瞧见了。小伟脸上的牙印没出血，但妈妈的心已经痛到了极点，扯着嗓子就喊："小宝的妈妈怎么管教孩子的？！小宝怎么能咬我家的小伟呢？"

小宝的妈妈闻声下了楼，瞪了小宝一眼，就回敬小伟的妈妈："小宝平白无故怎么可能咬小伟，一定是小伟先欺负小宝。"

"买个新车有啥了不起呀？又不是狗养大的，怎么可以咬人呢？"妈妈放开了小伟，状如斗牛。

"你骂谁？有本事你把话说清楚！谁是狗？！"小宝的妈妈也不甘示弱。

……

"小伟，你还疼不疼？我把车给你骑两圈好不好？"小宝不知道两个妈妈在吵什么，他还想继续跟小伟玩呢！一个人骑真没意思。

"好。"小伟摸了摸脸上的牙印，觉得不怎么疼了，接过车就骑了上去。

两个妈妈吵得不可开交；而在不远处，两个孩子正玩得不亦乐乎。

这太具有讽刺意味了，妈妈们本来正在为孩子们之间的冲突而吵架，可没有想到的是孩子们早就和好了。

案例3-41　孩子打架

A和B两个孩子打架，A被B打哭了。B家长坚决要求B向A道歉，

B 坚决不肯。

你作为 B 的家长怎么办？

面对孩子之间的冲突，最应该做的是什么？就是判定谁对谁错，错方要向无错方道歉吗？面对孩子之间的冲突，最重要的不是道不道歉，也不是找孩子来论理，看看哪个孩子更有理。因为许多孩子道完歉又继续打人；有的孩子道歉像是应付任务似的；有的孩子认为，打人道歉就可以了——就能摆平了，内心没有任何愧疚感。

面对孩子之间的冲突，最重要的是让两个发生冲突的孩子一起来讨论当与同伴冲突时，怎么化解冲突才好；让孩子懂得被别人打骂的小伙伴的感受，同时，还要告诉孩子"打"或"骂"不是解决问题的好方法，甚至不是解决问题的方法，因为你打别人一下，别人打你两下，你骂别人一句，别人骂你两句。应该让孩子学会非暴力地解决冲突，同时学会体谅别人的感受，学会尊重别人。

案例3-42 孩子打人后道歉

两个大班孩子起冲突了，老师把他们的座位隔开，然后给推人孩子的家长说了这件事情，晚上该家长给对方家长打电话道歉，把自己的孩子说得一钱不值，并让孩子也在电话里给对方家长道歉。对方家长感到很诧异，觉得小孩子之间的冲突用不着上升到这样一个层面，也许今天他们打成"仇人"，明天会继续做好朋友。

孩子间有冲突很正常，家长没有必要因为孩子在一次冲突中"伤害"了别人就把自己的孩子贬得一钱不值。因为那仅仅表示孩子缺乏处理同伴冲突的技能而已，而非孩子的品行有问题；面对孩子间的冲突，最重要的是让孩子从中学会正确地处理冲突的技能。另外，老师把两个孩子的座位隔开，不仅没能教会孩子如何正确地处理冲突，而且会助长孩子间的怨恨情绪，人为地夸大冲突的后果。

（二）家长介入冲突引发矛盾后的家长工作

（1）让冲突双方冷静下来。让双方冷静下来的具体方法有：相互暂时隔离；双方保持沉默10秒钟。

（2）倾听。听一听双方的想法：想做什么，目的是什么。不做对与错的价值判断，不批评任何一方。

（3）引导每个家长关注对方的感受及自己言行的效果。你的言行带给对方及其孩子的感受是什么？自己孩子的感受是什么？他从中获得成长了吗？不得批评对方及其孩子，只谈对方的感受。

（4）引导每个家长改进措施。问每个家长：应该怎样做才能让对方及其孩子感觉好一些，使自己孩子的感受也更好一些，并且使孩子们能从中获得更好的成长？

让家长意识到，介入孩子之间的冲突是为了让孩子获得更好的发展，而不是"打出""骂出""争出"输赢，也不是辩出谁有理，谁无理。

教师工作的重点不是给孩子和家长评理，而是引导家长思考怎样做更有利于双方孩子的健康成长——我深信，在家长内心深处最在乎的是孩子的健康成长。

教师总结每个家长所说的自己怎么做可以让对方及其孩子感觉好一些的措施，并提出自己的建议。

家长如此理性、如此建设性地处理冲突，也将会给孩子树立一个处理人际冲突的良好榜样。

（5）遵循达成一致的解决方法。按照双方达成一致的措施，有效地解决孩子之间的冲突乃至由此产生的家长之间的冲突。

相信如此处理冲突，每个家长及其孩子都会感到如释重负，因为他们找到了不用相互指责、谩骂甚至行为攻击来解决冲突的方式，并且让孩子从中获得了成长。

四、应对家长不满情绪的艺术

我们的工作很难做到十全十美,加上家长有时会由于各种原因而对我们的工作产生误解,因此,时常会有些家长对我们有不满情绪,如,有时候抱怨,有时候指责,有时候甚至会愤怒,这都很正常。但是,如果这些不满情绪不能得到有效的化解,不仅会影响家长对我们的看法和情感态度,甚至会影响到我们工作的正常进行,影响到教师的职业生活质量。因此,我们应该学会有效化解家长的各种不满情绪。

(一)承认家长有理由生气

我们教师应该记住,家长通常有理由对我们产生不满情绪,因为幼儿园和教师总会犯错误,总会有家长不满意的地方,有时候家园之间还存在误解。

(二)冷静且认真地倾听

当家长用语言表达不满情绪时,教师一定要彬彬有礼,不要打断他们的诉说,也不要插入你的意见,不要辩解或抵触。如果他们讲话的声音很大,那么你要温柔地讲话。在回应之间停顿一下,慢慢地说。

遇到生气的家长,无论出于什么原因,首先要倾听,哪怕家长明显误解你了,也不要为自己辩护。要记住,辩解只会点燃他更大的怒火。要用心倾听,充满同情,使用一些倾听技巧,比如反馈("那真让人难过""那真是个严重的问题")和澄清("我听到你说……""告诉我接下来发生了什么")来平息家长的怒火。

还可以用同理心技能做出回应,让他们知道你理解他们在说什么。如:"……我知道你很生气。''"……我知道你很难过。"

认真倾听是让对方消气的一种有效方法。当家长冲着我们生气和表达不满时，辩解、反问、质疑不仅无效，反而会火上浇油。因此，面对家长的不满情绪，教师应该做的就是让对方宣泄完心中的不满情绪，待其情绪平稳后，再做理性的沟通。如果家长的言辞带有侮辱性，则暂时找个借口回避一下，以后再谈，万万不可与家长相互辱骂，否则，我们的师德就会降格，甚至整个人的素养都会降格。

在倾听的过程中，不要急于辩护，更不要与家长抬杠。有些教师在倾听的过程中喜欢与那些经常找自己麻烦的家长抬杠，这是不妥的。教师不分场合与家长争执只会让家长认为教师对自己的孩子或者对自己有偏见，或者认为教师是不负责任的，这样更不利于沟通。一些教师听到家长的指责和抱怨，往往会本能地为自己辩护，这样只会激化矛盾。因此，教师应把"不可能""我绝对没有说过那种话"等辩解的话改成："别着急，我查查看。""让我们看看这件事该怎么解决。""您放心，我一定想办法给您一个满意的答复。"等等。

（三）积极回应

当对方说得对的时候，要勇于说："是的，是的，是的，没错，就按您说的办！"

有时候，尽管明显不是你的错误，但你也可以先就误解引起家长不满而进行道歉。在许多情况下，这是家长所期待的。当然，你的道歉不一定都是无原则地包揽责任——"这都是我们的错……"但你可以说："我们没有做好工作，让您误解了，真抱歉！"

当家长真的冷静下来后，你可以对事情做出解释或者合理的分析，并在此基础上，根据家长的担忧，告诉他们你们将尽全力采取什么措施来避免问题再次发生。

案例3-43 孩子被打出鼻血

一位父亲发现孩子被同伴打出鼻血后十分气愤，要求老师给一个说法。这位老师首先承认自己工作失误并表示深深的歉意，接着全面介绍孩子的情况，使家长感到他的孩子是受老师和小朋友关爱的，发生这次事件纯属偶然。然后，这位老师保证今后将尽力避免发生类似的事情，还表示接受建议，希望家长今后对自己的工作多提意见。这位父亲面对态度诚恳的老师，很快化解了心中的怨气，谅解了老师。

从上述案例可以看出，教师能认真分析家长的意见，理解家长的正当发泄，接纳家长的合理化建议，就会转变家长的态度，得到家长的理解和支持。

案例3-44 坚决要求给孩子换床铺

一位家长对老师说："我们坚决要换床铺，不再与那个小孩靠在一起。我家的孩子中午都不能好好休息。"

A老师的应对

A老师听完直接回应："没有啊，每天中午我们都有老师在现场看着啊，你家孩子睡得不错啊。"

家长马上回答说："哪里是这样啊？！我们家孩子回家说，那个孩子趁你们老师不注意的时候老是拽他的被子。那么多孩子，你们每时每刻都看得到吗？"

这时沟通陷入比较尴尬的境地，家长非常气愤地走了。

B老师的应对

B老师的回应："天天妈妈，您说要给孩子换床位。天天说中午没有好好休息吗？"

妈妈："是的。"

老师："他什么时候对您说的？具体情况是怎样的？"

妈妈："……我每次都对天天说，你中午不要惹他，不要理他。我还对天天说，你一上床就把眼睛闭上，让他感觉你睡着了。我还对天天说……作为家长，我已经很努力了，也是没辙了，所以才向你们提这样的要求。"

老师:"听您这么一说,我就理解您的担心了,也理解您为什么着急。我也向您表示歉意,我没有很好地观察到这一点。您看能否这样,接下来几天的中午我认真关注一下,看看他俩的表现,我找个合适的方法来处理这种情况,既不影响两个小朋友的午休,也不影响他们的交往,毕竟他俩是好朋友。2～3天后,我再和您联系,与您交流他俩的表现。您看这样行吗?"

A老师的失误:认为自己比家长更了解孩子们的情况;将自己看到的情况当作全部情况;有推卸责任之嫌。家长当然会不满意,甚至更加气愤。

B老师的正确之处:不辩解,引导家长把了解的情况说完;她没答应家长调换床铺的请求,因为她懂得家长真正想要的是:孩子每天都能安稳地睡个午觉!因此,他拟订了行动方案,并有时间约定,行动很具体,进而获得了家长的认同。

其实,家长生气和抱怨,不只是表达了情绪,更多的也是无助的表达。当"我们要换位置""我们要换老师""我们要换班级"等不满诉求产生的时候,其实也向我们老师发送了这样的信号"我们曾经的努力都没有用""我们曾经的办法不管用",于是家长不愿意再做其他尝试,可是又想改变现状,就提出一个他们自己都清楚或许不能实现的愿望,来表达他们几乎到了"忍无可忍"的地步,因此,我们老师要认真、积极地应对家长的不满情绪,给他们一个有效解决问题的出路。

材料3-6 面对家长抱怨和指责的温暖回应语言

1. 谢谢您的建议,这对于我们的工作非常有意义。

2. 您说的这个问题,我们原来没有注意到,我们再详细了解一下。谢谢您。

3. 我知道。您这么说，是为了我们更好地改进工作。
4. 在这个问题上，您好像有更好的建议。请您告诉我们。
5. 您说得没错，这个问题确实应该引起重视。
6. 您说的这件事情，是由于我们工作的疏忽，非常抱歉。
7. 您说的这种情况，我一定关注，我们保持联系。

（四）始终尊重家长

教师要从家长疼爱孩子的角度理解家长的心理，并从关爱孩子的角度谈论问题，这样更容易被家长接受。作为老师要意识到，家长的不满情绪都是因关注孩子的健康发展而引起的，家长希望孩子在幼儿园得到更好的照顾和教育，当他发现现实并非如他所愿时，自然就会生气。因此，家长对我们的工作有不满情绪，说明他关心孩子的成长，我们应该为此感到高兴，这也是家园合作和沟通的基础，他们的不满，从另一个角度启示我们要不断改进工作，不断提高专业能力，进而提高服务水平。家长的不满意可以成为我们专业成长的动力。因此，对于那些对我们有不满情绪的家长，我们要心平气和，心怀感激，尊重他们。我们要多启发他们为我们的工作提建设性意见，如，可以非常认真地问家长："如果您是我，应该怎样做才好呢？"尽量不要反问家长，如："为什么别的家长没意见？""为什么你要我这样做？"否则会让家长反感。

等家长抱怨完之后，教师要向家长说"谢谢您的反馈！"，并解释你为何感激家长的抱怨。如，面对给教师"找碴儿"而情绪激动的家长，可以这样说："我非常欣赏您这样直言不讳的家长，您的建议我会考虑的。您有这样的心情我很理解，等我们冷静下来再谈好吗？"这样会让家长的不满之气全消。

最后，面对对教师有意见、有情绪的家长，我们可以这样跟他们说："您有什么想法可以告诉我，或者我们可以坐下来谈谈，都是为了孩子好。"

案例3-45　是自己洗手呀？！

××的奶奶很少来接孙子。有一次，她来园看到孙子正在自己洗手，就立刻生气地说："啊，是自己洗手呀？！"

A老师回应

"有什么好大惊小怪的？！都长这么大了，自己洗个手有什么不妥？"奶奶的脸色马上变得十分难看，一场争吵马上就要开始。

B老师回应

"看来奶奶在家照顾宝宝很周到、细致哦，连宝宝的小手都帮他洗。奶奶看，我们所有的小朋友都是自己洗手。宝宝长大了，他很能干的，您让他在家也试一试自己洗手吧。"奶奶脸上露出了不好意思的笑容。她说："好好，我回家也让他自己洗手。"

A老师说得很有道理，一点儿也没有错，但这位奶奶显然不能接受。因为A老师说话的语气不对，在某种程度上表现出对奶奶的不尊重。

B老师先是表扬奶奶平时对孙子的关爱和照顾，然后表扬她的孙子能干，进而对她提出教育指导，这样让奶奶心悦诚服。

（五）爱心不变

教师不应因为家长的过激情绪而影响对他及其孩子的看法，应更加关爱他的孩子，更加热情、主动地与该家长沟通交流，这样做的效果远远胜于语言表达。当家长感受到我们这颗不变的职业爱心时，他会更加尊重我们，遇到问题时，也就不会再那么冲动了。

案例3-46　家长让老师下不了台

刚开学不久，城铵活动时和小朋友抢玩具，被小朋友抓伤了。城铵的奶奶知道后特别心疼，还来幼儿园抱怨，说老师没尽到责任，情绪很激动，说了许多不中听的话，而且当着众多家长的面说得老师很难堪，下不了台。

当时老师强迫自己冷静再冷静,尽量静下心来,避免和城铵的奶奶发生正面冲突,不和她计较,还一如既往地喜欢城铵,平时和城铵的奶奶多交流、多探讨,使城铵的家长,特别是奶奶非常感动,恢复了对老师和幼儿园的信任。

家长的抱怨是一剂苦口的良药,老师应根据家长的抱怨找找自身的不足,以更宽广的胸怀、更可亲的态度去迎接家长、孩子,相信定能继续获得家长的信任和支持。

五、应对孩子在园受伤的艺术

由于经验和能力的局限性,加上幼儿期孩子好动的特点,孩子在园很容易受伤。孩子受伤后,如果处理不当,将会让利益相关方矛盾对立,乃至直接影响幼儿园的正常运转。因此,我们要认真研究该如何应对孩子在园受伤的问题。对于孩子在园的受伤问题,我们认为应该按如下几点来处理:

(一)孩子出现受伤问题前的家长工作

如果我们把工作做在前面,就可以减少孩子在园受伤后带来的许多麻烦。

1. 做好安全检查工作

避免孩子受伤后带来麻烦的最好办法是减少或避免孩子受伤的机会。因此,教师平时要注意做好各项安全检查工作。

(1)户外活动场地的安全性检查。活动前应事先排查活动场地,如经常平整场地,做到无坑、无砖、无松动、无凸起物等,及时清除活动场地中影响幼儿活动的障碍物。

(2)家具设备的安全性检查。为了避免家具设备对孩子的伤害,教师要时常对家具设备进行安全排查,观察以下一些潜在的问题。

- 有没有一些和儿童差不多高的锋利的桌角?
- 地毯边缘有没有突出或松动?
- 有水的区域是否有排水设施?是否有擦水用的拖布或毛巾?
- 热水是不是放在孩子够不着的地方?
- 有没有一些关于孩子使用剪刀、锤子以及小刀的规定?
- 不用的插座是否已盖住?
- 围墙是否足够高,是否安全?
- 秋千是否远离人多的区域,是否用树丛或栅栏隔开?
- 操场的通道是否畅通?
- 移走石块等障碍物的坑洞是否修复?
- 在攀爬、滑行器等器械下是否放有缓冲垫?
- 滑梯和其他金属器械是否生锈?
- 木制器械是否有开裂的地方?
- 沙箱不用的时候是否已盖上?

(3)幼儿身上物品的安全性检查。教师要经常检查幼儿是否携带有碍安全的危险品,如尖锐利器、打火机、玻璃球等危险物,并经常对幼儿进行安全常识教育,提高幼儿自身的安全意识。

案例3-47 带刀片入园

在一次幼儿园的观察中,幼儿有秩序地进入盥洗室洗手,突然发现三四个小男孩的嘴上、脸上都在流血。老师们看到这样的情况后都惊呆了,大家赶紧把园医找来,对孩子们的伤口进行止血处理。后来经询问情况得知,早晨入园时东东从家里把爸爸的刮脸刀片偷偷地带进了幼儿园。在洗手的时候,东东把刀片分给了其他的小伙伴,几个孩子也学着大人的样子用刀片刮胡子,才出现了这可怕的一幕……

(4)注意物品运送的安全。餐车要缓慢推行,防止粥汤洒地使幼滑倒。为孩子分发饭菜时要注意不要盛得太满，不能从幼儿头上传递饭菜，以免造成烫伤。

2. 告诉家长本园的安全理念

教师要告诉家长本园是将孩子的安全问题当作头等大事来抓的，并且告诉他们为了孩子们的安全幼儿园所采取的种种措施。此外，还要向家长说明，就算幼儿园采取了那么多严密的措施，教师那么努力地为孩子们的安全着想，但由于幼儿期的孩子好动且缺乏安全意识和自我保护能力，也无法保证孩子们在幼儿园里的绝对安全，所以有些孩子偶尔出现一点安全事故，特别是碰伤、跌伤、抓伤等是难免的。

教师还应该告诉家长，幼儿园环境的绝对安全对孩子的成长而言也是有害处的，让家长了解适度的不安全对孩子的成长是有利的。

案例3-48　没有棱角的幼儿园

某幼儿园里几乎所有的东西都没有棱角。小桌子是圆的，边上还包着一层海绵；小椅子是圆的，腿和边也裹着一层海绵；玩具车的边没有角，都是弧形的；小画书的四个角也都被修剪成圆形的了；至于孩子们手中的娃娃、玩具更不必说，都是柔软的；最有意思的是，墙角也都被围成了圆弧状……

在这种绝对安全的环境里，我们的孩子碰不伤，也跌不伤。但我们的孩子因此失去了安全意识和自我保护能力。

还要告诉家长，如果孩子在幼儿园里绝对不受伤，说明孩子在幼儿园里可能静静地坐了一天，他的发展是有限的。孩子受伤，说明孩子在幼儿园里参加活动了，他得到了相应的发展。如果家长在安全方面给老师太多的压力，老师只能尽可能地少让孩子活动，特别是少让孩子自己活动，以保证其绝对的安全——显然，这样做与孩子的年龄特点不相符，不利于孩子的健康发展。

因此，如果哪一天出现了一些小小的安全事故，家长们要多多谅解。

案例3-49 是我自己不小心摔的

小凡在从自己的座位跑向另一个小朋友的座位时,被椅子腿绊倒了,把眼眶磕破了点皮,老师赶紧带着小凡到医务室包扎,之后马上给小凡的父母打电话,表示对此非常抱歉。家长不但没有埋怨老师,反而安慰老师说:"没关系,你们对孩子照顾得挺细致的,但是孩子也得学会照顾自己。我家孩子动作快,很容易磕碰,受点伤他自己下回就知道注意了。"老师非常感谢家长的宽宏大度。

回家之后,家长看着孩子脸上"挂彩"了,把心疼藏在心里,问他是怎么摔的、痛不痛。孩子表演了是怎么摔的、怎么哭的,医生怎么包扎的,很乐观地接受了这次摔伤。在家长的教育引导下,小凡逢人询问就说:"是我自己不小心摔的,以后我不能那么着急。"

我要为小凡的家长点赞!我也希望幼儿教师向家长推荐小凡家长的理念和做法,这样会让孩子们从受伤中学会对自己的行为负责,学会自我保护,学会宽容。这些品质将会让孩子终生受用!

3. 平时注意与家长建立良好的情感关系

教师与家长建立了良好的情感关系,可以避免因孩子受伤而将矛盾扩大化。

(二)孩子出现受伤问题后的家长工作

1. 及时与家长沟通

当孩子在幼儿园受伤后,无论孩子的伤势有多重,也无论孩子由于何种原因而受伤,教师都要及时与家长沟通并表示歉意。

案例3-50 孩子受伤的烦恼

我女儿在上小班的时候,一次从幼儿园回来有点流鼻涕,我摸摸她的额头想看看有没有发烧,结果她说额头上有个包,是自己在幼儿园碰的，老师不让碰。我撩开额前的头发仔细一看，确实有个小鼓包，但并不严重，接着孩子还告诉我老师还到医务室请了医生看，用凉毛巾敷了一下。但是，我觉得发生这种情况老师应该跟家长说一下，不论伤势是否严重。后来我问了老师，她倒是觉得很不好意思，说是忘了跟我说，我也就不好说什么了，但是当时我心里还是不太好受。

家长很在意孩子在园的安全问题。孩子在园受伤后，教师应该将之当作自己工作中的头等大事来处理，没有任何理由"忘记"或"忽视"。

案例3-51 宇宇被抓伤后

小班幼儿宇宇刚入园没几天，白白胖胖的脸蛋上就被小朋友划了一道深深的指甲印，下午放学奶奶接宇宇时，还没来得及听老师解释，奶奶便大吵了起来，非要找抓人的小朋友，冲突大有一触即发的样子。郭老师见到后立即走过去，拉住宇宇的小手，摸摸她的脸蛋，先与奶奶打招呼："都是我们的工作不够细心，让宇宇被抓了。我们已经用消毒药水给她做了清理。以后我们一定注意！"见郭老师这么说，宇宇的奶奶反而觉得不好意思了，说："这么多孩子，你们也顾不过来。"

宇宇的奶奶生气是因为宇宇受伤后，老师没有及时告知和说明。后来宇宇的奶奶为什么原谅了老师？因为老师先认错，然后表示歉意，并对情况进行了说明。因此，孩子在园受伤后，无论伤势轻重，教师都应该及时告知家长，并表示歉意。在这方面，万万不可心存侥幸。

2. 敢于担当

孩子发生受伤事故后，幼儿园和教师要敢于担当，负起该负的责任，努力求得家长的谅解，而不应推卸责任。

案例3-52 调皮鬼陈陈受伤后

陈陈小朋友是个调皮鬼，他没有一刻能安静下来。今天午睡起床时，他格外兴奋，不停地说笑，老师一再提醒。不一会儿，只听见"砰"的一声，他从床上摔了下来。额头着地，马上就起了个包，把当班的王老师吓傻了。王老师赶紧拿来毛巾，蘸上冷水敷在陈陈的额头上，使其额头上的包没有继续扩大，然后打电话告知家长，和家长一起带孩子去医院。尽管医生检查后说没多大事，也不用吃消炎药，但王老师考虑到床离地面那么高，坚持要给孩子拍个片子，才放心。

拍片结果是陈陈的脑部没损伤，王老师长长地舒了一口气。家长没一声怨言，抢着付拍片的钱，直说孩子太调皮，老师辛苦了。

孩子在幼儿园受伤可以算是幼儿园的一个危机事件，处理不好，会使幼儿园和老师的声誉受损，处理得好，还可以提高幼儿园和老师的声誉。我相信，像上述案例中的王老师在孩子受伤事件后和家长的关系将更加友好、积极。

3. 采取有效的补救措施，避免类似的事情再次发生

孩子受伤后，老师不仅要告知相应的情况，而且要告知家长今后作为老师将如何尽量避免类似的情况发生，后续还要适时地向家长通报相关的情况，让家长知道老师确实采取了措施，是负责任的。

案例3-53 杰西接连受伤

老师："杰西去拿旁边小朋友阿杜的积木，阿杜不愿意，他就去抢。阿杜为了保护积木，抓了杰西的脸，导致杰西的脸上出现了一道划痕。"杰西的妈妈听后，说小朋友之间发生冲突很正常，非常理解老师，没有关系。

三天后，在户外活动时，杰西在院子里转圈，想停下的时候没有站稳，摔倒在地上，手臂被蹭破一点皮。老师向杰西的妈妈如实地反映了情况，杰西的妈妈说孩子运动时受伤很正常。

第二个星期的一天，小朋友画画的时候，杰西到处乱走，走到子豪旁边的时候，顺手把他的画抢去了。子豪一拳挥过去，打中了杰西的眼睛，杰西的眼睛和脸马上青肿了。老师立即打电话给杰西的妈妈，杰西的妈妈赶来之后，看见儿子受伤的眼睛，很是心疼，也很生气，问老师怎么会发生这样的事情。这次杰西的妈妈情绪很激动，没有听完老师的解释，就质问老师："你们是怎样管理班级的，怎么能任由小朋友打架？一而再，再而三地发生校园暴力，你们老师是应该负责任的！你们要给我一个说法，否则我就投诉你们。"

教师错在哪里？如果可以重来，你该如何做？

教师错就错在前两次受伤事故发生后，教师都只是简单地向家长陈述事实，并没有告诉家长自己将采取什么有效措施以避免类似事件的再次发生——她不仅没有说，而且没有做。因此，家长就认为教师是"任由小朋友打架"和"校园暴力"发生，这样，教师的工作就很被动。

家长送孩子去幼儿园，他们最在意的就是孩子的安全问题。因此，当一个孩子在幼儿园出现第一次受伤情况后，教师要特别关照这个孩子——进行经常性的安全提示，告诉他如何避免伤害，尽量避免再次受伤。

案例3-54 咬人事件

刚刚开学没几天，新生骏杰在午睡醒后等起床之际用嘴咬了晶晶，有的地方已经被咬破皮。见此情景，陈老师和阿姨心疼不已，连忙帮着上药，安抚晶晶的情绪。

为了更好地解决此事，老师给晶晶和骏杰的妈妈分别打了电话，告知此事。骏杰的妈妈当即在电话中说："我家孩子是不会主动咬别人的，肯定是别人先惹他了。你们给我打电话是什么意思？"于是，老师耐心地告诉她：下午放学来接孩子时，希望您能当面向晶晶及家长道个歉。下午放学时，骏杰的妈妈和奶奶拎着一箱牛奶来园看望晶晶，了解晶晶被咬的情况。老师没有当众告状，而是悄悄地告诉家长"请等一会儿"。等接孩子的人潮退去后，老师又礼貌地接待了她们，将她们领进教室看望晶晶被咬的胳膊，当时她们都大吃一惊，不由得同时发出了声："啊！

怎么咬成这样了？"骏杰的奶奶抬手就要打骏杰，老师立即制止说："打孩子既不是教育孩子的好方法，也不是解决问题的好办法，关键在于让孩子懂得今后如何与同伴友好相处。"

晶晶的爸爸来接孩子时，老师主动迎了上去，向晶晶的爸爸说明事情的经过，并向他致以歉意。晶晶的爸爸看到孩子被咬的胳膊后，很心疼，但看到老师已经帮孩子上过药，并对孩子关爱有加，况且解释、道歉在前，也就不好再说什么。

骏杰的妈妈和奶奶又拉着骏杰向晶晶和她爸爸道歉，晶晶的爸爸一边摸着孩子的胳膊一边说："没事，没事。"晶晶和爸爸原谅了骏杰……

案例中，老师处理孩子被咬的措施和过程是值得称道的：①及时向双方家长报告；②及时处理孩子的伤口；③及时向受伤孩子的家长表示歉意；④动员伤人者及其家长向受伤者及其家长当面道歉；⑤在众人面前体现了对伤人者及其孩子的尊重。

处理孩子受同伴伤害事件的目的，不是要惩罚谁，而是要让相关孩子受到教育，同时，为和谐的良好家园关系的建立提供正能量。

4. 孩子受伤临时处理应该注意的事项

如果受伤（割伤、磕破皮肤且流血需缝针）不严重，要送附近最好的医院，尽量在医生处理好伤口、擦净血迹之后通知家长，让家长看到的是孩子被抱在老师怀里安静、祥和的场景。

如果伤势严重（如骨折等），要正确处理伤口，尽量擦净血迹，马上通知家长，征求家长的意见并送往指定医院。

电话沟通时先说："××的家长，您好！非常抱歉地通知您，您的孩子在上楼梯（玩游戏/去卫生间）的时候受伤了，左胳膊不能动，有可能是骨折，我们准备马上送他到××医院（当地最好的），您看这个医院行吗？"在家长同意后，再说："那好，孩子的病情要紧，我们马上就到，您不要着急，我们会照顾好孩子。您方便的时候到医院来看孩子吧。"

孩子如果需要上医院治疗，教师要及时向园长汇报。

案例3-55 一次关于孩子受伤的教研活动

情境表演

时间：下午四点四十分。

活动：离园前准备。

张老师正在收拾整理饭桌，这时，角落里传出"哎呀"一声。张老师急忙走过去问道："丽丽，你怎么了？"丽丽哭着说："呜……，我的头撞到了椅子上。"张老师一看，丽丽的额头上已经起了个包。家长马上就要来接孩子了，这时该怎么办呢？

张老师带着孩子去医务室，正巧保健医生去别的班级了，她就去食堂要了个鸡蛋，帮丽丽揉，因为撞得不严重，过了一会儿丽丽就不哭了。

家长来接丽丽时问道："丽丽，你的头怎么了？老师，这是怎么回事？"张老师说："没事，刚才丽丽的头不小心撞了一下椅子。保健医生没在，我已经帮她用鸡蛋揉了，现在没事了。"

"什么？没事？你怎么知道没事？我要找你们园长。"家长咄咄逼人，张老师委屈得都要哭了。

各位老师，你们对上述案例中张老师的做法如何评价？如果你是张老师的话，你将如何做？

教师1：千万不能说孩子没事，我们不是医生，不能下这个结论。

教师2：是啊，也不能说保健医生没在，她只是暂时不在保健室。我们有制度规定，保健医生不能随便离开岗位。

教师3：在家长没见到丽丽前，要先跟家长说："今天丽丽在活动区玩得很好。丽丽妈妈，真不好意思，我没带好孩子，刚才她的额头碰了一下椅子。丽丽的伤我已经处理好了，您看，用不用去医院再检查检查？"请家长做决定。当然，如果伤势很严重，应该马上去医院。

教师4：晚上还要打电话慰问一下，告诉家长："您放心吧，明天我一定好好关注丽丽，丽丽这样，我可心疼了。"说这些话的时候一定要发自内心。并且在第二天丽丽入园的时候，马上问问她现在还疼不疼，老师给吹一吹（或看一看），抱一抱。让孩子知道，老师很关注她，也很爱她。

教师5：但也不要过分关注，免得让孩子以为老师做错什么了。

教师6：在平时的工作中，一定要提醒孩子遵守游戏规则，并在健康活动中教给孩子与人交往和自我保护的方法。

最后大家总结出了如下策略：

（1）发生事故后，要马上带孩子去保健室找医生，如果问题比较严重，要马上去医院，并电话通知家长，并且跟家长解释发生事故的原因，要说明是自己没照顾好，平息家长的怒气。

（2）家长来接孩子时，一定要先说："××表现很好，但很抱歉，我没带好孩子。"要放下教师的架子，并主动承担责任。晚上一定要打个电话慰问，并在第二天早上见面时问问情况怎么样。如果伤势严重，要到医院去探望。

（3）处理好持续关注与宠溺的关系。可以关注孩子，但不要过分。目的是观察该事故会不会给孩子带来伤害。

注意事项：千万不要说"孩子没事"，老师不是医生，不可妄下断语。

（李冰，2010）

上述幼儿园的研讨活动很有针对性，并且老师们的观点很到位。

材料3-7　孩子受伤时让家长感受到些许温暖的话

孩子受伤后，教师可以选择如下的话对家长说，或许可让家长获得些许的温暖和安慰。

（1）非常抱歉，孩子今天不小心摔伤了。

（2）看到孩子受伤了，我们心疼坏了。

（3）真是对不起，您别着急，小朋友在幼儿园发生的事故责任在我们，您有什么意见跟我说。

（4）您的心情我们特别能理解，毕竟孩子受伤了。

（5）很抱歉，孩子受伤了，老师也很心疼，以后我会更关注他。

（6）看到孩子受伤了，我们和您一样，心里都很难过。

案例3-56　孩子被抓伤，你怎么回应？

家长向老师诉说内心的不满情绪："老师，我们家的孩子今天又被同座抓伤了。这不是第一次了。我心疼死了。这真让人生气。"

这时候，你的回应属于以下哪一种？

A：哦。这件事情我是知道的。那小孩真的是不小心。

B：我知道，他昨天被抓伤了。现在好些了吗？

C：我知道，他昨天被抓伤了。您感到很心疼，很生气。

D：我知道，他昨天被抓伤了。您感到很心疼，很生气。孩子回家是怎么跟您说这件事的？

E：我知道，他昨天被抓伤了。您感到很心疼，很生气。我能理解。我正打算与那个孩子的父母沟通，并准备把沟通结果及具体情况向您说明呢。

上述回应，可以分为如下五个不同的层级。

A水平：对沟通信息没有理解，只有安慰。
B水平：对沟通信息从认知层面进行理解，但是忽视了情绪情感。
C水平：对沟通信息从认知和情感两个层面来理解，但是没有指导。
D水平：对沟通信息全面了解，并给出指导意见。
E水平：对沟通信息全面了解、理解，并给出具体化的指导意见。

5. 做好后续工作

孩子在园内受伤，如果需要住院或在家养伤，园长和老师都应该经常性地到医院、家中探望，甚至应该担起陪护的责任。

做好孩子受伤的善后工作，其实是幼儿园处理危机的一项攻关工作，处理得好，幼儿园的声誉不仅不会受损，反而会得到提高。

本章参考文献

[1] 张春炬. 幼儿教师的家长工作技巧 [M]. 北京：中国轻工业出版社，2014：120，166-167，185.

[2] 冯伟群. 幼儿教师临场应变技巧60例 [M]. 北京：中国轻工业出版社，2013：172.

[3] 蔡伟忠. 幼儿常规建立的道与法 [M]. 北京：中国农业出版社，2012：46.

[4] 晏红. 幼儿园家庭教育指导形式与方法 [M]. 北京：中国轻工业出版社，2013：82，141，167-168，171，177，179-180.

[5] 晏红. 幼儿教师与家长沟通之道 [M]. 北京：中国轻工业出版社，2012：18，178-179，190.

[6] 汪秋萍，陈琪. 家园沟通实用技巧 [M]. 上海：华东师范大学出版社，2013：137-138，148-149.

[7] 施燕. 幼儿园新教师上岗手册 [M]. 上海：华东师范大学出版社，2012：52-53，68-71.

[8] Saifer S. 幼儿教师工作高效应对策略 [M]. 曹宇，译. 北京：中国

轻工业出版社，2012：228-229，234-235，236-237.

[9] 比蒂. 学前教师技能[M]. 嵇珺，译. 南京：江苏教育出版社，2011：9-14，266-267.

[10] 吴邵萍. 家园共同体的建构：幼儿园家长工作的方法与策略[M]. 北京：教育科学出版社，2011：125-126，128.

[11] 吴邵萍. 幼儿园管理与实践[M]. 南京：江苏教育出版社，2012：4，16，54.

[12] 科特曼. 幼儿教师88个成功的细节[M]. 李旭晴，译. 上海：华东师范大学出版社，2010：108-109，171，174，176，178，181-182.

[13] 于黎烜，胡晓梅. 这样教孩子，对吗？[M]. 北京：北方联合出版传媒（集团）股份有限公司，2010：110-111.

[14] 戈昱，布朗. 幼儿教育学导论：下册[M]. 梁玉华，等译. 成都：四川少年儿童出版社，2010：74-76.

[15] 塔索尼. 支持特殊需要[M]. 张凤，译. 南京：南京师范大学出版社，2009：15.

[16] 李季湄. 幼儿教育学基础[M]. 北京：北京师范大学出版社，1999：98-99.

[17] 李冰. 情境再现式园本教研：如何与家长进行沟通[J]. 早期教育，2010（9）：38-39.

[18] 黄贤. 做一个善于沟通的家长[J]. 山东教育（幼教版），2009（30）：47.

[19] 吴邵萍. "我们要更换教师"——一则家园纠纷案例引发的思考[J]. 幼儿教育，2008（19）：18-20.

[20] 晏红. 家长给幼儿园的3个错误定位[J]. 家教指南，2006（1）：27-29.

[21] 陶金玲. 如何帮助幼儿形成"高自我价值感"[J]. 教育导刊（幼儿教育），2005（6）：23-25.

[22] 晏红. 谈形成家园误会的"儿童崇拜"因素[J]. 学前教育研究，

2005（5）：43．

[23] 周红．家园沟通中幼儿教师共情研究［D］．南京：南京师范大学，2014：1，27-28，113，115-118，124-129，145．

[24] 冀彩虹．早教指导教师与家长现场互动研究——以上海市某区早教指导中心为例［D］．上海：华东师范大学，2009：23-25，28．

[25] 林小敏．幼儿园科研活动中园长的道德领导［D］．南京：南京师范大学，2011：59-60．

[26] 刘明．幼儿教师与家长沟通现状研究［D］．大连：辽宁师范大学，2009．

[27] 朱琳琳．接送幼儿过程中家长与教师交流现状研究［D］．南京：南京师范大学，2006：34-36．

[28] 张帆．幼儿教师与家长相互作用的研究［D］．上海：华东师范大学，2005：40-41．

第四章 幼儿家庭教育基本原理

本章主要介绍幼儿家庭教育的一些基本原理，主要目的是为幼儿教师对家长进行家庭教育咨询、辅导提供相关知识和技能的支持，让幼儿园家长工作更专业，更有针对性，更富有成效。

第一节 幼儿家庭教育概述

一、幼儿家庭教育的含义

家庭教育有广义和狭义之分。广义的家庭教育，主要是指家庭成员之间的相互影响和教育。在家庭生活中，实际上不仅父母或其他年长者要对晚辈实施教育、施加影响，而且年长者也会受到晚辈的教育和影响。如，一位奶奶平时经常教孙女如何做人做事，但有时奶奶也向孙女学习如何使用电视遥控器。家庭成员之间，不管是长辈还是晚辈，经常互为教育者和受教育者。

狭义的家庭教育则是指在家庭生活中，由长辈对晚辈进行教育和施加影响。本书所研究的主要是狭义的家庭教育。

二、家庭对孩子发展的意义

家庭对孩子的发展具有独特的意义。

（一）家庭是孩子成长的最自然的生态环境

现代教育生态学的研究认为，对于孩子来说，家庭是最自然的生态环境，与父母共同生活是最基本的，孩子的成长不能欠缺家庭天伦和乐的生活气氛。家庭这个以血缘关系组成的、人一出生就生活于其中的社会群体是孩子最重要的安全基地。人类最初的儿童教育是家庭承担的，随着社会生产力的发展，这一责任转移到幼儿园。幼儿教育发展到今天，从"还幼儿一个正常的社会生态"的观念出发，家庭的重要性又重新受到重视。在当今的社会情况下，单纯从教育功能来看，幼儿园不能消亡，但也不能以幼儿园来取代家庭。

（二）家庭是人生的第一所学校

心理学家艾里克森认为，父母对孩子的态度给孩子以后对社会的态度奠定了基础。瑞典的贝肯罗斯博士指出："在个性、社会性、智力发展和文化特征方面，父母是孩子的第一个和最重要的环境影响因素。"研究表明，在道德判断和价值定向方面，父母与子女的相关性是 0.55，而教师与学生的相关性仅为 0.33，前者大大超过后者。

我国的研究也证明，家庭在幼儿的社会性发展方面的作用，并不亚于幼儿园。当然两者的特点、长处不同，不能互相替代。在城市，尤其是父母文化水平较高的地区，家庭在幼儿认知发展中的作用大大超过了幼儿园的影响。幼儿入园前在家庭里生活的经历、积累的经验、形成的行为习惯、获得的能力，特别是语言等对幼儿园教育有重大影响和制约作用，入园后的教育效果也离不开家庭的配合。

（三）家长是重要的教育力量

首先，家长参与幼儿园教育极有利于孩子的发展。有研究表明，家长直接参与幼儿园教育对孩子有良好而持久的影响。家长参与孩子的在园活动能够大大地提高孩子活动的兴趣和积极性；能够改善孩子在家中的行为并密切其与家人的关系；家长参与幼儿园活动本身能够让孩子体会到"幼儿园多么重要！"，从而更加积极主动地去幼儿园，去参加幼儿园的各项活动。其次，家长是教师最好的合作者。没有谁比家长更了解自己的孩子，因此，家长是教师了解孩子的最好的信息源。

家长与教师的配合使教育计划的可行性、幼儿园课程的适宜性、教育的连续性和有效性等都得到了更好的保证。此外，家长本身也是幼儿园宝贵的教育资源。如，各种不同职业和不同文化背景的家长可以带给幼儿园丰富的教育资源，并能为幼儿园的教育需要提供多种支持和服务等。

三、家庭教育与幼儿园教育的区别

家庭是一个人一生中最早接触而又生活时间最长的社会场所。家庭中以血缘关系为基础的天然的情感作用是任何其他教育所不能代替的。了解家庭教育与幼儿园教育之间的区别，对我们处理好家园关系有着极其重要的意义。

（一）教育者与受教育者关系的不同

幼儿园的教育者与受教育者之间，是一单纯的师生关系，仅仅是一种社会关系。而家庭教育中的教育者和受教育者的关系，是天然的血缘关系，不仅表现为社会关系，而且表现为自然关系。

在幼儿园教育中，教育者与受教育者之间的教育与受教育的关系，是人为地形成的。教师是由国家或者教育行政部门委派的，教育幼儿是国家和社会交给教师的一种社会工作。教育教学任务完成以后，双方的社会地位和角色都随之发生变化，而且双方是要"离异"的。而在家庭教育中，教育者与受教育者之间的教育与受教育的关系，则是自然而然地形成的。父母是子女天然的教育者，从做父母的那一天起，教育子女的义务就自然地落在肩上，是不可推卸的。

（二）教育环境的不同

幼儿园为教育工作而设，是专事教育工作的机构，是培养人的专门场所。幼儿园的一切设施专为进行教育工作而设，幼儿园里的所有成员都是为从事教育工作和接受教育而集中在一起，从而结合成"幼儿园"这样一个社会团体，幼儿园的一切活动都是从培养人、成就人出发，服从于教育工作，并为培养人服务。应该说，幼儿园作为专门的育人环境，是有利于孩子的身心发展的。

家庭虽然有教育的职能，但家庭不是专门从事教育工作、培养人的社会团体。教育只是其职能之一，并不是唯一的职能。家庭同幼儿园相比，虽然结构简单，规模小，成员数目也少得多，但是家庭不像幼儿园那样是一个专门性的社会团体，而是一个综合性的社会实体，它具有多种功能。家庭环境主要是生活环境，其中一些因素可能会妨碍孩子的发展。

（三）教育者自身的条件不同

幼儿园的教育者——教师，一般都是接受过系统的教育专业培训，具有一定的教育工作能力的专职教育工作者，他们的唯一任务和全部工作就是教育幼儿。而从事家庭教育工作的教育者——家长，一般都没有接受过系统的教育专业培训，缺乏教育理论修养和知识，对教育工作不太熟悉。家长也非专职的教育工作者，他们不可能将全部时间和精力都放在子女的教育工作上。

（四）教育内容不同

幼儿园教育的教育内容，是由国家教育机关根据一定的培养目标，按照幼儿园的性质、任务，以及幼儿的特点来确定的，有相对稳定性和系统性，一般不能随意更换。教师要按照《3—6岁儿童学习与发展指南》进行教育教学工作。而家庭教育则一般没有什么固定的内容，常常是家长认为需要什么就教什么，遇到什么事就教什么内容，没有系统性，比较灵活机动。家庭教育多是侧重于思想品德、行为规范方面的教育和训练，培养孩子的社会生活适应能力和自立能力。

（五）教育目标不同

幼儿园教育目标是由国家确定的，幼儿园必须像对待法律那样，坚决照办，努力去实现。而家庭教育的目标在很大程度上取决于家长，特别是受父母的经历、思想觉悟、文化素养、职业、教育观、志趣和爱好的影响。

（六）教育途径不同

幼儿园教育的基本途径是教育活动，其中游戏是其基本方式，集体教学在其中占重要地位，是一种有较为严密的计划的教育。家庭教育一般是一种随机教育，是在日常的家庭生活中进行，主要是通过家长的言传身教进行，它的教育方式一般都是面对面的个别教育。

（七）教育方法不同

幼儿园教育通过提问、练习等方法让幼儿掌握知识，形成技能，发展智力；通过说服、榜样、奖惩等方法培养品德，训练行为，养成良好习惯。而家庭教育主要通过家庭环境、家长言行等来培养孩子为人处世的能力，塑造其个性。在家庭教育中家长比较随意地进行教育，时有责骂、体罚，而幼儿园教育则严禁教师体罚、责骂幼儿。

对家庭教育特点的了解和掌握，不仅使我们认识到家庭教育的重要作用，而且有利于在家庭教育实践中扬长避短，从客观规律出发，发挥家庭教育的特殊作用。

四、幼儿家庭教育的目的

（一）幼儿家庭教育的一般目的

家庭教育目的的实质是把孩子培养成为什么样的人的问题。它是家庭教育的出发点和归宿。

罗素提出：教育要使儿童过美好的生活！

将罗素的观点引申到家庭教育中，我们可以提出这样的主张：家庭教育要使孩子过美好的生活。这种美好的生活，既是指现在的生活，又是指将来的生活。

现实中，我们许多家长时常忘记家庭教育的这一根本目的，将家庭教育视为"让孩子成才""让孩子学本领""让孩子掌握某种特长""让孩子赢在起跑线上"——为了让孩子多学本领，而不顾孩子是否快乐，也不管其与孩子今后的幸福是否有关。这种学习虽然能让孩子获得不少知识技能，但它对孩子的成长，对孩子当前和将来的生活幸福，不仅没有帮助，还有可能成为一种障碍。

案例4-1　成也母亲，败也母亲！

2005年5月16日，中央电视台一套晚间精品栏目《新闻调查》中，讲述了一个"神童的成长"的故事。这个故事说的是湖南省华容县一个叫魏永康的"神童"。他两岁时就能识2000多个字，3岁时进入小学接受学校教育。由于学习成绩一直远远优于同龄学生而不断"跳级"，13岁时他以优异的成绩考入湖南省重点大学——湘潭大学，17岁时又以优异的成绩考入中科院，成为核物理专业的硕士研究生。一时间，魏永康以非凡的学习能力在整个华容县乃至整个湖南省成为人们竞相传颂的"神童"。

可是好景不长，仅仅过了两年时间，魏永康就因无法适应学习而从中科院退学，赋闲在家。为此，中央电视台《新闻调查》栏目组，对

"神童疯长"的经历做了较为全面的追踪调查，其学习经历是从小学到大学都由母亲"陪读"，在中科院时离开了母亲的"陪读"。在结束采访时，面对眼前这位神情痴呆、语言木讷、情绪低落、曾经名噪一时的"神童"，记者意味深长地感叹道：成也母亲，败也母亲！

孩子的成长，重点不在于成才——掌握各种知识技能，而在于"成人"，成为能融入社会，能创造和享受各种社会活动快乐的一个正常的人。过度追逐成才，而忽视了"成人"教育，孩子的成长注定是畸形的，孩子不知道如何生活，会导致整个人都废掉。过度追逐成才的教育，虽然可能会让孩子成为某方面的专才，但由于孩子没有成为一个真正意义上的人，那么，他所谓的才能也就无法得到发挥，无法过上富有幸福感的生活；他的存在对自己和社会都没有什么积极的意义。这对孩子而言是一个悲剧，对社会而言也是一个悲剧。

家庭教育的重点在于让孩子成人。一个孩子从家长那里如果学会了勤劳善良、自强不息、坚忍不拔、好学博爱、以礼待人、诚实守信、认真做事，那么，即使他的才能不多，才能不突出，将来也一定会生活得非常充实与幸福，甚至大有作为。才的不足可以由德来弥补，而德的不足是无法由才来弥补的。

（二）国外家庭教育的目的

1. 日本家长对孩子的期望

中国家长一般希望孩子好好学习，考上好大学，而大多数日本家长希望把自己的子女培养成这样的孩子：第一，体贴他人；第二，忍耐力强；第三，有干劲；第四，有创造力；第五，有智慧。

2. 国外家庭教育的重点

英国："给孩子失败的机会。"孩子做某件事失败了，英国人的观念不是索性不让孩子去做或家长干脆包办代替，而是再提供一次机会。比如，让孩子洗碗时孩子将衣服浸湿了，就指导孩子再来一次，教会他避免失败的方法。

加拿大:"让孩子学会玩。"在家里孩子们很少有家庭作业,没有父母关于学习的喋喋不休,他们注重的是让孩子能整天轻轻松松地做游戏、玩玩具,在玩中学到书本上学不到的知识。

德国:"让孩子与大人争辩。"德国人以为"两代之间的争辩,对于下一代来说,是走向成人之路的重要一步。"因此,他们鼓励孩子就某件事与父母争辩,自由发表自己的意见。通过争辩使孩子觉得父母讲正义、讲道理,他会打心眼里更加爱你、信赖你、尊重你。你要孩子做的事,他通过争辩弄明白了,会心悦诚服地去做。你有难题,孩子参与争辩,也能启发你。

日本:"让孩子独立自主。"为了增强孩子的生活自理观念,日本家长会有意识地让孩子学会判断是非,做出选择,如去商店购买玩具,家长事先会定出一个金额,让孩子自行决定买什么;家里准备外出旅游,也会征求一下孩子的看法。日本孩子到了初中后,大部分衣服他们自己能够独立地上街购买,而且会货比三家,精打细算。

(三)理想中的孩子应该怎么样

我理想中的孩子,重点不在于他有什么知识和技能,而在于他有良好的心理素质。我理想中的孩子应该具备如下心理素质:

1. 积极乐观的心态

幼儿期的孩子应该具有阳光、热情、乐观、积极、开朗的品性。

案例4-2 享受第二名

有一个小男孩,一次长跑比赛回到家里,父亲看到他很高兴,就问:"你是不是得了第一名?"他回答说:"没有呀,我得了第二名。"为此,父亲感到很奇怪,然后又问:"得了第二名,为什么你还这么高兴?"你知道小男孩怎么说吗?他说:"爸爸,你知道吗,那个第一名不知道被我追得多惨!"这就是那个小男孩的心态。

决定你是否快乐的，不是你的处境，而是你的心态。我希望我们的孩子都能像案例中这个小男孩一样乐观地看待自己的处境，接受并享受自己的处境，享受比赛的过程，享受做事的过程，享受人生的过程，而不太在乎结果。

为了培养孩子阳光的心态，我们应该从小就教会孩子发自内心地说"知心姐姐"卢勤的三句话。

第一句话："太好了！"

第二句话："我能行！"

第三句话："你有困难吗？我来帮助你。"

在培养孩子的乐观心态方面，除了说服教育外，更重要的是父母的言传身教，父母要为孩子做个乐观处事的榜样。

2. 温暖的特质

我们的孩子应该具有温暖的特质，他们能关怀、尊重他人，懂得感恩与分享，具有同情心与慈悲心等。我们的孩子具有了这些温暖的特质，虽然他们将来可能没有很高的学历，但他们绝对不会害人，害社会；他们可能没有高收入的工作，但他们仍然可以让父母享有幸福的晚年。

案例4-3 日本幼儿园教育的重点

日本幼儿园的孩子们没有课本，只有每月一册的绘本。在学校的教学计划中完全没有数学、绘画、音乐这些项目，更别说英语、奥数了。学习的重点居然是"教孩子们学会笑眯眯和说谢谢"。

我觉得日本人抓幼儿园教育的重点抓得很准："笑眯眯"——让孩子有乐观的心态；"说谢谢"——让孩子拥有感恩之心。幼儿期能够让孩子发自内心地"笑眯眯"和"说谢谢"已经足够了——虽然孩子可能没有多少知识技能上的收获，但这种乐观心态和感恩心理将会让孩子终生受用。

要想让孩子具有温暖的特质，父母首先应该具有温暖的特质——平时，父母就应该充满温暖地对待别人，特别是充满温暖地对待长辈，给孩子树立一个温暖的榜样。

3. 勇敢地面对一切

我们要努力地让我们的孩子从小就有一种"迎着风雨去战斗"的精神和气魄——无论碰到什么困难都要勇于面对，决不逃避，如：天气冷了，不是消极地增加衣服或者关起门来开空调，而是积极地迎接大自然的挑战——外出活动身心，提高身体的御寒能力——这不仅提高了身体素质，也提高了意志品质等；小伙伴之间有了冲突，不是消极地走开，或者默默地流泪，而是学会据理力争，善于、敢于维护自己的权益。

案例4-4 中国爸爸与美国妈妈

我国香港地区拍了一部电影叫《美国妈妈》，其实这位"美国妈妈"是一位地道的中国母亲，只是为了孩子的成长，忍痛夫妻分居，孤身一人带儿子杰克从香港到美国谋生存。由于是外国人，杰克在学校经常被其他美国孩子欺负，"美国妈妈"便让儿子告诉他的同学，他的爸爸是中国的"超人"，非常厉害，杰克渐渐树立了信心。但当杰克文质彬彬的爸爸一出现立即就粉碎了"中国超人"的形象，美国孩子又开始挑衅杰克，抢走了他最心爱的唱片。杰克和他们打了起来。

"中国爸爸"提起儿子就回了家，对儿子的行为十分惊诧："你怎么能和别人打架啊？一盒唱片才值多少钱，人受伤了怎么办？"

"美国妈妈"却连眼皮都没有抬一下就对杰克说："自己的事情自己解决。"过了一会儿，杰克举着唱片回来了，他的衣服上滴着泥水，但脸上是胜利的笑容。

"中国爸爸"自己懦弱，还想将"懦弱"传给自己的孩子；"美国妈妈"自己勇敢，又将勇敢传给了自己的孩子。

因此，要想孩子勇敢，家长自己首先要勇敢。

案例4-5　一位将军教育孩子的方式

据说，一位将军的小儿子每次跟人打架后，将军的第一句话常常是问："你是欺负别人还是被别人欺负？"如果是儿子欺负他人，将军就会当场揍儿子。之后，将军还会拎着儿子的耳朵，亲自上门给人家道歉。

当然了，如果是儿子被别人欺负了，将军会补问儿子一句："你还手没有？"如果儿子没有还手，也会挨将军的揍。

我很欣赏这位将军的教子方式。在这样的教育方式下不会出现两种人：狂徒和懦夫。因为，这样潜移默化的结果，会让人渐渐生出两颗心：无畏的心和敬畏的心。无畏，方能有所为；敬畏，才能始终有所不为。

案例4-6　教侄子还手的技巧

曾在某大报纸上看过一篇介绍中美教育观念差异的文章，其中有一段话给我留下了深刻的印象：美国小学教师如果发现某个孩子无端欺负了另一个小孩，对其处罚是让那个被欺负的孩子回敬两拳。这样使胆小的孩子学会自我保护，增强其自我保护意识；也可让强悍者学会尊重别人，对其任意欺负弱小者的心理优势泼一瓢冷水。

作为教育理论工作者，我很欣赏美国教师的这一做法。我觉得，孩子经常被别的小孩欺负，这不仅影响了他身体的健康发展，更为严重的是，经常被欺负会对孩子人格的健康发展产生持久的难以估量的消极影响。

今年春节期间，我回农村的老家过年，看到我的侄子经常被邻居家的一个小男孩欺负，那个小男孩没有我侄子个子高，却比我侄子胖。我的侄子经常被那个男孩追着打，所以他出门之前都首先要看看那个"猛男"在不在附近，然后才决定是否出去。我觉得，我侄子现在最值得关注的不是他的身体问题，而是他的心理问题。为了使侄子的心理尽快地回复到健康发展的轨道上来,我决定利用在家的几天时间教侄子一些"摔跤的技巧",经过深入浅出的讲解和不厌其烦的示范,侄子终于掌握了摔跤的一些基本要领和技巧。我一再告诉侄子,不要怕那个"猛男",在他来攻击你时,只要你按叔叔教的方法去做,你就能"战胜"他……

一试身手的机会终于来了。我在二十多米外看到,我侄子先是警告那个逐渐靠近他的"猛男"。在我侄子大声警告无效后,两个小孩终于扭打了起来,在扭打的过程中,我侄子使用了一些"绝招",连续几次把那个"猛男"放倒在地。

从此,那个"猛男"再也不敢和我侄子较量了。我侄子也由此而"挺直腰杆做人",连说话的声音都比原来大多了!我认为,对于我侄子而言,他的变化不仅仅是身体方面的变化,更重要的是心理上的变化!

4. 独立意识和能力

现在的孩子多是独生子女,得到过多的照顾,因此,他们缺乏独立的意识和能力。而独立意识和能力是现代人必须具备的。

案例4-7 我都快3岁半了

一次,一位幼儿教育工作者在美国一家幼儿园参观,见到一个小女孩系鞋带很费劲,就对她说:"我来帮你好吗?"想不到那个小女孩很不解地说:"你为什么要帮我呢?你知道我几岁了吗?"这位来自中国的幼儿教育工作者问她:"你几岁了?"小女孩坚定地说:"我都快3岁半了。"她独立的意识显得十分强烈,使这位中国的幼儿教育工作者深感吃惊。

案例4-8 9岁的打工仔

有一位到美国探亲的中国学者,遇到了这么一件令人深思的事情:有一天,他正在家中看报,突然,有人敲门,开门一看,原来是一个八九岁的女孩和一个五六岁的女孩。

大孩子非常沉着地对他说:"你们家需要保姆吗?我是来求职的。"

学者好奇地问:"你会做什么呢?年纪这么小……"

大孩子解释说:"我已经9岁了。而且我已经有了14个月的工作历史,请看我的工作记录单。我可以照看你的孩子,帮助他完成作业,和他一起游戏……"

大孩子观察到我没有聘用她的意思,又进一步说:'你可以试用我一个月,不收工钱。只需要你在我的工作记录单上签个字。它有助于我将来找工作。"

学者指着那个五六岁的孩子问:"她是谁?你还要照顾她吗?"

他听到的是更令人惊奇的回答:"她是我的妹妹。她也是来找工作的,她可以用小推车推你的孩子去散步,她的工作是免费的。……"

多么可爱的孩子啊!她们的家长也应该说是了不起的,敢于放手让孩子们出来闯天下。

培养孩子的独立意识和能力,首先需要家长改变观念,然后就是利用一切机会锻炼孩子。

5. 胆大,敢表达自己的愿望

案例4-9 巴学园毕业的小女孩

一个从巴学园毕业的小女孩,现在在一所普通学校读小学。一天她迟到了,于是和老师有了如下的对话:

老师:"你怎么可以这样?上学是不可以迟到的。"

女孩:"请你不要这样对我说话,我可以跟你到你的办公室去解决问题。"

老师:"那你坐下吧。"

女孩:"我明天可以不迟到。"

但是第二天,她又迟到了。敲门进入教室后,她立刻对老师说,"我跟你去你的办公室吧。"结果老师还是让她坐下了。从这之后,老师仍会对其他小朋友疾言厉色,却再未训过这个女孩。

还是这个小女孩,一次和妈妈去一所成人学校。妈妈在和熟人说话,而她想去卫生间了,于是自己去找,但是推错了门——这是一间正在上课的教室。她马上说:"哦,对不起,打扰了。不过,我想请问一下,卫生间在哪里?"

巴学园的这个小女孩,给我印象最深刻的是大胆,敢跟长辈表达自己的观点。我们就需要培养这样的孩子。我们的许多孩子被老师批评后多是灰溜溜的,就算自己觉得委屈,也只会懦弱地、默默地忍受——不管自己有理无理,他们都习惯于逆来顺受,在受到不公平待遇时,不善于也不敢于表达自己的诉求。

面对不公平、不合理,敢表达自己的诉求,是心理健康的表现,也是心理健康的前提。

案例4-10 拒绝马上接听爸爸的电话

父亲在下午准备放学时给正在玩游戏的5岁多的小明打来电话,老师告诉小明:"小明,你爸打电话找你。"

小明告诉老师:"老师,请你告诉我爸,我现在没有空,叫他过一会儿再打电话来。"

我很欣赏小明以平等的心态向家长表达自己的愿望和需求,不压抑自己。我们的孩子对父母或其他成人过多地服从,甚至是盲从,这绝对不是健康的表现。健康的孩子在与长辈交流时仍能与长辈保持一种平等的心态。

6. 良好的自控能力

案例4-11 两颗棉花糖

在实验中,研究员把一些4岁的小朋友一次一个地带到房间里,并分别拿一颗棉花糖给受测试的小朋友。受测者可以有两种选择：如果马上就吃，只能吃到一颗棉花糖；如果等研究员离开20分钟后回来时再吃，便可以吃两颗棉花糖。有些小朋友不等研究员离开，就把棉花糖吃了；有些小朋友忍耐了一阵子便"投降"了；而有些小朋友则是用尽各种方法去抗拒棉花糖对自己的诱惑，或是闭眼睡觉，或是哼歌，或头枕双臂自言自语，或是玩游戏，熬过20分钟，终于在研究员回来时如愿以偿地得到了两颗棉花糖。

实验并没有到此而结束。心理学家们继续跟踪研究参加了这项实验的孩子们，一直到他们高中毕业后。跟踪研究的结果显示：有些小朋友到了青少年时期仍能为了等待更好的机遇而坚持努力，他们具有一种为了更大的、更远的目标而暂时牺牲眼前利益的能力，即自控能力；那些当年能忍受棉花糖的诱惑的小朋友，长大后多半较受人欢迎，较能适应环境，富有竞争性，自信，值得信赖。而被棉花糖的诱惑征服的小朋友，长大后显得较孤单、固执，比较爱慕虚荣或优柔寡断，当有欲望的时候他们无法控制自己，一定要马上得到满足，否则就无法静下心来继续做事情，因而较易受挫折，不敢面对挑战。可想而知，能等待的那些孩子在学业和事业上成功的概率要远远高于不能等待的孩子。

在对孩子进行教育的过程中，我们要注意对孩子进行意志力，特别是自控能力的培养。而相关的研究表明，现在的孩子，特别是那些独生子女，自控能力差是制约其心理健康发展和学业发展的一个十分重要的因素。现在许多家庭的条件都比较好，家里对孩子各方面的照顾都很周到，孩子的个人欲望空前地膨胀，孩子的欲望——不管合理还是不合理，总能得到最大限度的满足，结果孩子的自控能力就越来越差，一点点不如意的事情或难受都不能忍耐，这不能不引起我们家长的警醒——没有自控能力的孩子，他们将来能做什么？！

那么，我们应该如何加强对孩子自控能力的培养呢？

（1）对孩子的欲望要适当地采取延迟满足。

如，有的家长这样做：当孩子想买一样东西时，家长有时有意识地往后推一周才满足他的要求，通过日常生活培养孩子克制自己的能力。还有一位优秀家长做得更细致。她带孩子上街的时候，孩子提出天热想买冰激凌吃。母亲对于这个合理的要求，并不轻易满足，而是建议走到下一个街口再买。因为对于一个幼小的孩子来说，能克制自己想吃冰激凌的欲望，走完这一段路，就是一种很好的自控能力的锻炼。孩子良好的自控能力不可能一下子就形成，因此，家长千万不要操之过急，在培养孩子自控能力的过程中，要根据孩子的不同水平提出要求，务必循序渐进。同时，在等待的过程中，还要教会孩子一些等待的方法，如，通过游戏或其他有趣的活动来打发等待过程中的难熬时光。另外，对孩子微小的进步要及时地表扬和肯定。

（2）在日常生活中训练孩子的自控能力。

比如，何时起床，何时就餐，何时到幼儿园，对此都应有要求和规矩。在这种规范的约束下，孩子就会有意识地克服自己的惰性，努力实现目标。然后，由这些日常小事扩大到社会道德、社会责任感的强化。又如，平时有意识地让孩子装配和修理一些日常用具，学做一些不太简单的菜，动脑筋玩一些比较复杂的智力游戏等，这些都有利于培养孩子的自控能力。再如，有一位母亲这样来训练孩子的自控能力。她每天接上孩子都要经过一小片葡萄园，面对举手可摘的葡萄，孩子想摘下一串，但母亲不为所动，并晓以利害。有一天，母亲故意隐藏在暗处，想考验一下孩子独自一个人时的反应，发现孩子经过此地时仍如从前一样不为葡萄所诱。坚持这种抗诱惑的训练，孩子的道德水准和自控能力就会明显增强。

（3）对孩子不要溺爱。

溺爱，只能使孩子变得任性、自私、意志薄弱，不善于克制自己。在这方面，成人的态度要统一，对孩子的要求要前后一致，该坚持的就要坚持，不管孩子如何哭闹，都不要迁就其不合理的要求。同时，我们应帮助孩子进行行为识别，让其知道：有些事能做，有些事不能做；有些行为对自己有利，对别人有害，有些行为对自己可能有害，但对别人有好处；在一定的场合有些话可以说，但换了地方有些话就不能说。通过生活中一些可感可知的事例，引导孩子进行简单的判断和分析，促使其提高对美丑善恶的认识。然后，再不断地进行"知其所以然"的启迪，让孩子知道要这样做而不那样做的道理。这样教育时间长了，孩子心中的道德"天平"也就逐渐地形成了，他们就不会任由自己的性子去行事，在行动之前会有所考虑，有所节制。

（4）家长要做孩子的表率。

想要培养孩子的自控能力，家长必须先善于控制自己，要为孩子做出表率。比如，家长在孩子面前不要放任自己，随便发脾气，不要只顾玩，不顾工作、不顾家，否则，出现言传和身教之间的矛盾，就很难培养出孩子的自控能力。

总之，孩子的自控能力，是在我们的言传身教中，在孩子参与的相关活动中逐渐形成的，因此，我们在注意对孩子进行言传身教的同时，还要注意创造机会，让孩子的自控能力得到锻炼和发展。

善于自制，将会使孩子终生受益！

五、幼儿家庭教育的任务和内容

家庭教育的任务和内容主要由健康教育、认知教育、品行教育和审美教育等部分构成，在各个不同的方面和不同的年龄阶段，家庭教育的具体任务和基本要求也不同。

幼儿期家庭健康教育的主要任务和内容是：教给孩子一些简单的生活常识和卫生常识，培养孩子良好的生活习惯和卫生习惯，激发孩子参加体育活动的兴趣和愿望，培养孩子独立生活的能力和自我保护的能力，促进孩子身心的健康发展。

幼儿期家庭品行教育的主要任务和内容是：培养孩子良好的品德，塑造孩子文明的行为，培养孩子积极的情感，提高孩子社会交往的能力，形成孩子活泼开朗的性格。

幼儿期家庭认知教育的主要任务和内容是：丰富孩子的知识经验，激发孩子的学习兴趣，培养孩子的动手、动口、动脑习惯，让孩子体验到智力活动的快乐，培养孩子的好奇心，促进孩子智力的发展。

幼儿期家庭审美教育的主要任务和内容是：引导孩子感受美，启发孩子表现美，鼓励孩子创造美，塑造孩子美的心灵，学会过一种"有情趣的生活""美的生活"。

家庭教育在"成人"教育方面承担着特殊的使命。家庭教育是一种根的教育，要为孩子的一生发展奠定良好的基础。家庭教育不能教错孩子，因为"教错"比"不教"的后果更为严重。

案例4-12 出乎常人思维的琴师广告

有一位琴师贴出一张招生广告说："未学过琴的，学费1元；已经学过的，学费2元。"这张广告使许多人感到不解，按照常理，学过琴的已经懂得一点，教起来相对容易，学费也应当便宜些，怎么比没学过琴的还贵呢？后来这些话被琴师知道了。他就对他的朋友说："你们哪里知道。未曾学过琴的，不过是不会弹琴罢了。至于已经学过琴的，不但不会弹琴，而且有了病根。我现在要教好他，得先把他的病根除去才行。既要除去他的病根，又要教好他，比教未学过的已经多了一层困难。所以学费也应当贵一倍。"

英国教育家洛克很早就提到过，家庭教育一定要慎重又慎重，不可以掉以轻心。他说："教育上的错误和配错了药一样，第一次弄错了，决不能指望用第二次和第三次去补救，它们的影响是终生清洗不掉的。"法国教育家卢梭也曾说过："误用光阴比虚掷光阴的损失更大，教育错了的儿童比未受教育的儿童离智慧更远。"

第二节 幼儿家庭教育原则

家庭教育原则就是家庭教育过程中必须遵守的基本要求。幼儿家庭教育过程中必须遵守的原则有：一致性原则、示范性原则、因材施教原则、尊重性原则、严爱有度原则、成长性原则、家园协调配合原则。坚持这些原则，家庭教育就有可能取得预期的效果，否则，就很难取得预期的效果。

一、一致性原则

（一）一致性原则的含义

一致性原则是指从事家庭教育的各种力量在态度、要求、内容和方法上力求一致，以求在对孩子的影响方面形成合力，进而更加有效地促进孩子的健康成长。家庭教育的一致性包含两个方面：其一是指在家庭中长辈对孩子进行教育时，在目标、任务、内容、态度、原则和方法等方面要有一致的认识，并且采取一致的态度、要求和做法；其二是指家庭教育、幼儿园教育和社会教育协同一致、相互补充、相互促进。

坚持一致性原则，有利于整合幼儿家庭教育的各方力量形成教育合力，进而提高教育效率，否则，各种教育力量会相互矛盾，相互抵消教育效果，家庭教育不仅不可能取得预期的效果，还会导致孩子认知上不同观念的冲突和行为上的无所适从，甚至会导致孩子形成见风使舵、阳奉阴违的分裂型人格。

（二）贯彻一致性原则的基本要求

在家庭教育的过程中贯彻一致性原则，我们应该注意如下六点要求：

1. 家园教育要一致

案例4-13　"都是自家人，别给我来这一套！"

某日，幼儿园的教育活动中有一项内容是文明礼貌用语的学习，课后老师要求孩子们以后要经常使用文明礼貌用语。小丁丁很听老师的话，一回到家里就能够利用一切机会把当天所学的文明礼貌用语用上：看见上班回来的爸爸妈妈他会说"您好""爸爸／妈妈您辛苦了"；早上起来会说"爸爸／妈妈早上好"；爸爸妈妈夹菜给他，他会说"谢谢您！"……

可是，小丁丁的这些积极行动不仅没有得到家人的积极回应（比如表扬他懂礼貌，或者以相应的文明礼貌用语回应他），而且他爸爸对他这种"客气"和"懂礼貌"感到很不自在。在忍无可忍的情况下，爸爸脸色难看地对小丁丁说："都是自家人，别给我来这一套！"

从此，小丁丁的文明礼貌语言再也没有在家里出现过。

父亲的教育与幼儿园教育的不一致，导致幼儿园文明礼貌教育的失败。因此，在孩子教育方面，家庭应该与幼儿园保持一致。

2. 家人对孩子的教育要求要一致

许多孩子在爷爷奶奶、外公外婆或者慈祥的母亲面前常以哭闹来"威胁"，进而达到目的；而在严肃的父亲面前，却变得十分乖巧，从不敢尝试以哭闹来达到目的。孩子的哭闹、任性为什么会出现这种选择性呢？这是由孩子从小在不同的人面前哭闹，得到不同的回应所致。孩子从小在爷爷奶奶、外公外婆或者慈祥的母亲面前，只要一哭闹，想要什么，肯定就能得到什么——这是对孩子哭闹、任性行为的一种强化；而在严肃的父亲面前，以哭闹相"威胁"，不但得不到想要的东西，反而会遭到父亲的责骂甚至有时被痛打一顿——这是对孩子哭闹、任性行为的一种惩罚。因此，要杜绝孩子的任性行为，家长在认识和行为上必须保持高度的一致。

案例4-14 爱发脾气的宁宁

宁宁爱发脾气。一天,她又发脾气了,一脚把小椅子踢翻了。妈妈让她扶起小椅子,宁宁不干,妈妈就嚷她,她就大声哭。爸爸听见了就从书房里出来,明白是怎么回事以后,就对宁宁的妈妈说:"不就是一把小椅子吗?!顺手扶起来就得了,至于让孩子哭成这样吗?!"说完就去哄宁宁……

妈妈想改变宁宁,但有如此纵容宁宁的爸爸,妈妈的教育是无效的,宁宁将永远任性下去。

如果家人在孩子的教育方面没有取得一致态度和意见,那么相互矛盾的教育也会在无形中削弱甚至抵消教育的效果。

案例4-15 祖辈与父辈意见不一

星期五傍晚,当妈妈去接女儿娟子时,娟子高兴地说:"妈妈,告诉你一个好消息,星期一,我们班的小朋友要表演节目,老师要我穿这双红色的长筒袜子。"她边说边指着自己脚上的袜子。回到家以后,妈妈对娟子说:"你要把这双袜子脱下来洗一洗,这样星期一就能穿上干净的袜子了。"

娟子请求妈妈代她洗一洗,妈妈说:"不行,我们俩一人洗一只。"娟子哀求道:"我不会洗。"妈妈说:"你照着我的样子洗,我怎么做,你也怎么做。"正当母女俩开心地洗袜子时,爸爸下班回来了,他惊喜地说道:"哟,我们的女儿真能干,会自己洗袜子了。"可是,外婆买菜回来时心痛地说道:"这么大点的孩子,却叫她洗那么长的袜子,真是懒妈养了个勤快女儿!"

外婆的心痛言语让母女俩洗袜子的开心劲儿荡然无存,同时,让娟子觉得妈妈让自己洗袜子是为了偷懒,因此,她可能以后不会自己洗袜子了。

3. 教育应该前后一致

案例4-16 约定好

在美国纽约街头的一家商场里,有这样一幕场景:一位妈妈提着手袋,静静地站在一旁,而她4岁多的儿子,正坐在地上号啕大哭。那哭声听起来让人不忍,四周的行人似乎都觉得这位妈妈是个铁石心肠的人,太缺乏对孩子的爱心。犹豫良久,有个行人终于走上前去,和这位妈妈聊起来。"他就是想要那辆遥控车。"这位妈妈说,"在出门时,我们已经约定好了,不会再买遥控车了。可是他不遵守协议。"行人说:"可是他毕竟是个孩子呀!"行人不理解这位妈妈的做法,"他那么小,哭得那么可怜……""无论怎么样,"妈妈斩钉截铁地说,"他必须遵守诺言,这是不能商量的。"听了这位妈妈的话,行人只好哑口无言地走开。

又过了一会儿,孩子终于哭闹累了,老老实实地走到妈妈身边,和妈妈一起离开。

案例中的妈妈不管孩子如何哭闹,不管行人如何劝导,仍然坚持自己的决定。这不仅阻止了孩子一时的任性行为——相信这孩子今后在妈妈面前也不会轻易地任性,还让孩子由此学会了遵守诺言。我们应该为这位妈妈点赞。

我们的教育就该如此,对于正确的我们就要无条件地坚持,这样才能取得预期的效果,否则会前功尽弃。

案例4-17 ……,只好……

小牛吵着要糖果,妈妈不给,小牛张口大哭,没想到这时有客人来访,母亲看在客人的"面子"上,只好给他。

又一次小牛又想吃糖果,妈妈照样不给,他又拿出看家本领——大哭起来。但这次没有客人，妈妈狠起心肠硬撑，说不给就是不给。小牛无可奈何，哭久了，非常不舒服，沙哑的声音连自己听起来也讨厌，只好算了。

再一次，小牛又想吃糖果，妈妈还是不给。小牛再度使出法宝——放声大哭，巧的是，这时电话铃声大作，妈妈怕听电话时太吵，只好拿了一颗糖给小牛。

爸爸正在看电视新闻，小牛哭着要买零食，为了让爸爸能安静地看新闻，妈妈只好给他10元钱去买……

……

通过一系列的"学习"，小牛知道在"客人来时""妈妈打电话时""爸爸看电视新闻时"……，哭闹是"有效果的"，因此，他总是不断地抓住机会，轻而易举地达到自己的目的。

教育应该是有原则的，对于原则性的东西是不能让步的——在任何条件下都不应该让步。做父母的应该认识到，没有什么事比教育好孩子更重要。想清楚了这一点，为了教育好孩子，其他的所谓的"面子"可以不要，所谓的重要"工作"可以暂时不做……，只有无条件地、持之以恒地坚持我们应该坚持的原则，这样，孩子才能健康地成长。

4. 说的和做的一致

做父母的在孩子面前应做到：做不到的，就不要对孩子说。不然将会对孩子的发展产生消极的影响。比如，我们常听到一些父母这样威胁孩子："哭什么哭，再哭，我就打死你！""哭什么哭，再哭，我就不要你了！""你再乱动，我就打断你的腿！"……

如果孩子真的控制不了自己而情不自禁地再哭或再动……，你也不会打死他、不要他或者打断他的腿。实际上你也只是想吓唬吓唬孩子而已。但是，如果你经常说到而做不到，你在孩子面前教育的话语将会逐渐地失效。

案例4-18 妈妈"说的"和"做的"

一天,小虎的妈妈带小虎逛街,在过人行道时,恰好遇到了红灯。妈妈见两边没有车,便一把拉住小虎的手直往前冲。小虎不解地问:"妈妈,你不是告诉我不能闯红灯的吗?"妈妈却很不耐烦地说:"一会儿妈妈还有事,要赶时间,哪有时间浪费在这里。"

……

呜呼,如此说一套,做一套,这不仅会让相应的教育变得无效,而且会让孩子逐渐明了妈妈教育的虚伪性,这将导致妈妈对孩子更多方面的教育失效。

5. 家长的教育态度要一致

案例4-19 教育冲突

妈妈洗衣服时,不小心把水洒在儿子身上了。万万没有想到,儿子竟然骂妈妈:"笨蛋!""你瞎了狗眼!"

孩子如此无礼还了得?!

妈妈"啪啪"就给儿子两个耳光,可是站在旁边的奶奶一把把孙子拉到怀里,又是哭,又是吵。

妈妈一气之下跑到单位痛哭了一场。

如此的教育态度不一致,将会导致孩子是非不分,更为严重的是妈妈和奶奶的教育影响力都将消失。在家庭教育冲突中,哭是没有用的,重要的是让家人知道在教育孩子方面保持一致立场的重要性。

案例4-20 教育孩子阳奉阴违

孩子想吃巧克力,妈妈不同意,爸爸对孩子说:"你想吃,可以,但不要告诉妈妈,或者妈妈问起来,不要说你吃了。"

表面上看起来,爸爸是疼爱孩子,但他没有意识到,这种教育无意中在培养孩子阳奉阴违的不良习气。

我曾问过一个5岁的小男孩:"你在家最听谁的话?"他说:"谁的都不听。我爸爸一管我,我就去喊妈妈,爸爸就没有办法了;妈妈一管我,我就去找奶奶,妈妈就没有办法……"

父母对孩子的教育各持己见,孩子就不知道该听谁的教导。因此,在教育孩子方面,家长要坚持一致性原则,以取得预期的教育效果,促进孩子的健康发展。

6. 教育要求不应受教育者情绪的影响

案例4-21 妈妈最后只好投降了

晓勇:"妈妈,我要买一套新的儿童游泳衣。"

妈妈:"怎么了,不是已经有了吗?"

晓勇:"我不喜欢这套旧的了。"

妈妈:"好吧。"

晓勇:"那现在就去买。"

妈妈:"晓勇,妈妈好累了,明天再去买吧。"

晓勇:"不行,我现在就要买。"

妈妈:"晓勇,拜托了!今天我们已经出去好几次了,明天再去买,好吗?"

晓勇:"不,我现在就要!"

妈妈实在太累了,不停地向晓勇解释,晓勇则又哭又叫又踢。最后妈妈投降了,只好带晓勇出去,买了一套新的游泳衣。

妈妈本来是有原则的,但遗憾的是没有坚持到底。

案例4-22 先苦后甜

妈妈要上街买衣服,小静哭着要跟妈妈去,起初妈妈不同意,最后妈妈没有办法,气得打了她两个耳光后,同意她去……

类似的例子,我们在现实中还可以看到很多很多。这样的教育,虽然让孩子吃了一点"苦",但实质上还是在鼓励孩子通过哭闹来达到目的——很多时候,他们往往选择通过吃一点"苦"来达到对其更有诱惑力的目标。因此,这种"先苦后甜"式教育,对孩子的发展不仅没有积极作用,反而有消极作用。

案例4-23 下次不行喔

小丽在周末跟妈妈逛商店,妈妈跟姐姐在服装部选购衣服,小丽东窜西跑捉弄母亲。当妈妈叫她时,她偏偏躲起来。过了一段时间后,她要妈妈买玩具小熊给她,妈妈说:"不行,上次才买不久!这次你不可再吵!"可是这种斥责不管用,小丽要出最后一招,当众号啕大哭,在地上打滚不肯走,妈妈最后只得说:"好吧,只这一次,下次不行喔!"

一次次的"只这一次,下次不行喔",都意味着孩子无理取闹的成功,每一次成功,就会让孩子更加相信"哭闹"这一手段的威力和功用,家长在孩子面前也就永远成为教育的失败者。

在教育孩子的过程中,什么是该坚持的事情,家长心里一定要清楚。如果是该坚持的事情,就应该坚持到底——无论在什么时候、什么条件下都应该坚持。可坚持,也可不坚持的事情,就不要向孩子提出。一旦向孩子提出了要求,就应该坚持到底。这样,对孩子的成长有积极意义,对树立家长的教育威信也有好处。

二、示范性原则

（一）示范性原则的含义

示范性原则是指在家庭教育中，家长要坚持用自己的模范言行态度给孩子做出榜样，进而促进孩子身心的健康发展。

模仿是幼儿期孩子学习、成长的一个重要途径。幼儿期的孩子喜欢模仿，家长的许多言行、态度都会成为孩子有意无意的模仿对象。家长的良好榜样会对孩子产生一种潜移默化的影响，让孩子无意中，在无痛苦、无强迫的状态下，不知不觉地习得良好的言语行为和态度。

家长的榜样不仅是一种教育手段，还是有效进行教育的一个条件。古人云："其身正，不令而行；其身不正，虽令不行。"

（二）贯彻示范性原则的基本要求

在家庭教育的过程中贯彻示范性原则，我们应该在以下几个方面为孩子树立良好的榜样。

1. 做个讲诚信的家长

案例4-24 曾子杀猪

孔子有个学生叫曾子。有一次曾子的妻子要上街，儿子哭闹着非要跟着去不可，妻子就哄儿子说："你在家里等着，回来我给你杀猪炖肉吃。"儿子信以为真，就不再哭泣了。

妻子回来，见曾子正磨刀准备杀猪，赶忙阻拦说："你真的要杀猪给他吃呀？我是跟他说着玩呢！"曾子十分认真地说："对小孩怎么能欺骗呢？我们的一言一行对孩子都有影响，我们说的话不算数，孩子就不会再听我们的话。"他果真把猪杀了。

这是一个十分古老的故事，它警示我们：言必信，行必果。诚信是做人之本，诚信是民族强盛之本。社会主义核心价值观里就将"诚信"列为公民道德之一。在"诚信危机"的今天，诚信更要注重从家庭教育抓起，这其中最有效的办法就是父母为孩子树立一个诚实守信的榜样。

现实中，我们时常看到一些家长在孩子面前言而无信。

▲有时候喊孩子吃饭，孩子不听，妈妈便用物质诱导："乖宝宝，快来吃饭，吃饱了饭，妈妈给你买变形金刚。"等到孩子高高兴兴地去吃完饭后，妈妈总以"叫你吃饭是为了你好"为由，经常不兑现诺言。

▲有时候喊孩子睡觉，孩子不听，妈妈便用物质诱导："乖宝宝，快来睡觉，好好睡觉，妈妈明天给你……"可是，第二天妈妈又找到更好的理由不兑现诺言。

▲有一位妈妈是幼儿园家长委员会的成员，老师请她帮忙写几篇小文章用在家园联系栏上，她同意了。可是由于其他事务一直很忙，截稿前一天还不能完成这几篇文章。这时候，这位妈妈打电话给老师，告诉老师："不好意思，这几天我生病了，未能完成那几篇稿子。"她让老师找其他家长来写。而这时候，孩子就在身边，据孩子说，妈妈这段时间身体好好的，并没有生病。

……

有些父母对孩子、对社会会找出各种托词，赤裸裸地言而无信，这将让孩子因此学会"不守信用"和"撒谎"。

2. 做个具有社会公德的家长

父母应该严于律己，为孩子做遵守公德的好榜样。遵守公德，不仅仅是为了他人，为了社会，也是为了自己，并且它对教育下一代有积极的导向作用。如果父母不遵守社会公德，可能受害最大的不是社会，而是自己的核心利益——自己孩子的成长偏离了正常的社会轨道。

案例4-25 一个少年犯的回忆

一个少年因犯抢劫罪而进了少管所，这个少年回忆说：在他四五岁时，一次母亲带他去乘公交车。当时他的个头超过了"儿童购票线"，本来是应该买票的。可他的母亲用手按了一下他的头，少年便"机警"地屈着腿走了过去，售票员没有发现。下车后，他的母亲得意地说："下次带你坐车你还像今天这样！"看得出来，母亲很高兴，这个少年第一次有了占便宜的成功感，以后便总是想着如何从别人那里，或从社会上占小便宜、大便宜，后来觉得小偷小摸不过瘾，干脆结伙入室抢劫了。

材料4-1　请接棒！

我保证：

无论我在哪里，我都愿意遵守公共秩序，在任何场合都会遵守秩序排队办事；上下楼梯、电梯靠右边，过马路绝不闯红灯；开车礼让行人，不急按喇叭，对面来车不开远光灯；不大声说话，更不会说脏话；不随手扔垃圾，不随地吐痰，不在公共场所吸烟；遇事先冷静，不乱发脾气、不乱骂人；尊老爱幼，见面说声您好，带着微笑！

道德常常能弥补聪明的缺陷，然而，聪明却永远填补不了道德的空白。

如果您也愿意，请复制这条公益信息。2015年，提高国民素质从我做起，从您做起，从我们自己做起，从身边的点点滴滴做起。我们都是社会的一分子，马上行动从我做起！请接棒！

有一个网友将上述倡议通过QQ发给我，我看后毫不犹豫地将它转发给我的学生、同事、朋友和家人，甚至我认识的幼儿园老师和幼儿家长。

我认为，我们应该停止抱怨，讲社会公德应该从我做起，从我们的家长做起。

3. 做个有良好心理行为习惯的家长

孩子是我们的一面镜子，你怎么样，孩子可能就怎么样。

案例4-26　不许抠脚趾头

有这样一幅漫画：画面上是一对父子，父亲坐在椅子上，一只手抠着脚趾头，一只手指着儿子大骂："不许抠脚趾头！"儿子低着头不服气地抗议："那你为什么也在抠脚趾头？"

漫画的确好笑。它告诉我们，孩子的许多行为是有意无意地通过模仿跟家长学的。研究表明，孩子的许多不良行为与家长的行为有关，比如孩子偏食、孩子惧怕某个对象等。

材料4-2　心理问题传染

▲许多孩子偏食与父母，特别是与母亲偏食有关。一般来说，偏食的孩子在家不喜欢吃的食物，许多也是他母亲不喜欢吃的。在喂养孩子的过程中，家长总是有意无意地将自己的饮食习惯，甚至偏食习惯"传染"给孩子。如，母亲不喜欢吃牛肉，其家庭也就很少甚至根本不买这类食品，或者经常有意无意地在孩子面前表现出对该食品的厌恶情绪，久而久之，耳濡目染，孩子也就厌恶这种食品而形成偏食。

▲孩子害怕的对象与他亲近的人害怕的对象有密切的相关。比如，有的母亲在带孩子时，一见到老鼠、蟑螂就惊恐万分。孩子受到感染，以后见到老鼠、蟑螂，也同样会惊恐万分。

▲父母的神经质性格会传染给孩子。在生活中，有些父母胆小怕事，敏感多疑，生活得特别谨慎，处理问题小心翼翼，结果孩子就受了影响。

"别动，万一热水瓶倒下来怎么办？"

"要洗干净，万一洗不干净，吃了就会得病。"

"再去看一下门锁好了没有。万一没有锁好，小偷夜里钻进来可就麻烦了！"

"再检查一下煤气关好了没有，万一……"

"小心，别碰着……"

父母的多疑、敏感潜移默化地影响着孩子，使孩子也多疑、敏感、胆小。

▲孩子的暴力行为也是从父母那里学来的。习惯于用暴力惩罚的方式教育孩子，或用暴力方式解决家庭内部其他问题的，结果孩子往往也会用同样的方式对待周围的人和事。

▲父母说谎常常会助长孩子说谎行为的产生。比如，当父亲不愿意见的客人来访时，母亲便对来访的客人说谎："他爸不在家。"孩子年龄小，不理解在哪种情形下说谎是可以理解的。他只会想：父母可以说谎，我为什么不能？又如，孩子常看到妈妈从爸爸口袋里拿香烟和钱，这会使孩子不明白什么是"好的"偷窃，什么是"坏的"偷窃。这将使孩子从道德认识到道德行为都产生混乱，做出许多自以为是"好事"的坏事来。

▲孩子骂人的话往往就是跟家长学的。有位朋友路遇堵车，他往往不顾孩子在身边，就随意破口大骂。有一次，他两岁的儿子在车上突然就冒了一句粗话，这让他突然意识到自己平时不经意间对儿子的影响。从此，他再也不在堵车的时候骂人了，也就没有再听到儿子类似的话语。

▲浪费也是跟家长学的。在自助比萨餐厅，我经常看到有些带着孩子的家长明明吃不了那么多食物，可他偏偏要取很多盛在盘子里，最后剩下一大堆；更有甚者，有些家长带着孩子，只把比

> 萨的中间吃掉，而把比萨的边留下来。孩子看在眼里，记在心里，他不仅在外面这样做，回到家里也会这样做，对食物毫不怜惜。
> ……

当孩子出现心理行为问题时，父母应该认真地反思是否有自己的原因，如果有，就应该努力消除自己的心理行为问题，这样，孩子的问题才有可能得到矫治。

4. 做个具有良好态度的家长

家长对人对事的态度，也会潜移默化地影响孩子。因此，家长在孩子面前要特别注意自己的态度。

案例4-27 一定是妈妈打破的

晚饭后，母亲和女儿一块儿洗碗，父亲和儿子在客厅看电视。

突然，厨房里传来打破盘子的响声，然后一片沉寂。

儿子望着他父亲，说道："一定是妈妈打破的。"

"你怎么知道？"

"她没有骂人。"

家长如此责人以严，待己以宽，必定会潜移默化地影响孩子。如此对待他人的态度，定会让孩子今后很难与人相处。

案例4-28 你叔叔太不守信用了

家里的电视机坏了，妈妈请儿子的叔叔来帮忙修理。到了约定的时间，叔叔却打电话说有急事来不了了。妈妈挂断电话，对孩子抱怨："你叔叔太不守信用了！以后我们再也不找他帮忙了。"

家长平时面对挫折，不是积极地想办法解决问题，而是一味地责备和埋怨别人。这也将让孩子习得一种面对挫折怨天尤人的态度。

案例4-29 安慰一下姐姐

这件事情发生在澳大利亚一个岛上的度假村，那时我在那里担任翻译。有一天，我在大厅里，突然看见一个满脸歉意的工作人员，正在安慰一个大约4岁的小孩，饱受惊吓的小孩已经哭得筋疲力尽。问明原因后我才知道，原来那天小孩特别多，这个工作人员一时疏忽，在儿童的网球课完毕后少算了一个，将这个小孩留在了网球场。等她发现人数不对时，才赶快跑到网球场，将那个小孩带回来。小孩因为一个人在偏远的网球场受到惊吓，哭得十分伤心。不久小孩的妈妈来了，看见了自己哭得惨兮兮的小孩。

如果你是这个妈妈，你会怎么做？是痛骂那个工作人员一顿，还是直接向主管提出抗议，或是火冒三丈地将小孩带离，再也不参与该机构组织的"儿童俱乐部"了？

我亲眼看见那个妈妈，蹲下来安慰自己4岁的儿子，并且很理性地告诉他："已经没事了，那个姐姐因为找不到你而非常紧张，并且十分难受，她也不是故意的。现在你必须亲亲那个姐姐的脸颊，安慰她一下。"我看见那个4岁的小孩踮起脚尖，亲了亲蹲在他身旁的工作人员的脸颊，并且轻轻地告诉她："不要害怕，已经没事了。"

这样的妈妈太难得了！相信，她如此宽容、体贴定能培养出一个善解人意、宽容、体贴的孩子。

案例4-30 经济头脑训练

有位妈妈经常这样训练她的孩子：

"幼儿园的饭钱是妈妈交的，发东西的时候，你挑大个儿的。"

"在幼儿园你要多吃点，要不然，钱就白交了，我们就吃亏了。"

在孩子们自由活动时，这位妈妈经常带着孩子去质问老师："老师，我家孩子也交钱了,他为什么没得到那个玩具?"
……

如此对待自己交给幼儿园的学费,会让孩子习得"能占就占""能拿就拿""不会分享""怕吃亏"等与团体社会要求格格不入的另类品性。

5. 做个有爱心的家长

我认识一位小女孩,走在路上看到乞讨人员,总要从包里掏出零钱给他们。父母给她买回来的书,她读过以后,总是想办法寄给贫困山区的小朋友。原来,在她的成长过程中,她经常看到父母这样做。久而久之,就在她的脑子里形成了一个概念,这个世界上有许多弱势人群,他们需要帮助。因此,她做这一切就发自内心并且自然而然,无须任何说教,因为父母已经为她做出了最好的榜样。

案例4-31 爱心比金钱更重要

有段时间,约翰尼对中国的毛笔书法忽然产生了兴趣,天天求我教他写毛笔字。我自然不愿放过这个弘扬中国传统文化的机会,于是欣然答应。有一天下午我和玛丽带他到一家华人开的书店去买宣纸和毛笔,刚走到街头,就见到一位乞丐蹲在街角正对着约翰尼笑。约翰尼犹豫着掏出口袋里的钱,对妈妈说:"妈妈,我想把买笔的钱送给这位叔叔。"还没等玛丽说话,我连忙抓住他的小手说:"别这样,约翰尼,这些人都是骗子。"

约翰尼疑惑地望了我一眼,轻轻挣脱我的手,继续对母亲说:"妈妈……"还没等他说完,玛丽就微笑着鼓励道:"去吧,约翰尼,你让妈妈感到骄傲。"

望着孩子的背影,我忙将自己在国内的种种被骗经历告诉玛丽。玛丽一直很认真地听着我的话,等我说完了,只见她对我抱歉地一笑,说:"谢谢你的提醒,但我认为约翰尼的想法应该得到鼓励。正如你所说的那样,有很多乞丐好吃懒做,专门装出一副可怜相骗取大家的同情,可是,如果我们禁止约翰尼这样做,他就会错误地认为人与人之间是自私和冷漠无情的,毕竟,爱心比金钱更重要。"

我深信,玛丽肯定是位有爱心的母亲,要不然,她是培养不出像约翰尼这样富有爱心的孩子的。

6. 做个富有孝心的家长

案例4-32　为爸爸准备老了时使用的木盆

爷爷老了,吃饭时饭菜常从嘴里漏出来,儿子、儿媳便不让他上桌吃饭,只让他在火炉边吃。有一回爷爷不小心把碗摔碎了,儿媳破口大骂,说以后要改用大木盆给老人盛饭。有一天,夫妻俩看见儿子米沙在地上摆弄一堆小木片。父亲问米沙在做什么,米沙回答说:"爸爸,我正在做木盆呢,等你和妈妈老了的时候,我好用这只木盆给你们盛饭。"夫妻俩听后面面相觑,十分惭愧。

俄国文学家列夫·托尔斯泰说:"全部教育,或者说千分之九百九十九的教育都归结到榜样上,归结到父母自己的端正和完善上。"父母不孝,只能培养出不孝之子——到我们老时,儿子不孝,那很可能就是我们曾是个不孝之子惹的祸。

我们要培养出懂得孝顺的孩子,自己首先要做懂得孝顺的儿女。

……

苏霍姆林斯基曾说过:"父母自身的行为对孩子有重大影响。不要认为只有你们同孩子谈话、教导孩子、吩咐孩子的时候才是教育孩子。在你们生活中的每一瞬间甚至当你们不在家的时候,都是在教育孩子。你们怎样穿衣,怎样跟别人说话,怎样表示欢欣和不快,怎样对待朋友和仇敌,怎样笑,怎样读报……所有这一切,对孩子都有很大的教育意义。"因此,家长要在语言、态度、行为等方面,为孩子树立一个具有正能量的榜样,进而促进孩子的健康成长。

俗话说:言教不如身教。为了能够更好地促进孩子的健康发展,我们还可以想到许多倡议,如,"做个有良好心态的家长""做个有健康生活方式的家长""做个善于调控自己情绪的家长""做个负责任的家长""做个热情的家长",等等。父母对孩子的影响,主要表现在品行方面,因此,父母在品行方面要严格要求自己,努力做孩子学习的好榜样。

三、因材施教原则

(一)因材施教原则的含义

因材施教原则是指家庭教育要针对孩子的不同个性特点,采用和选择不同的教育方式方法,促使孩子有个性地发展。

每个孩子都有自己的特点,都有他的长处和短处,孩子的个体差异具有其天然的合理性。教育必须适合孩子的具体特点方能有效,否则,不仅无效,甚至还会阻碍孩子的发展。

(二)贯彻因材施教原则的基本要求

在家庭教育过程中贯彻因材施教原则,应该注意以下三点。

1. 尊重孩子的个性

案例4-33 让小兔子跑个痛快

小兔子学游泳的寓言:小兔子是奔跑冠军,可是不会游泳。大家都认为,这是小兔子的缺点。于是小兔子的父母、老师强制训练小兔子学游泳。但是小兔子耗了大半生的时间也没有学会,小兔子感到很困惑。智者猫头鹰说:"应该有一个地方让小兔子发挥它的奔跑特长。"

父母、老师对小兔子教育失败的原因主要有二:一是,只注重改正小兔子的缺点,不重视小兔子优点的发挥。二是,父母、老师不是依小兔子的天性而教育,而是逆其天性而教育。

案例4-34　动物学校

动物学校要招生啦！动物园里的动物们奔走相告，踊跃报名。泥鳅、松鼠、老鹰……有幸成为首期学员。学校开设了游泳、跳跃、跑步、飞行等课程。

开学第一天的第一堂课是游泳课。松鼠、老鹰首先遭遇尴尬，由于他们是"旱鸭子"，迟迟不敢下水，遭到了老师的训斥和嘲笑。而泥鳅在这堂课上出尽了风头，他以舒展自如的泳姿得到了老师的赞赏和同学们的喝彩。但接下来的课程训练让松鼠、老鹰扬眉吐气，跳跃是松鼠的强项，飞行是老鹰的看家本领，跑步项目对他俩来说更是不成问题。而这些训练让泥鳅吃尽了苦头，尤其是跳跃和飞行，是他的弱势项目。为了提高成绩，他把主要精力放在这两个项目上。一学期过去了，泥鳅被摔得伤痕累累，苦不堪言，虽然期间他想放弃这两个项目的训练，在游泳这个优势项目上得到进一步的发展，但碍于校方的规定和校长、教练的威严，打消了这个念头。

在期末的成绩汇报课上，泥鳅训练刻苦，跳跃、跑步虽有所长进，但也只得了"C"等，飞行最终没有学会。原本的优势项目——游泳，因为长期没有训练，泳技大不如前，由学期初的"A"等降到现在的"B"等。老鹰在飞行项目上以绝对优势得到了"A"等，但在跳跃与跑步项目上只得到了"B"等，游泳不及格。松鼠在飞行项目上得到了"B"等，跑步得"C"等，游泳没有通过，在跳跃项目上打破了动物界的最高纪录，但也只得到"B"等，因为他是在树顶上起跳，而没有按照学校规定在地上起跳。

学期结束公布成绩，普普通通的泥鳅同学，由于游泳还马马虎虎，跑、跳、爬成绩一般，也能飞一点，所以他的总成绩是班级里最高的。毕业典礼那天，他作为全体学员的唯一代表在大会上发言。

上述动物学校的教育故事，看起来很可笑，但是它真实地存在于我们人类的学校里。我们的孩子都成了毫无个性的所谓的全面发展的孩子。

而事实上，每个孩子都是独一无二的个体，他有自己与生俱来的特长、个性，如果把独具特性的孩子比作各种不同的小动物，那么这些小动物本该随其天性而成长。比如，兔子就应该让他学习跳跃，鸭子就应该让他学习游泳，鹰就应该学习在蓝天上飞翔；让兔子学习飞翔，让鸭子学习爬树，让鹰学习游泳，都是违反天性的事。人的精力是有限的，全面发展的结果，就是以牺牲孩子的兴趣、爱好和特长为代价。大家都没有去想过，兔子本来是没有必要学游泳的——或许有人会说，全面发展总是好的，要是遇到洪水，会游泳的兔子总还可以自救吧？问题是，遇到洪水应该是小概率事件，兔子却要为学习游泳而付出沉重的代价，并且它付出巨大努力而学会的那一点点游泳本领，在洪水真正到来的时候也是毫无用处的所谓的本领。很多高考状元为什么看起来没有特别突出的成就，原因是他的精力被过度分散了。在看名人回忆录中我们就会发现，许多响当当的名人，大都是果断发展自己特长的人。成人帮助不善于游泳的兔子学习游泳，这不是因材施教，而是浪费光阴！

英国社会学家霍布豪斯说："个性不是从外部塑造，而是从内部成长的；外部秩序的功能不是创造个性，而是为个性提供最合适的成长条件。"因材施教是一种个性化教育，个性化教育与其说是要塑造孩子的个性，不如说是尊重孩子的个性。个性化教育强调家庭教育不仅应当从孩子的个体差异出发因材施教，而且将保持和发展孩子的个体差异性作为家庭教育的根本目标。

遗传对孩子教育和发展的影响值得我们重视。我们可以对教育持乐观的态度，但不要乐观到不考虑遗传对孩子影响的程度。"丑小鸭"变成"白天鹅"，主要不是"丑小鸭"努力学习和家长努力的结果，而是"丑小鸭"的妈妈生了一个鹅蛋而不是鸭蛋。对于教育和遗传在孩子成长中的作用，我倾向于这样的认识："教育决定一个人发展的底板，遗传决定一个人发展的顶板。"遗传决定了孩子成长的潜能，在当前的科学技术水平下，教育是无法突破遗传给人的成长预设的许多上限的。

2. 发现并鼓励孩子的强项

案例4-35 小番茄树的苦恼

从前，有一棵很小的番茄树，安静而快乐地生长着。但是人们都告诉它，只要它努力，就可以长得大，结的果实会像西瓜一样大，像香瓜一样香，像苹果一样营养丰富。于是，小番茄很努力地吸取营养，很卖力地做体操，运动强身。然而，它的果实仍然只是小小的番茄。而且，最糟糕的是，它已经不再认为自己是一棵番茄树了，整天为结不出苹果而沮丧。

现在许多孩子就像这棵小番茄树一样，在大人的催促声中辛苦地成长着，最终却失去了自我。今天，社会各界都在大力倡导让孩子拥有一个快乐的童年。可是，一个连自己都不是的人，哪里还会有真正的快乐？

案例4-36 瓦拉赫的成功

奥托·瓦拉赫是诺贝尔化学奖获得者，他的成才过程极富传奇色彩。瓦拉赫在开始读中学时，父母为他选择的首先是一条文学之路，不料一个学期下来，老师为他写了这样的评语："瓦拉赫很用功，但过分拘泥。这样的人即使有着十分完善的品德，也绝不可能在文学上发挥出来。"因此，当时瓦拉赫的父母只好尊重老师的意见，然后根据瓦拉赫的意愿，让他改学油画。可是没过多久，瓦拉赫在画画方面的劣势又显现出来了——他既不善于构图，也不会润色，对艺术的理解力也不强，他的画画成绩在班上是倒数第一。学校的评语更是令人难以接受："瓦拉赫是绘画方面的不可造就之才。"面对如此"笨拙"的孩子，绝大部分老师认为他已成才无望，而只有化学老师认为他做事一丝不苟，具备做化学实验应有的品格,建议他试学化学。父母接受了化学老师的建议。这下,瓦拉赫的智慧火花一下子被点着了。文学艺术的"不可造就之才"一下子变成了公认的化学方面的"前程远大的高才生"。在同类学生中,他的化学成绩遥遥领先……

瓦拉赫的成功,给我们的教育启示有如下三点。

一是,每个孩子的智能发展都是不均衡的,都有各自智能的强项和弱项,如果孩子一旦找到自己智能的最强项,使智能潜力得到充分地发挥,便可取得惊人的成绩。

二是,有的孩子我们认为他"笨",可能仅仅是我们以其弱项给其贴的一种标签而已。我们之所以觉得孩子"笨",绝大多数都是因为我们只看到他们的弱项,而没有发现他们的强项,如果哪一天我们发现了他们的强项,那么,他们就会变成这方面"前程远大的高才生"。因此,不要因为孩子在某一方面是"不可造就之才",就将其整个人及其今后的发展全部否定了。

三是,家长应该了解并欣赏孩子的特长,让孩子因自己的特长而有成就感。对于孩子的教育而言,"长善救失"是有意义的,但是,"长善"比"救失"更重要。"扬长补短"是有意义的,但是,"扬长"比"补短"更重要。不要让孩子放弃自己的长项而长时间地、郁郁寡欢地补救自己的短处。让孩子充分发挥他的"特长"和"优势",以自己的特长发展带动自己的全面发展。

案例4-37 西邻教子

《西邻教子》中写道:"西邻有五子,一子朴,一子敏,一子盲,一子偻,一子跛,乃使朴者农,敏者贾,盲者卜,偻者绩,跛者纺,故五者皆不患饮食焉。"

意思就是:老大憨厚,吃苦耐劳,就让他学种地;老二精明能干,就让他学经商;老三是个盲人,就让他学算卦;老四是个驼背,就让他学织布；老五是个瘸子，就叫他学纺线，结果"西邻五子"都学到了谋生的本领，不愁吃穿，早早地过上了"小康的日子"。

3. 因材施教的日常检视

为了更好地促使孩子个性化地发展，在日常教育过程中，家长应该多从如下三个方面检视自己的教育观念和行为。

- 设想一下你的孩子改正了所有让你恼火的"缺点"：他整理自己的房间，挂好自己的外套，饭后主动刷洗碗筷，从不丢三落四……想一想，和你在一起的还会不会是原来那个孩子，他独特的个性是不是也已不复存在？
- 要意识到：如果孩子变成了你希望他成为的那种人，他是否已经失去了原来的自我？
- 列出孩子的优缺点清单，用一个优点抵消一个缺点，之后往单子上增加比缺点更多的优点。

好孩子是夸出来的，不是贬损出来的。家长的主要职责是发现孩子的优点，然后将其发扬光大。因此，我们主张将"能发现孩子的优点，并告诉他什么地方行"作为家长是否合格的一个基本标志。

四、尊重性原则

（一）尊重性原则的含义

尊重性原则就是指在家庭教育过程中，家长要尊重孩子的人格、隐私、意愿、成长规律，给孩子以人格尊严。

让孩子感受到被尊重，让孩子生活得有尊严，这对孩子心理的健康成长是有积极意义的。

（二）贯彻尊重性原则的基本要求

在家庭教育过程中，贯彻尊重性原则应该注意以下七个方面。

1. 尊重孩子的隐私

英国教育家洛克曾说过:"父母不宣扬子女的过错,则子女对自己的名誉就越看重,因而会更小心地维护别人对自己的好评。若父母当众宣布他们的过失,使他们无地自容,他们越觉得自己的名誉已受到打击,维护自己名誉的心思也就越淡薄。"因此,我们应该将孩子的过错当作孩子的隐私好好地珍藏。

案例4-38 妈妈惹得牛牛怒发冲冠

牛牛的妈妈在客厅里给牛牛的小姨打电话,电话中一直在抱怨牛牛尿床给自己带来的困扰:"牛牛都满两岁了,不知道为什么还尿床。一到阴天下雨,尿湿的被褥半天都晾不干,用烘干机烘干的裤子还有一股尿骚味儿……你说,我该拿这孩子怎么办?"牛牛的妈妈正说得起劲,一回头,忽然发现儿子牛牛正气鼓鼓地站在客厅门口,双手攥拳,怒发冲冠,小脸涨得通红。

妈妈心里"咯噔"一下:我是不是伤到孩子的自尊心了?

孩子的过错、短处和不光彩经历,都是孩子的隐私,家长不应该跟任何人透露,要让孩子在他人面前保住面子。

2. 尊重孩子的意愿

家长带孩子外出做客,主人若拿出食物给孩子,美国家长最忌讳提早代替孩子回答"不吃""不要"等,他们更不会在孩子表示出想吃的时候呵斥孩子。他们认为,孩子想要什么或是想看什么,本身并没有对与错,因为孩子有这个需要,任何人都没有理由来指责,只能根据情况适时适当地做出解释和说明,加以引导。

如果家长时常以自己的意愿来代替孩子的意愿,那么,孩子就会生活得很压抑、很无奈,就会逐渐地失去自主性,说话做事也就没有了主见,就会变成具有被动型人格的人——什么事都等着别人的安排,别人忘记给他安排了,他的时间就不知道如何打发了。因此,家长要尊重孩子的意愿，要多给孩子以自主的机会。

3. 让孩子以自己喜欢的方式做自己喜欢的事

案例4-39　强迫母鸡吃食

著名教育家陶行知做报告时，曾经把一只老母鸡带到了讲台上。虽然老母鸡已经3天没吃东西了，可当他抓住老母鸡的翅膀，强行把鸡嘴对准米粒，让鸡吃米时，老母鸡却执拗地把头一歪，奋力挣扎，一副宁死不屈的样子。可当陶行知放开母鸡，退后一步时，母鸡却迫不及待地吃起米来。

鸡喜欢吃米，但它不喜欢被别人"抓住翅膀""摁着头"吃。对孩子的教育也是如此，就算是孩子喜欢做的事，如果是以强迫的方式让孩子去做，也只能让孩子反感、抵触和反抗。

4. 尊重孩子成长的速度

牵一只蜗牛去散步

张文亮

上帝给我一个任务，
叫我牵一只蜗牛去散步。
我不能走太快，
蜗牛已经尽力爬，为何每次总是那么一点点？
我催它，我唬它，我责备它，
蜗牛用抱歉的眼光看着我，
仿佛说："人家已经尽力了嘛！"
我拉它，我扯它，甚至想踢它，
蜗牛受了伤，它流着汗，喘着气，往前爬……
真奇怪，为什么上帝叫我牵一只蜗牛去散步？
"上帝啊！为什么？"
天上一片安静。

"唉！也许上帝抓蜗牛去了！"

好吧！松手了！

反正上帝不管了，我还管什么？

让蜗牛往前爬，我在后面生闷气。

咦？我闻到花香，原来这边还有个花园，

我感到微风，原来夜里的微风这么温柔。

慢着！我听到鸟叫，我听到虫鸣。

我看到满天的星斗多亮丽！

咦？我以前怎么没有这般细腻的体会？

我忽然想起来了，莫非我错了？

是上帝叫一只蜗牛牵我去散步。

看了张文亮的诗《牵一只蜗牛去散步》，你有何感受？

我觉得，教育孩子就像牵着一只蜗牛在散步一样。如果你不尊重他成长的速度，你就会被他气个半死，你时常生闷气，你时常会有"恨铁不成钢"感觉，你的心情会很不好。如果你放慢速度，不是你拽着蜗牛往前走，而是你跟在它的后面，由它牵着你慢慢地往前走，那么，你就会闻到花香，听到鸟叫、虫鸣，看到满天星斗，心情会大好。

所以有人说，教育的秘密是"三分教，七分等"。如果家长没有耐心，如果家长不愿意等待，那些有活力的孩子很可能被视为"问题儿童"，而这实质上不是孩子有问题，而是家长的教育有问题。

5. 学会用尊重的语气与孩子说话

家长要学会用尊重的语气与孩子说话交流，而不要用指责的口气与孩子说话，要让他感受到家长对他的尊重。请看下列对话，你倾向于A家长的说话方式，还是B家长的说话方式？

A家长：你这么不负责任，总是把水龙头打开就忘记了关上。你想让我们家发大水呀。

B家长：小胖，澡盆里的水快要漫出来了。

A 家长：你怎么总是进来不把门关好，你想把我们冻死呀。
B 家长：小红，门还开着呢。

A 家长：我还得告诉你多少次，你才能记住用过厕所以后要把灯关掉？！
B 家长：厕所的灯还开着。

A 家长：现在就放下电话！
B 家长：小玲，我现在要打个电话。

A 家长：是谁喝了牛奶，就把瓶子放在这里不管了？
B 家长：宝宝，牛奶不放进冰箱里就会变质。

A 家长：看到你把苹果核放在床上，真让人觉得讨厌。你想像猪一样过日子呀？
B 家长：苹果核应放到垃圾袋里。

A 家长：要是你往墙上乱涂乱画，小心挨巴掌。
B 家长：墙不是用来写字的，纸才是用来写字画画的。

A 家长：你从来就不会帮我做点事。
B 家长：你现在要是能帮妈妈把碗筷摆好，可真是帮了妈妈一个大忙。

A 家长：别扯了，你真让人烦！
B 家长：我不喜欢别人拉我的衣袖。

A 家长：你怎么搞的，总是把纱门打开不关上。
B 家长：我不想让苍蝇飞进来叮在食物上。

A 家长：你太粗鲁，总是打断别人讲话。
B 家长：我觉得真扫兴，刚开头讲的话就被人打断了。

A 家长：你是什么意思，我非得带你去不可？！我不喜欢别人命令我，你这个孩子简直被惯坏了。
B 家长：我喜欢听的是："爸爸，我准备好了，你现在能带我去吗？"

A 家长几乎都是在用指责的口气和孩子说话，孩子听后内心肯定很不舒服；而 B 家长则是在用尊重、商量的口气和孩子说话，孩子听后没有多大的心理压力和压抑感，他能感受到家长对他的尊重。

6. 别拿自己孩子的短处来与别的孩子的长处比

案例4-40　你为什么要当我妈？

有一天，不知为了什么事，小虹开始对她妈妈大声嚷嚷，妈妈很生气，便说："你怎么啦？说话这么大声，哪像个女孩子？你看看人家雨珊，说话轻声细语的，多温柔呀？好好向人家学学！"听了这话，小虹非但没有向雨珊学习的意思，反而气愤地对妈妈说："她好，她乖，你当她妈妈去！你为什么要当我妈？"望着小虹稚嫩的脸蛋，听着女儿不服气的话语，小虹的妈妈愣住了。

拿自己孩子的缺点和别的孩子的优点比较，会让孩子的自尊心受到伤害，这样会让外向的孩子产生强烈的不满情绪，会让内向的孩子更加内向，更加自卑。

7. 别否认孩子的情绪体验

家长平时要尊重、认可孩子的情绪体验，不要否认孩子的情绪体验。因为情绪是自然产生的，个体的情绪带有一定的主观性，父母不能以自己的经验来否认孩子的情绪体验。不要跟孩子说："你应该喜欢你的小伙伴。""别的孩子在医院打针的时候都不像你这样。""你无权有那样的情绪感受。"等等。因为家长根据自己的价值判断而否定孩子的情绪体验时，就会不断传递给孩子一种信息：你的感受是不正确的！当孩子不断感受到外部的负面评价时，就会将这种外在的"社会参照"内化为自我评价，并开始不相信自己的体验，甚至最终会失去自我的感受和判断，转而依赖于他人的感受和判断。显然，这对孩子积极自我概念的形成会产生不利的影响。

案例4-41　小宠物龟死了

4岁的松松从幼儿园回到家时，发现自己养的一只小宠物龟死了，伤心地哭了起来。

爸爸问松松为什么哭，松松把事情的经过告诉了爸爸。

爸爸的第一反应是："这有什么好伤心的，不就是一只宠物龟吗？爸爸过会儿去给你再买一只。"松松听完后反而哭得更大声了。这时，妈妈走过来，蹲在松松身边，用低沉的声音对松松说："是啊，它是你的好朋友。失去一个好朋友是很难过的。"松松听完妈妈的话，感觉好了很多，过了一会儿，他很自豪地对妈妈说："我以前还很照顾它呢。"

爸爸不认可、不接受、不尊重松松的情绪体验，所以松松听完爸爸的"教导"后负性情绪没有减轻，反而哭得更加大声；而妈妈认可、接受、尊重松松的情绪体验，所以松松在听完妈妈的话之后感觉好多了。

五、严爱有度原则

(一)严爱有度原则的含义

严爱有度原则是指在家庭教育中,对孩子既有爱,又有要求;但是,对孩子的要求要严而有格、爱而有度,不要溺爱;对孩子既有科学的要求,又有充满爱的浓浓的亲情,以保证孩子身心的健康成长。

严爱有度原则强调家庭教育要有爱,同时还要有要求;要做到爱与严都有度,否则,将不利于孩子的健康成长。

爱而无度的后果是让孩子变得任性、承受力差、为所欲为;严而无度的后果是让孩子缺乏心理安全感,变得神经质。

(二)贯彻严爱有度原则的基本要求

1. 爱而有度

(1)明确地向孩子表达你对他的爱。

爱是孩子健康成长的基础,因此,家长应该经常用语言或行为明确地表达自己对孩子的爱,并且让孩子感受到这种爱是永远不会因为外界的环境改变而改变的。

案例4-42 有爱在,在逆境中也能感到幸福

外国有一个4岁的小孩,他父亲长期吸毒,母亲因此被气死了。后来,父亲又因酗酒而去世。孩子在福利院生活,长大后成为一个商业精英。当记者问他的童年生活给他留下了什么样的阴影时,他却说:"没有。其实,我一直觉得自己很幸福。"

原来,这个孩子的父亲虽然吸毒又酗酒,但他每天一定要做一件事情,那就是在孩子临睡前亲吻和拥抱孩子。

在外人看来,上述案例中的小孩生活在这样的家庭里是不幸的,而

事实上,他并没有这种感觉,还感觉自己的童年很幸福。其根本原因就是父亲虽然有不良的社会行为,但他深深地爱着自己的孩子,并且每天在临睡前把爱通过"亲吻和拥抱"明确地表达出来。这给了我们一个启发:无论你的处境如何,无论你的观念如何,只要你对孩子明确地表现出你深深地爱着他,那么,孩子很可能因此而健康地成长。

(2)爱但不溺爱。

苏联教育家马卡连柯就告诫过家长:"溺爱虽是一种伟大的感情,却会使子女遭到毁灭。"

法国教育家卢梭在他的《爱弥儿》一书中这样写道:"你知道不知道用什么办法准能使你的孩子得到痛苦?这个方法就是:百依百顺。因为有种种满足他欲望的便利条件,所以他的欲望将无止境地增加。你迟早有一天会不得不因为无能为力而表示拒绝。由于他平素没有受到过别人的拒绝,突然碰了这个钉子,他将比得不到他所希望的东西感到还要痛苦。"

两位教育家在告诉我们,对孩子爱而无度,那是在害孩子。溺爱,不仅害孩子,也害自己。

案例4-43 5岁的孙子勒死76岁老祖母

某地发生了一个5岁的孩子用尼龙绳勒死76岁老祖母的悲剧。

小孙子用一根尼龙绳拴猫玩,猫跑了,小孙子非要把绳子套在老奶奶的脖子上玩。老奶奶让他拴脚,他不干,非要套脖子不可。老奶奶对孙子一贯娇惯溺爱、迁就放任,平时对孙子的种种要求从来都是一一满足。她见小孙子哭闹起来,便主动把绳套套在自己的脖子上。哪知道绳套打的是活扣,小孙子用力一拉,便紧紧勒住了老人的脖子,老人一时感到胸闷,便挣扎起来,从炕上滚到地上,孙子见奶奶挣扎,越发觉得好玩,便使劲拉住绳子不放,直到奶奶不动弹了才松手,扔下绳子出屋玩耍去了。孩子的爸爸回来,发现母亲的心脏早已停止了跳动。

溺爱是个人的悲剧,也是家庭和社会的悲剧。

2. 严而有格

(1)对孩子要有所要求。

无规矩不成方圆,因此,家长对孩子的各方面都应该有所要求。对孩子有要求是根据教育目的向孩子提出合理的要求,并且坚持执行;不满足孩子的无理要求,不迁就孩子的不良行为习惯,不允许孩子破坏他们应该而且能够遵守的规则。

(2)严格,但不严厉,不苛刻。

打 与 骂

我家的水龙头漏水,请工人来修。原来是因为里面的橡皮磨损,造成无法旋紧。

工人把新的橡皮装入,并重新扭上水龙头,对我说:"以后关水不要扭得太紧,水恰恰止住就可以了!"

"扭紧一点不是更好吗?"我问。

"不!扭得太紧只会使橡皮磨损和弹性疲劳,反而造成漏水。"

从此,每次我管教孩子,都会想到水电工的那句话。过严的管教,只可能造成孩子的习以为常、阳奉阴违,当孩子把打骂都看成家常便饭时,问题反而更多了!

(刘墉,2012)

刘墉用水龙头来说明对孩子宽严的度说得很到位,要宽严有度,过严过宽都不利于孩子的健康成长。我有一个朋友,夫妇都是博士,他们很爱管孩子,什么时候孩子都要得体,总带着训斥的口吻跟孩子说话。所以孩子很胆小,连一点小事也要眼巴巴地等着妈妈发命令。稍稍感到可以逃脱父母管教的时候,就很闹,特别好动。孩子的被动和特别好动,都是管理过度的后果。

心理学上有个名词叫作"无差错症",讲的就是家长过于严厉给孩子的心理造成的一种灾难性后果。无差错症的表现是:孩子经常如履薄冰，惧怕犯错误，不能容忍自己哪怕是很小的过错，偶有小的差错就惴惴不安，惶惶不可终日……

家长对孩子过于严厉苛刻，不能原谅孩子所犯的任何错误，会导致孩子平时经常担心失败，害怕家长批评，因而做事总是缩手缩脚，这也不敢尝试，那也不敢动，逐渐地养成了谨小慎微的性格。

案例4-44 "小老头"的养成

欢欢的父母都是老师，对欢欢从小要求非常严格：不准扔东西，不准乱涂乱画，不准耍脾气；吃饭要坐好，不准掉饭粒，更不能有吃剩的饭菜；在外面玩不可以和别人争玩具，更不可以打人；不经大人的同意不可以自取冰箱里面的东西吃；不可以做大人不允许做的任何事情……

有一天，他们终于发现孩子呆板无趣、循规蹈矩、毫无积极主动性，小小年纪就像一个"小老头"。

过于严厉的家长，会让孩子"早熟"，心态易老。

案例4-45 你属于哪种类型的家长

A型家长

孩子：我可以吃冰激凌吗？

妈妈：不行。

孩子：为什么不行？

妈妈：因为我说不行就不行。

B型家长

孩子：我可以吃冰激凌吗？

妈妈：不行。

孩子：为什么不行？

妈妈：因为，如果你现在吃了冰激凌，过一会儿你就不想吃午饭了。

A型家长属于严厉专制型家长，不利于孩子的健康发展；B型家长属于民主型家长，经常以理服人，以商量、平等的方式与孩子沟通交流，有利于孩子的健康发展。

六、成长性原则

（一）成长性原则的含义

成长性原则就是指在家庭教育中，家长为孩子所做的一切都是基于孩子的健康成长。比如，"照顾是为了不照顾""帮助是为了不帮助""教育是为了不教育"等。家长为孩子所做的一切最终目的都是为了孩子更好地自立，更好地发展。

（二）贯彻成长性原则的基本要求

贯彻成长性原则应该遵循如下四点要求。

1. 重视对孩子独立意识和能力的培养

美国女作家希尔曾说过："母亲不是孩子赖以依靠的人，而是使依靠成为不必要的人。"

一位年轻的母亲向苏联教育家苏霍姆林斯基请教："怎样才能教育好我的孩子？"苏霍姆林斯基回答说："先教会你的孩子剥鸡蛋壳吧！"这个发生在苏联的教育经典故事，在几十年后的中国找到了原型：北京某小学一个四年级的孩子，每天上学前母亲总给他一个剥好了的熟鸡蛋放在书包里的饭盒中，以便在课间时给孩子充饥。有一天，孩子看到了一个"奇怪的现象"：这鸡蛋怎么有坚硬的外壳呢，而且一点缝都没有？无奈之下，孩子只好将鸡蛋带回家中，交给了母亲。也许这位母亲还后悔那天怎么忘记剥掉鸡蛋壳呢，可她不知道自己不仅是在剥夺孩子剥鸡蛋的权利，而且是在剥夺孩子独立生存和成长的权利。

还有一个几乎同样的案例：在一个夏令营活动中，一个很小的孩子看着一个煮鸡蛋发呆，人家问他："你不爱吃煮鸡蛋吗？"他回答："爱吃！"人家又问："那你怎么不吃呢？"他回答道："这鸡蛋跟我们家鸡蛋长得不一样！"人家又问："你们家的鸡蛋长得什么样啊？"他回答："我们家的鸡蛋是白的、软的，很好咬，这鸡蛋太硬，咬不动！"原来这孩子从来就没有看到过家人煮鸡蛋、剥鸡蛋的过程，都是家长剥好了切成四块放在他面前给他吃。

强烈建议：家长朋友们，请放手吧。能让孩子自己做的，让孩子自己做；能让孩子自己想的，就让孩子自己去想；能让孩子经历的，就让孩子去经历。孩子去做，去经历，他们才能发展，才能健康，才能成为一个正常的人。

案例4-46　阴险而又"聪明"的继母

有位国王的前妻因病去世，留下一位美丽的女儿。后来国王娶了后妻，也生了一个女儿。作为继母，她心中十分讨厌前妻的女儿，总想将其置于死地而后快。为了达到这个目的，阴险而又"聪明"的继母最大可能地让前妻的女儿享受荣华富贵，过着饭来张口、衣来伸手的生活。这样她不仅博得了国王的欢心，还赢得了众人的称赞。

前妻的女儿整日尽情地吃喝玩乐，骄横无礼，还时常拿同父异母的妹妹出气。每当这时，继母总是袒护赞赏她。在这个家庭里，前妻的女儿是至高无上的公主，而继母的亲女儿则被赶到田里去干活，做着仆人的事情，历经种种磨难。十几年过去了，两个女儿都到了婚嫁年龄。一位英俊的王子来到这里，一下子便爱上了继母的那位端庄勤劳、聪慧善良的女儿，十分蔑视地拒绝了那位愚蠢懒惰、骄横自私的前妻的女儿。继母的女儿由此得到幸福，而前妻的女儿则因受此打击而精神崩溃，无地自容。

故事中的继母对自己的女儿富有教育智慧：安逸的生活容易滋生懒惰、骄横、自私；适当的磨砺有利于孩子的健康发展。

2. 让孩子学会对自己的行为负责

我们应该从小就教育孩子学会对自己的行为负责，而不要推卸自己的责任。如，孩子不小心被木条绊倒，应责怪的是他自己不小心而不是"木条碍事"。在孩子很小的时候，有些家长见孩子被障碍物绊倒后，在抚慰孩子的同时指使或帮助孩子去"打"或"骂"障碍物，这是很不好的，这是在帮孩子推卸责任，这样不利于孩子责任感的形成。

案例4-47 奶奶帮你赔

有一次，西西在小区的花园里玩球，玩得正高兴时，球正好将一楼阳台上的花盆打碎了。西西正不知该怎么办时，奶奶过来了说："乖孩子，这事就交给奶奶了。奶奶去买个新花盆赔给别人。"

孩子闯了祸，就应该让孩子去承担责任，如用自己的零花钱、压岁钱来赔偿，而不应该让奶奶去赔偿。奶奶帮着赔偿，孩子并未真实地感受到自己不良行为的后果，这对孩子的成长是不利的。

3. 利用一切机会促进孩子的成长

为了更好地促进孩子的发展，家长要利用甚至创造机会让孩子快速地成长。

案例4-48 揠苗"阻"长

5岁的小伟正蹲跪在厨房的工作台上看妈妈整理从超市买回来的东西。他尝试帮忙清理，妈妈赶紧抢先了；他又帮着拿凳子给妈妈坐，妈妈没有反应；妈妈从冰箱里拿出蛋夹放在桌上，准备将蛋排好，这时，小伟帮忙把菜屑清理干净，放进垃圾桶，妈妈也都不吭声……最后，妈妈突然叫喊道："小伟，走！走！我自己来，等你长大一点再帮妈妈！"

小孩子小的时候都有一种天然的想帮家长做家务的欲望，因为他们渴望快点长大，他们渴望能过一种像成人一样的生活。家长应该利用这一点，多给孩子做家务的机会，让他们在做家务的过程中获得发展。像上述案例中的妈妈如此对待孩子做事的欲望，那么，很可能等到孩子长大后，他还没有养成做家务的习惯，届时妈妈可能会数落他："养你这么大，什么都不会帮忙！"

案例4-49 教孩子洗地板

4岁的嘟嘟每次在妈妈清洗地板的时候，都好奇地看着妈妈。今天她发现地板脏了，就开口说："妈妈，洗地板！""好呀，那要拿什么？"妈妈为了满足嘟嘟的好奇心，不仅同意，而且提醒她去思考要准备什么东西，嘟嘟去拿拖把，妈妈准备一桶水后，就这样动手洗地。

"好，我把那个脏的地方洗了。""好能干，嘟嘟。"就这样嘟嘟开始了第一次洗地板，从此以后每次洗地板她都参加。

"嘟嘟，你拖得很好，如果顺着瓷砖线拖过去，再换一行拖回来……就会更好！"嘟嘟很高兴地照着做了。

"嘟嘟，你累了，休息，休息！剩下的妈妈做就好了。""不累。"嘟嘟满脸欢喜，又来回拖了一次。"嘟嘟，你洗得太棒了，假如水弄少一点，就更好了。"

如此这般，拖地板的范围越来越大，嘟嘟的技巧也越来越熟练。

案例4-50 孩子想洗碗

有一位母亲看到5岁的孩子对洗碗感兴趣，就为孩子准备了一个小板凳，对孩子说："我知道你特别爱干活，想学习洗碗，可是水龙头太高，你够不着，妈妈给你准备了小板凳……"孩子兴奋地喊着："谢谢妈妈！"他马上就登上小板凳高兴地学着大人的样子去洗碗了。

孩子想帮助妈妈做家务，不，应该说是想学习做家务，妈妈就为其提供相应的条件，这位妈妈真好！家长就应该这样，当孩子有做家务的愿望时，要及时提供条件并鼓励，这样，孩子的能力就会在做家务的过程中得到发展和提高。

案例4-51 你可真能干

五六岁时,我常常喜欢在家里没人的时候收拾房间。妈妈回来了,总是惊讶地问:"哇!这么干净!这是谁干的?"当我高兴地从门后跑出来"坦白"时,妈妈就说:"真没想到是你干的,你可真能干,比我收拾得都干净!"那时我就特别有成就感。

确实是这样,孩子做完家务后,如果得到家长的肯定,那么孩子肯定会有成就感,进而不断地做家务,并且在做家务的过程中得到发展。客观来说,孩子做家务的质量肯定没有家长做得好,但是这位妈妈如此夸张的表扬和肯定,一定会激励孩子不断地做家务。

案例4-52 我家的鞋子

有一天女儿在门口等候妈妈的时候觉得无聊,忽然心血来潮,把门前的拖鞋排得整整齐齐的,正好我出门时看到了。

"多多,拖鞋是老师叫你排的?""不是。""那是谁叫你做的?""我自己要排的。""好聪明,拖鞋排得这么整齐,爸爸好高兴!"我把她抱起来,转了几圈放下来,看看她的表情,甜在心里,喜上眉梢。第二天,不用说她又如法炮制,而且排得更整齐。于是我摸摸她的头说:"你好能干,好懂事。"第三天、第四天……结果可想而知,拖鞋都排得好好的。

发现孩子无意中成长了,家长要表示欣赏和高兴,并及时鼓励孩子,这样,孩子就会不断地成长。

4. 不断地鼓励孩子

案例4-53 你比妈妈强

女儿拿着数学作业来找妈妈:"妈妈,第五题我不懂,你给我讲讲好吗?"

这道题确实有些难,妈妈讲了三遍,女儿还是不会做。

妈妈有些着急,她站起来在房间里来回走了走,对女儿说:"啊!想起来了,记得我像你这么大时,你姥姥给我讲了八次,我才会做。"

妈妈又给女儿讲了两遍,女儿终于会做了。

妈妈很高兴,对女儿说:"太好了,你第五次就会了,妈妈第八次才会,你比妈妈聪明三次。"

"真的吗?"女儿眉飞色舞,非常高兴。

相信妈妈肯定没有笨到让外婆讲八次才弄明白那道数学题,但妈妈想到如此鼓励女儿。我为这位妈妈点赞。

案例4-54 不会激励孩子的父母

孩子起床以后自己整理了房间,高兴地去告诉爸爸妈妈:"今天我自己把房间整理好了。"孩子这么说,无疑是希望父母表扬自己,而有些父母却看不到这一点,他们不耐烦地对孩子说:"你都这么大了,早就应该自己整理房间了,有什么可得意的?!"

案例4-55 学会用欣赏的眼光看孩子

有一个网友在美国工作,他儿子在美国读书。他说校园里有中国孩子和美国孩子同时在操场上打篮球。中国孩子10个球进了9个,中国妈妈不满意。美国孩子10个球进了1个,美国妈妈拼命地鼓掌。中国妈妈说美国妈妈有病,美国妈妈感到特别奇怪,因为她觉得进1个球就比没进强。最后的结果是,有成就感的是进1个球的美国孩子,有失败感的是进9个球的中国孩子。

有时不是孩子缺少闪光点,而是家长缺乏欣赏和发现孩子闪光点的眼睛。

案例4-56 你做错啦

在近日上海市健康基金会开设的"与孩子共同成长——父母培训课"上,培训老师现场提问:"如果你的孩子做3道数学题,做错了1道,你对孩子说的第一句话会是什么?"结果,有80%以上的家长脱口而出:"你做错啦!"只有不到10%的家长回答:"答对了两题。你真棒!"

这一调查反映了我们家长的眼光总是盯着孩子的"问题",而极少关注孩子的优点、亮点。

案例4-57 压抑孩子的"标杆"

有一个小男孩很可怜。他想当干部,好不容易在大班第二个学期时当了个小组长,然后满心喜悦地把这个好消息告诉妈妈。可是令他万万没有想到的是,妈妈却对他说:"当个小组长有什么好吹的,那是中国最小的官了,我小时候还当过班长呢!"

……

家长心中的"高标杆"让孩子每天都过得垂头丧气,让孩子对自己没有一点信心,甚至最终对自己感到完全绝望。

因此,家长应该根据孩子的能力水平,为其确定适当的发展标杆。当你将标杆放到适当的位置后,你就会发现孩子是很能干、很优秀的。因此,你会为孩子一个个小小的进步而高兴,孩子也会为此而不断地积累成就感,进而对自己充满信心。

七、家园协调配合原则

(一) 家园协调配合原则的含义

家园协调配合原则是指在家庭教育中，为了更好地促进孩子的健康发展，家庭与幼儿园协调配合，发挥各自的优势，共同促进孩子的健康发展，努力取得"1+1>2"的教育效果。

案例4-58 较量

夏天，小朋友下午离园的时候，因为离天黑还有很长时间，所以很多孩子会留在幼儿园里玩。岁岁玩着玩着就开始拆一把小椅子，拆掉的一条椅子腿随手扔到一边，妈妈则在旁边陪着。这时，老师发现了椅子腿，说："岁岁，这玩具是你拆的吗？拆坏了，小朋友就不能玩了。"岁岁正要点头承认，妈妈马上说："岁岁，这是你拆的吗？妈妈怎么没看见？！"岁岁看一眼妈妈，又看一眼老师，慢慢地摇着头。老师接着教育孩子："岁岁，做错了事情没有关系，敢于承认错误的孩子就是好孩子！"妈妈则接上话："岁岁，别害怕，你跟老师说这不是你拆的。"有妈妈撑腰，岁岁说话有胆量了："老师，不是我拆的！"

母亲与老师较量的结果是孩子迷失了正确的方向。

(二) 贯彻家园协调配合原则的基本要求

家园关系不是一般的消费者与商家的关系，它是一种特殊的交换关系。不适合于普通买卖活动的斤斤计较关系，因为家园的目标是一致的——都是为了孩子的健康成长。因此，我更愿意将家园关系看作一种合作关系和情感关系，它很有点"伤不起"，一旦受到了伤害，这种伤害所产生的伤口就很难愈合，这样，最终受到最大伤害的是孩子。家长应该努力去经营好家园这份特殊的情感关系。

1. 在孩子面前树立和维护老师的威信

老师在孩子心目中是否拥有崇高的威信，对孩子能否正确地接受老师的教导有着十分重要的意义。而一个老师在孩子心目中是否有威信，威信有多高，这不仅受老师自身的素质影响，而且受我们家长对老师的态度以及家长与老师的关系所影响。因此，为了让孩子能更好地接受老师的教育，家长应该注意在孩子面前树立和维护老师的威信。

案例4-59 爸爸也不知道

有一天，老师带着幼儿园的小朋友在观赏植物，一个5岁多的小男孩对幼儿园门前的一种植物产生了好奇心，于是便问老师："老师，这种树叫什么名字？"老师也不知道这种树叫什么名字，于是就对小男孩说："对不起，老师也不知道。不过，你爸爸是植物学家，你可以带一片树叶回去问问你爸爸。"小男孩回家后，问了当植物学家的爸爸。可是没想到的是，他爸爸回答说："我也不知道，明天你再去问问老师。"

晚上，孩子熟睡后，爸爸通过手机短信告诉老师那棵树的名称。老师接到短信后，明白了家长的意图。第二天，老师对小男孩说："老师已经查了有关的资料，知道这种树的名字了……"家长的苦心是再明显不过的了，他就是想要让老师在孩子心目中树立美好的形象，要孩子相信老师。

我为这位家长叫好！我认为，这位家长的"教育意识"很强。他这样做，有利于树立老师在孩子心目中的威信，进而有利于孩子今后更好地接受老师的教育。反之，如果这位家长不是这样做，而是利用自己的"聪明"来贬低老师，比如，对孩子说"你们的老师怎么这么笨？！连这种树叫什么名字都不知道……"，那么，他虽然也能使孩子了解该树的名称，但他对老师的不尊重和藐视，将会给孩子今后的发展带来持久的消极影响。

2. 努力与幼儿园教育同步

教育目的要求、教育内容、教育方式方法，要与幼儿园教育保持协调一致,以便促进孩子更加健康地发展。如果家园教育上有冲突,那么,教育效果将会相互抵消。如,幼儿园主张孩子们之间有冲突要以商量、协调、互惠、交换等方式解决,不能以武力解决,但许多父母教育自己的孩子"你不可以打人,但是谁打你了,你就得狠狠地打回去"。这样的后果可能有二:一是,孩子无所适从——不知道该听老师的,还是该听家长的;二是,许多孩子选择了以武力来解决同伴之间的冲突。

因之,家庭教育在教育内容、方法、目标上,都应该与幼儿园保持协调一致。

3. 对孩子的学习要做出积极的回应

孩子在幼儿园学习知识技能后,家庭要为孩子提供运用和表现的机会,这不仅影响到孩子的学习效果,而且会影响到孩子的学习态度。我们在一项调查中就发现,孩子们喜欢某一门课的学习,那是因为他们学习回家后有人愿意听或看他们的"学习汇报",并肯定他们的进步。比如,有的孩子说:"我喜欢音乐课,因为回家后我可以唱歌给爸爸妈妈或爷爷奶奶听。""我喜欢儿歌课,因为回家后我可以背给爸爸妈妈听"。"我喜欢折纸课,因为回家后我可以折给妈妈看。""我喜欢手工课,因为我做的东西可以带回家给妈妈看。"……相信,如果我们对孩子的"学习成果"采取漠视的态度——不听、不看、不表扬,那么孩子的学习态度肯定是不一样的。

4. 调教出一个老师喜欢的好孩子

培养出一个老师喜欢的孩子,不仅可以让老师喜欢自己的孩子,开心地工作,同时,也是孩子健康成长的需要。

(1)调教出热情、有礼貌的孩子。

现在的孩子都很聪明,如果你的孩子又很有礼貌,那他一定很容易得到老师的青睐。

每天早上送孩子到幼儿园的时候要记得提醒孩子和老师打个招呼,当然放学后也别忘了和老师说再见,还可以让小家伙亲亲老师。

(2)对老师宽容一点,出现问题时少责备一点。

幼儿的自我保护和安全意识比较差，而且老师不可能把每一个孩子都控制在身边不给他们自由，那么，孩子在幼儿园里出现一些磕磕碰碰总是难免的，也是正常的，如果不是特别严重，请不要去质问或责备老师。孩子受伤家长当然心疼，但老师心里也很难受，如果这个时候你能够宽容地说："没事，老师也不要太放在心上"，老师会很感谢你的理解，会在以后的工作中给你的孩子一些特别的照顾。

（3）要看到并感谢老师为孩子所付出的。

幼儿教师的工作本身就是很繁杂也很辛苦的。因此，当老师们辛苦地忙完一次活动时，请你对他们说一句："活动太棒了！老师们辛苦了！"这表示老师们的辛苦得到了认可，他们即使辛苦，也会觉得欣慰的。

（4）准时接送孩子。

不准时接送孩子，会给老师带来很多麻烦，会增加老师的工作负担。因此，家长要努力做到每天都准时接送孩子。

送孩子入园时，除了要跟老师说"早上好"之外，还要跟老师说"今天就麻烦老师了！"。下午接孩子时，除了要跟老师说"再见"之外，还要跟老师说"今天辛苦老师了！谢谢！"。

（5）无须给老师送礼。

一般正规的幼儿园是不允许老师收红包的，如果能够做到以上几点，不需要送红包，老师就会很喜欢你的孩子了。如果你真的很想感谢老师，或者某次外出带点适合老师的小礼物，老师也会很高兴。但如果平时你对老师过于苛刻，即使送礼给老师，老师也不见得就会忘记你平时的苛刻。

材料4-3　幼儿教师想对家长说的话

你想知道幼儿教师最想对家长说的话吗？来看看来自幼儿教师的建议吧，这些都是他们最想让家长知道的——有些可能是你意想不到的！

1. 对待我们应该就像朋友一样。因为，当你的孩子看到我们的关系很亲密时，他也会感到很愉快。比如，父母是否可以和我们幼儿园里的老师一起与孩子照张合影，然后把照片挂在家里的墙上。

2. 要把握好时间。如果你每天总是担心上班迟到，结果匆匆忙忙地把孩子送到幼儿园，这样会使孩子感到紧张。要腾出一些时间来帮助孩子安顿下来。如果某天下午你很忙，你可以提前给我们打电话，这样等你来接孩子的时候我们会提前帮他准备好。

3. 给孩子穿普通的衣服。当你把孩子送到幼儿园来时，不要给孩子穿太好的衣服，否则当他不小心把染料弄到衣服上的时候（这种情况的发生率几乎是100%），他会有挫折感。

4. 要带足孩子的用品。如果你的孩子尿裤子了，让我们从别的孩子那里借用，这是不公平的，而且只有自己带的衣服才是最适合孩子的。

5. 把你从家里带到幼儿园的东西写上孩子的名字。有时，我们并不能把每个孩子的东西都分得一清二楚。

6. 给我们留一些你的小物品。当孩子想你的时候，我们可以把你留下的这些东西给他，比如：你的家庭相册，你自己录的MP3格式的一段录音，或者一条小手帕，上面洒上你平时使用的香水。这些通常会使孩子感觉舒服一些。

7. 送孩子到幼儿园时，要微笑着和孩子说再见。当与孩子说再见的时候，想到要一整天见不到孩子，父母的心情都很复杂，但不要让孩子知道这些，好吗？如果当你要离开的时候表现得很难过，那么孩子会表现得更难过，在这种情形下，他们更不愿意与你分开。

8. 把孩子放在幼儿园里请你放心。我们希望你的孩子过得愉快，而且我们会尽力使你的孩子感觉这里就像他的家里一样。

9. 你要知道，你的孩子并不总是兴高采烈、情绪良好。他在家里有情绪不好的时候，在幼儿园里也会有。既然他在幼儿园里的大多数时候都是很高兴的，那么就请你不要对他的小脾气反应过度。

10. 尽量守时。如果我们在下午5点30分下班，请不要在5点50分才赶到幼儿园接孩子，毕竟，我们也想按时回到自己的家（而且，我们有的人也已经为人父母了，有自己的孩子要照料）。

11. 在家里要和在幼儿园里的要求保持一致。如果你在家里允许孩子把玩具扔得到处都是，而这在幼儿园里是不允许的，那么孩子就会觉得无所适从。

12. 你是孩子最重要的老师。如果你的孩子穿反了裤子，不会系鞋带，请不要急着责怪我们，因为你平时在家里就需要教孩子自立。

13. 说谢谢。好让我们知道：我们为你的孩子所做的事得到了你的认可。如果你有不满意的地方请告诉我们，不要在别的家长面前抱怨。

14. 不要和幼儿园领导过于亲近。如果对老师的工作有什么建议，最好直接、委婉地和老师进行沟通。如果你是通过园长与老师沟通的，那么老师很可能就要丢掉她这个月的奖金了。而且，即使你和幼儿园领导的关系再好，要知道，每天陪在你孩子身边的是班级里的老师们！要多和孩子的老师进行积极的沟通，并与他们建立一种积极的情感关系。

第三节 幼儿家庭教育常用方法

幼儿家庭教育方法主要有榜样示范法、批评惩罚与表扬奖励法、自然后果法、环境熏陶法、实践体验锻炼法、说服教育法、家庭角色互换法、暗示法。每种方法都有它的优势和劣势,都有它的适用范围。我们要研究它们的相关原理和操作技能,力求灵活有效地运用它们来促进孩子健康发展。

一、榜样示范法

(一)榜样示范法的含义

榜样示范法就是在家庭教育中,家长为孩子提供良好的言行态度榜样,进行良好言行态度的示范,与此同时,孩子通过对榜样的良好言行态度进行观察学习,进而增加或获得良好言行态度、减少或消除不良言行态度的一种家庭教育方法。

幼儿的思维具有具体形象性,他们具有好模仿性,榜样示范具体形象、直观,易于孩子理解和模仿。榜样示范对孩子的影响往往是潜移默化的,让孩子在不知不觉中受到教育,获得发展。孩子年龄越小,榜样示范的作用就越大。

(二)使用榜样示范法应注意的事项

使用榜样示范法,应该注意以下几点。

1. 确定目标行为

在使用榜样示范法之前,家长一定要想清楚:榜样示范能给孩子带来哪些方面的影响,你想利用榜样示范来促进孩子哪些方面的发展。

榜样示范对孩子的影响是全方位的，榜样示范对孩子的品行、态度、价值观念、思维方式都具有明显的影响力，不过，榜样示范的效果最明显的就是在孩子的品行发展方面。因此，家长要根据自己的教育要求，为孩子提供相应的榜样，让孩子在榜样的熏陶下健康地成长。

2. 为孩子提供榜样

孩子模仿的榜样可以来源于影视、图片、文学作品、同伴、成人、想象等。榜样与孩子的年龄、性别和种族越相似，越容易引起孩子的模仿；另外，榜样在孩子心目中的地位较高者比较容易成为孩子模仿的对象。

因此，我们在为孩子选择学习的榜样时，既要考虑榜样的多样性，又要考虑榜样与孩子的相似性，同时，还要考虑榜样在孩子心目中的地位，进而提高榜样的教育效果。

家庭教育可以从以下三个方面为孩子提供学习模仿的榜样。

（1）父母的言行。

家庭是孩子生活和学习的主要场所，孩子来到人世间以后，最早接触的对象就是父母，父母是孩子最直接、最经常观察和模仿的对象，对于父母的一言一行，孩子是"看在眼里、记在心上"。遇到适当的时机，就会将所见所闻表现出来。

案例4-60 干什么？

一个周日的晚上，教师例会后，我手牵5岁的儿子有说有笑有唱。这时学校一位老教师从身边走过，摸着我儿子的头很是亲切地叫了声"浩然"。儿子居然瓮声瓮气、不加理会地应了声："干什么？"我听后极不舒服，随即矫正道："浩然，你怎么能这样回答爷爷呢？你应该笑着回答'哎，爷爷好！'。"没想到儿子马上振振有词地回击："平时我叫'妈妈'时，你还不是回答我'干什么？'！"我一下子哑然失笑，无言以对。

因此，父母要注意自己的一言一行，尤其是当着孩子的面时更应该特别注意。父母要处处严格要求自己，希望孩子做到的，自己首先要做到。总之，你想让你的孩子成为什么样的人，你首先得做这样的人。

（对于如何为孩子提供良好的榜样示范，本章第二节中的"二、示范性原则"已有详细的阐述，这里不再赘述。）

（2）老师的言行。

孩子上幼儿园后，老师在孩子心目中就占有非常重要的地位，甚至有时老师在孩子心目中的地位比家长还高。

案例4-61 住院的孩子找老师

有一位姓吕的老师在一次教育经验交流会上说：周末在家中她接到了小铧家长的电话，家长说："由于天气变化，小铧感冒了，正在医院打点滴。"她忙关心地问候了几句。接着，孩子的家长又对她说："小铧说要找您，吕老师，您快和小铧说说话，让他配合治疗吧，谢谢您了！"当时她听了以后，心里说不出是什么滋味，一方面为孩子担心；另一方面又为自己在孩子心目中有如此重要的位置而感到很开心。小铧来他们班才两个多月，她能在那么短的时间内在孩子幼小的心灵里占据那么重要的位置，其中的分量甚至超过了他的父母及其他家人，她为此感到无比的幸福⋯⋯

案例4-62 老师、妈妈都好

我们班有一个小朋友，在上学的路上姥姥问他一个问题：

"你说张老师好吗？"

"好！我喜欢她。"

"那妈妈好吗？"

"嗯，妈妈也好。"

"那你说说，你是喜欢妈妈多一点，还是喜欢老师多一点？"

"哎呀！姥姥你真烦！老师、妈妈都好，我都喜欢！"

确实，一位好的老师在孩子心目中是有崇高地位的，他们说的，他们做的对孩子都会有巨大的、几乎是无条件的影响。因此，家长要了解孩子老师的优点和教育理念，利用老师在孩子心目中的崇高地位，经常以"××老师是这么做的……""××老师是这么说的……""××老师如何如何"来让孩子向老师学习，听从家长的正确教导，进而取得预期的教育效果。

（3）同伴的榜样。

孩子与小伙伴的年龄、经历、特点、兴趣等都较为相似，同伴的榜样对孩子有较强的吸引力和感染力，易于为孩子接受和模仿，家长如能正确加以利用，定能达到事半功倍的效果，反之，则事与愿违。

例如，晓灵的胆子比较小，在儿童公园里，看到一些小朋友在荡秋千，她自己也想玩，但又不敢上去玩。这时，妈妈对晓灵说："你看那些小朋友玩得多开心呀，他们真勇敢！我想你也会像他们一样大胆地去荡秋千的。"这样，就能对孩子产生积极的影响，引导孩子效仿同伴的勇敢行为。

相反，如果妈妈对女儿说："你看人家小朋友多能干呀，你再看看你自己，一点出息也没有，连秋千都不敢玩！"这样就会对孩子造成消极的影响，使孩子更加胆小，而且会导致孩子憎恨那些小伙伴。

（4）文学作品中的榜样。

许多优秀的儿童文学作品都蕴藏着教育孩子的巨大资源，家长应适时加以开发，利用正面典型形象，感化孩子的思想，引导孩子的行为。比如，日本动画片里的聪明一休就是很值得孩子学习的榜样。

3. 注意对孩子的正确引导

幼儿期的孩子好模仿，但他们常常从兴趣出发，往往带有很大的盲目性，家长必须加强正确的引导：一是，家长必须为孩子选择和确立积极的榜样；二是，不断提高孩子的认识水平和判断能力，让他们知道哪些榜样的言行是好的，是可以学的，哪些榜样的言行是不好的，是不可以学的。如果引导工作做得到家，孩子们就不会出现学习"小燕子上吊",学习灰太狼"烧烤同伴"的不良行为。

二、批评惩罚与表扬奖励法

(一)批评惩罚与表扬奖励法的含义

批评,就是在家庭教育过程中,当孩子表现出不符合家长所预期的认识、态度或行为时给予否定性评价或惩罚的一种教育方法。批评惩罚的目的是促使孩子克服、纠正和根除不良的认识、态度或行为。

表扬奖励,就是在家庭教育过程中,当孩子表现出符合家长所预期的认识、态度或行为时给予肯定性评价或奖励的一种教育方法。表扬奖励的目的是激励孩子不断进步。

批评惩罚与表扬奖励法就是在家庭教育过程中,家长对孩子所表现出来的认识、态度或行为进行价值判断,然后给予否定或肯定的评价,或者给予惩罚或奖励的一种教育方法。

(二)使用批评惩罚与表扬奖励法应注意的事项

使用批评惩罚与表扬奖励法,应该注意以下六点要求。

1. 明确批评惩罚与表扬奖励的使用范围

批评惩罚什么,表扬奖励什么,对孩子的发展具有导向、激励作用,因此,家长要了解孩子的哪些态度和行为是值得表扬奖励或应该受到批评惩罚的。

(1)批评惩罚的适用范围。

家长应该了解当孩子出现哪些情况时,才应该受到批评惩罚;当孩子出现哪些情况时是不应该受到批评惩罚的。

①应该受到批评惩罚的情况。

A. 违反道德规范的行为。家庭教育中的批评现象应该伴随着孩子违反道德规范的行为而出现,即当孩子违反道德规范,在道德言行方面出错时才可以采用批评惩罚。

B. 重复犯同样的错误。当孩子重复地犯同样的错误时才应该给予批评。对孩子因缺乏某方面的知识和经验而首次犯某方面的错误时，不要批评惩罚孩子；否则，将会使孩子终日处于不安之中——他们总是担心犯错误和犯错误后被批评惩罚，进而变得胆小、懦弱、无主见，凡事都不敢去尝试，凡事都要征求成人的意见才敢去行动，这将会成为孩子发展的一大障碍。

C. 犯错误后没有悔意。当孩子屡犯错误并且毫无悔意时才应该给予批评惩罚。而当孩子犯错误后，已经认识到错误所在，并有悔改的意愿时，就不要再批评惩罚孩子。因为批评惩罚的目的是要让孩子知错并改错。

②不宜受到批评惩罚的情况。

A. 学习效果差。孩子学习效果差，其原因非常复杂，其中有遗传的原因，有后天的原因；有教育者的原因，有孩子自己的原因。因此，不宜因孩子学习效果差而批评孩子，因为孩子并不是影响学习效果的唯一因素，许多时候还不是主要因素；另外，批评惩罚不仅不能提高孩子的学习效果，而且会使孩子对相关的学习心存恐惧，并最终对相关的学习失去信心，甚至会形成"习得性愚蠢"（孩子在本质上不笨，但失败多了并被批评多了以后，孩子就觉得自己笨，进而在行为、认知、自我意识上都显示出"笨"的特性）。

B. 因好奇而犯错误。孩子因探索欲望的驱使而损坏物品，不应受到批评惩罚，否则，会使孩子因此而逐渐失去探索求知的欲望，这不利于培养孩子的探索精神，更不利于孩子从探索过程中获得经验，获得发展。

C. 好心做坏事。批评惩罚孩子要考虑其行为动机，不能光看结果。由于能力和经验的限制，幼儿期的孩子常常会"好心"办"坏事"，如，孩子想帮妈妈倒杯水，却不小心把玻璃杯摔坏了。这时家长就不宜批评惩罚孩子，否则，将会挫伤孩子做事的积极性。更值得我们重视的是：孩子的"好心"比任何其他东西都显得重要！

D. 心理行为问题。心理问题必须通过心理方法来解决，绝不能通过简单的批评惩罚来解决孩子的心理问题。

a. 因紧张不安出现的心理行为问题。

孩子出现吮手指、吃衣角、咬嘴唇、咬指甲、拔头发、发脾气、强迫行为、恋物行为、自慰行为等心理行为问题，就不宜采用简单的批评惩罚手段来处理，因为孩子出现这些心理行为问题的根本原因是内心的紧张和不安，批评和惩罚不仅于事无补，反而会加重其内心的紧张和不安，进而使类似行为发生的频率进一步提高，使相关的心理行为问题变得更加严重。

b. 为了得到关注而出现的心理行为问题。

孩子被冷落后，为了获得家长或其他人的关注而出现的心理行为问题有：厌食、偏食、捣乱、攻击性行为、"假无能"、恐惧、"生病"、吮手指、"人来疯"等。

当孩子出现上述心理行为问题时，父母批评孩子恰好满足了孩子的被关注需要，这样，相关的心理行为问题就会被强化，进而增强其发生的频率。比如，一个已经5岁多的小女孩，在3岁多时已经会独立吃饭了，并且自己吃得又快又好，但是到了中班后反而逐渐变得"不会吃饭"了，吃得很慢，还把饭菜撒得到处都是，并且时常生病。最后，幼儿园老师或家长忍无可忍，只好每餐都喂她。小女孩为什么会出现这种"退化行为"（假无能）呢？心理卫生学认为，出现"退化行为"是孩子适应不良的一种表现。孩子使用各种方法都得不到老师或父母的关注，而他们的这种"退化行为"反而轻而易举地得到了老师和父母的关注——餐餐都有老师或父母陪她、喂她，这样就满足了她的被人关注和获得成人的爱的需要。后来我们的家访也证实了以上的道理，该女孩在上中班前，很受父母的宠爱，但是在她上中班后，她的弟弟出世了，父母由此将主要的关注点放在弟弟身上，她由原来家庭中的"小太阳"，一下子变成了"被遗忘的角落"，小女孩在不断的"探索"中发现，唯有一招——"不会吃饭""生病"——才能赢得老师和父母对她的关注——

"我'不会吃饭',你就得餐餐长时间地陪我、喂我。"

E. 值得借鉴的古代教子"七不责"。

- 对众不责：在大庭广众之下，不要责备孩子，要在众人面前给孩子以尊严。
- 愧悔不责：如果孩子已经为自己的过失感到惭愧后悔了，大人就不要责备孩子了。
- 暮夜不责：晚上睡觉前不要责备孩子。此时责备他，孩子带着沮丧失落的情绪上床，要么夜不成寐，要么噩梦连连。
- 饮食不责：正吃饭的时候不要责备孩子。这个时候责备孩子，很容易导致孩子脾胃虚弱。
- 欢庆不责：孩子特别高兴的时候不要责备他。人高兴时，经脉处于畅通的状态，如果孩子忽然被责备，经脉就会立马憋住，对孩子的身体伤害很大。
- 悲忧不责：孩子哭的时候不要责备他。
- 疾病不责：孩子生病的时候不要责备他。生病是人体最脆弱的时候，孩子更需要父母的关爱和温暖，这比任何药物都有疗效。

古代教子"七不责"提醒我们关注批评惩罚的时机及批评惩罚对孩子身心的影响，确实值得现代家长关注。

③批评惩罚的局限性。

- 批评惩罚可压制行为，却无法消除它。
- 通常只有批评惩罚者在场时，批评惩罚才能压制住特定的行为。
- 批评惩罚教会孩子批评惩罚与批评惩罚者相联系，而不是与自身行为相联系。
- 批评惩罚产生的情感副作用会降低孩子的自尊心。
- 批评惩罚只能告诉孩子哪些行为是不适宜的，却不能为孩子的适宜行为提供指南。
- 如果不能立即实施和持续应用，批评惩罚就会毫无效果。
- 批评惩罚可能会导致孩子对某一行为的持续坚持。

- 批评惩罚没有对规则的内化或自我约束起到作用。
- 批评惩罚带来的某种关注将会让孩子继续行为不端。

明确批评惩罚的局限性，有利于我们更好地利用批评惩罚法来促进孩子的健康发展。

（2）表扬奖励的使用范围。

家长应该了解当孩子出现哪些情况时，才应该受到表扬奖励；当孩子出现哪些情况时不应该受到表扬奖励。

①适宜受到表扬奖励的情况。

A. 完成挑战性任务。孩子完成了对他而言具有挑战性的任务时，应该给予表扬奖励。这样，有利于培养孩子的进取心和自信心。

B. 创造性地完成任务。孩子以独特而有效的方式完成任务时，应该给予表扬奖励。这样，有利于培养孩子的创造性。

C. 有亲社会行为。孩子表现出了我们所渴望的亲社会行为、态度和良好的习惯时，应该给予表扬奖励。这样，有利于培养孩子相应的行为习惯。

D. 有进步。只要孩子有进步就应该给予表扬肯定，而不要等到孩子比别人优秀时才给予表扬肯定。因为每个孩子都有自己的强项和弱项，孩子每天都进步，他就在成长。

②不适宜给予表扬奖励的情况。

A. 有内在动机。当一个孩子在活动中已经有内在动力时，就不要表扬奖励。比如，孩子自己非常喜欢画画，他并不需要成人的表扬和物质奖励，而只要获得认可就足够了。如果孩子画出很美的画，成人只要关注一下就行了，但如果成人说"宝贝，你真棒！等一下我给你巧克力吃"，这样的强化多了，反而会使孩子对画画的兴趣逐渐减弱，甚至会使孩子出现厌烦心理。

B. 先天因素导致的优异。如，一个孩子的相貌、能力、身材等的优异，不宜被表扬奖励。因为这些因素非后天努力的结果，而是取决于父母的遗传。

案例4-63 你好漂亮呀!

一位中国女学者到美国朋友家做客,朋友的女儿很漂亮,这位中国女学者便称赞女孩:"你好漂亮呀!"结果,令人尴尬的是美国朋友对此很不高兴,要求女学者向自己的女儿道歉:"我的女儿漂亮是受之父母的,不是她自身价值的所在。你可以赞美她有礼貌,但不能赞美她的外表,你误导了我的孩子对自身价值的认识,请向她道歉。"

美国家长所倡导的观念值得我们借鉴和学习,"受之父母的"不应该受到称赞和表扬。我们应该多肯定孩子后天的努力及其结果,这样会引导孩子不断地通过后天努力向前发展。

案例4-64 鼓励与表扬

德韦克团队曾经做过一个实验,在实验中,他们让孩子们独立完成一系列智力拼图任务。

首先,研究人员每次只从教室里叫出一个孩子,进行第一轮智商测试。测试题目是非常简单的智力拼图,几乎所有孩子都能相当出色地完成任务。每个孩子完成测试后,研究人员会把分数告诉他,并附一句鼓励或表扬的话。研究人员随机地把孩子们分成两组,一组孩子得到的是一句关于智商的夸奖,即表扬,比如,"你在拼图方面很有天分,你很聪明。"另外一组孩子得到的是一句关于努力的夸奖,即鼓励,比如,"你刚才一定非常努力,所以表现得很出色。"

为什么只给一句夸奖的话呢?对此,德韦克解释说:"我们想看看孩子们对表扬或鼓励有多敏感。我当时有一种直觉:一句夸奖的话足以看到效果。"

随后,孩子们参加第二轮拼图测试,有两种不同难度的测试可选,他们可以自由选择参加哪一种测试。一种较难,但会在测试过程中学到新知识。另一种是和上一轮类似的简单测试。结果发现,那些在第一轮中被夸奖努力的孩子中，有90%选择了难度较大的任务。而那些被表扬聪明的孩子，则大部分选择了简单的任务。由此可见，自以为聪明的孩子不喜欢面对挑战。

为什么会这样呢？德韦克在研究报告中写道："当我们夸孩子聪明时，等于是在告诉他们，为了保持聪明，不要冒可能犯错的险。"这也就是实验中"聪明"的孩子的所作所为：为了保持看起来聪明，而躲避出丑的风险。

接下来又进行了第三轮测试。这一次，所有孩子参加同一种测试，没有选择。这次测试很难，是初一水平的考题。可想而知，孩子们都失败了。先前得到不同夸奖的孩子们，对失败产生了差异巨大的反应。那些先前被夸奖努力的孩子，认为失败是因为他们不够努力。

德韦克回忆说："这些孩子在测试中非常投入，并努力用各种方法来解决难题，好几个孩子都告诉我：'这是我最喜欢的测验。'"而那些被表扬聪明的孩子认为，失败是因为他们不够聪明。他们在测试中一直很紧张，抓耳挠腮，做不出题就觉得沮丧。

第三轮测试中，德韦克团队故意让孩子们遭受挫折。接下来，他们给孩子们做了第四轮测试，这次的题目和第一轮一样简单。那些被夸奖努力的孩子，在这次测试中的分数比第一次提高了30%左右。而那些被夸奖聪明的孩子，这次的得分和第一次相比，却退步了大约20%。

德韦克一直怀疑，表扬对孩子不一定有好作用，但这个实验的结果，还是大大出乎她的意料。她解释说："鼓励，即夸奖孩子努力用功，会给孩子一个可以自己掌控的感觉。孩子会认为，成功与否掌握在他们自己手中。反之，表扬，即夸奖孩子聪明，就等于告诉他们成功不在自己的掌握之中。这样，当他们面对失败时，往往束手无策。"

在后面对孩子们的追踪访谈中，德韦克发现，那些认为天赋是成功的关键的孩子，不自觉地看轻努力的重要性。这些孩子会这样推理：我很聪明，所以，我不用那么用功。他们甚至认为，努力很愚蠢，等于向大家承认自己不够聪明。

德韦克的实验重复了很多次。她发现，无论孩子有怎样的家庭背景，都受不了被夸奖聪明后遭受挫折的失败感。男孩和女孩都一样，尤其是成绩好的女孩，遭受的打击程度最大。甚至学龄前儿童也一样，这样的表扬都会害了他们。

鼓励是指鼓劲而支持，表扬则是指对一件事或品行的显扬、宣扬。

鼓励通常是针对过程和态度的，如，"爸爸看到你这学期的努力，为你骄傲！"表扬通常是针对结果和成效的，如，"爸爸看到你成绩提高，为你高兴！"

其实表扬还是鼓励孩子，反映了我们的价值取向。我希望，我们的老师在教育实践中要推崇那些成绩不怎么好的孩子——老师不喜欢他们，小朋友看不起他们，但他们仍然努力在改变自己——因为"终身学习是天才，终身努力是英雄"。

2. 以表扬奖励为主，批评惩罚为辅

心理学研究表明：表扬奖励与批评惩罚的比例最好控制在 3∶1。如果远远超过了这一比例，那么，你的表扬或许已不太真诚或者有点夸大其词的成分；如果低于这一比例，那么，你就可能是个过于挑剔的父母，这将令孩子的情绪长期不安，进而会破坏孩子的自然成长，使其变得神经质、怯懦或者不诚实，甚至还可能学会用粗暴的态度来对待他人。

父母要多看到孩子的优点和进步，多给孩子以肯定式的评价，要鼓励孩子把自己的优点发扬光大，这样有利于孩子不断地进步，而不要总是盯着孩子的缺点不放，更不要认为只有孩子把所有的缺点改正完了才是好孩子，有缺点的孩子也可以是好孩子，真正没有缺点的孩子是不存在的。

批评惩罚和表扬奖励，都是对孩子进行教育必不可少的手段，但我们应该记住，表扬奖励应该是教育孩子的主要手段，而批评惩罚则是一种辅助手段。在整个教育过程中，应该以表扬奖励为主，批评惩罚为辅。

我曾听到好几个熟人讲,他们的孩子在国内学校上学时总挨老师批,成绩也一般。可一去了国外学校,不但成绩在班上名列前茅,而且总受老师表扬。是孩子变了吗?非也。是国外老师和国内老师对孩子的看法不一样。国内有些老师的一个通病是只看到学生的阴暗面。而西方国家的老师,特别注意也特别擅长发现学生的优点和长处。一位同胞,刚出国时,因为语言问题,其宝贝女儿不愿与班里的孩子交流,总是怯生生的。她告诉妈妈她不想上学。可女儿的老师很快就使形势起了变化。仅几周时间,小家伙不仅变得活泼欢快起来,而且非常喜欢到学校去上课。原来,同胞的女儿喜欢画画,老师就把她的画贴到墙上,让孩子们欣赏,还夸奖她是一个非常聪明的小姑娘。女儿的英文写得乱七八糟的,这要在国内的有些老师眼里,那还有好?非请家长不可!可外国老师挑出那屈指可数的几个"漂亮"的字母,鼓励说:"瞧,这几个字母写得多好看啊!如果所有字母都能写成这样,那就更好啦!我相信你一定能做到。因为你是一个非常聪明的孩子。"老师的表扬和鼓励,使同胞的女儿树立了自信心,在学习上也更加努力了。女儿还告诉妈妈,老师说她很聪明,她会比别的孩子做得更好。

我们家长应该多向这些国外的老师学习,要有一双善于发现、善于欣赏的眼睛,多看到孩子的闪光点,多给孩子以鼓励,这样,我们的孩子才有可能不断地获得成长的信心。

3. 表扬奖励和批评惩罚,要让孩子有相应的"感觉"

表扬奖励,要让孩子感觉到"甜"的滋味;批评惩罚,要让孩子感觉到"痛"的滋味。只有这样,表扬或批评才能触及孩子的内心,才能对孩子的发展真正有意义。

案例4-65 不再打妈妈

小牛今年4岁,他每次生妈妈的气时,都会打、踢或咬妈妈。妈妈并不相信小孩具有恶劣的攻击性行为,所以她并不把它当一回事。只是告诉他,妈妈被他打得好痛,所以他不可以再打妈妈了。结果,这种方法对小牛的行为并没有任何改善。

后来，小牛的妈妈请教一位专家，改变了应对的态度和方式。当小牛再打妈妈时，妈妈很轻松地说："你要和妈妈玩打架游戏是不是？"然后，妈妈趁机打一下小牛，不要太用力，但要比小牛打的力量大一些，是真的打。结果小牛被激怒再回打妈妈，妈妈还是同样的做法，只是第二次稍稍用力。妈妈再继续和小牛玩游戏，结果，小牛很快就没有兴趣打了。

此后，小牛再也不打妈妈了。

小牛的妈妈后面所采用的所谓的游戏方法就是惩罚法——小牛打妈妈后，妈妈让他尝到了被打的疼痛滋味（厌恶性刺激），因此，他的打人行为也就减少甚至消失。

4. 批评表扬要让孩子知道今后的努力方向

无论是批评惩罚还是表扬奖励，其目的都是为了让孩子明确自己该做什么，不该做什么，是为其今后的发展指明具体的方向。

案例4-66 老师说我是好孩子

有一次，我问孩子们："你知道你身上的小红花是什么意思吗？"他们摇着小脑袋很自信地说："我表现好！"我又问："你什么地方表现好啊？"孩子不好意思地说："我也不知道什么地方表现好，反正老师说我是听话的好孩子。"

上述案例给我们的启示是，表扬奖励孩子，如果仅仅是抽象地跟孩子说"你真乖""你真棒""你真是个好孩子"等，孩子只是受到表扬奖励时兴奋一下而已，过后他并不知道应该怎么做，因为我们表扬奖励孩子并没有告诉他具体的原因。同理，如果我们批评惩罚孩子仅仅是在他做错事以后骂一骂他，而没有告诉他应该怎么做，那么，这种批评也仅仅是让孩子难过一下而已，最多只是今后不再做同样错误的事情，但孩子仍然没有能够从犯错误中明了今后应该怎么做。

5. 不宜用事先许诺的表扬奖励来激励孩子

有的父母在教育孩子的过程中，有时为了让孩子听从要求往往会采用事先许诺的表扬奖励来调动孩子的积极性。如，"你先别闹了。你不闹的话，妈妈就给你一块糖吃。""别爬到桌子上去，如果听话，妈妈就把新的积木分给你玩。"

父母的这些许诺确实可能会在一时一事上发挥积极作用，孩子在得到父母的许诺后，确实会出现某些好的行为，如真的听话了，守规矩了；但是这种事先许诺式的表扬奖励，如果用得多了，其不良后果也是十分明显的，它会使孩子变得非常功利，使他们在采取行动之前只计较自己是否得利，或利大还是利小，进而养成斤斤计较、见利忘义、自私自利等浓厚的功利主义意识和品质，使他们难以认识到自己对待事情应负的责任，以及自己的行为对他人和社会的意义，这就使其今后很难与人共事、共处。

6. 培养孩子参与活动的内在动力

著名思想家沃洛德考夫斯基曾说："我从来不说'调动孩子的积极性'，因为那将会剥夺他们自己的选择。"

是的，每个人自由自主地选择才是最重要的。来自内在的动力才是永久性的，才能够将生命智慧发挥到最佳状态，他的学习才能够持久并且终身化，学习时才能够体验到乐趣。只有自己才能把自己的生命与自己的学习和职业最好地结合在一起。

一个始终活在他人眼中的人，一个始终靠外在的刺激来调动积极性的人，是不可能做出一流成就的，也不可能从职业与学习中获得属于自己的幸福与快乐。

（三）批评惩罚与表扬奖励法示例与判断

对以下的示例，你的判断是什么？你能说出其中的道理吗？

A 情景：孩子收拾了玩具。

× "你真是个乖孩子。"

　　√ "你是个负责任的好孩子。妈妈还没有提出要求,你就把玩具收拾得整整齐齐。"

　　B 情景:孩子主动向老师问好。

　　× "你真是个懂礼貌的孩子。"

　　√ "你见老师能主动问好,真是个懂礼貌的孩子。"

三、自然后果法

(一)自然后果法的含义

　　早在 18 世纪时,法国著名的教育家卢梭就提出:我们可以"通过让孩子体验其过失的不良后果,来纠正他们的过失"。在教育孩子方面,我们可以用孩子行为产生的自然后果来教育孩子,使孩子从自己的行为后果中受到应有的教育,这就是著名的自然后果教育法。

　　自然后果法,可以让孩子从具体的生活经验中,理解什么样的行为是对自己有利或有害的,进而可以让他们不断积累关于对或错的经验。如,孩子弄坏弄脏衣服时,家长别忙着给他更换或缝补,就让他继续穿着脏的或破的衣服与人交往、活动,穿脏的或破的衣服会被别人取笑,进而使他觉得难过,从而产生"当时不该把衣服弄脏弄破"以及"以后穿衣服可要当心点"的想法。

　　自然后果法中孩子所受到的处罚是孩子自己的行为所导致的自然后果,是一种自然性的回应,不是人为地另外给予的惩罚,它是公正的,因而孩子不会觉得委屈、冤枉,情绪波动就会较小,也不会被"激怒",更不易与教育者形成对立的情绪;另外,自然后果法放弃抽象的说理,让孩子在真实情境中体验自己行为不当的自然报应,符合幼儿期孩子的认知特点,因此,更容易让孩子理解和接受相应的教育要求。

（二）使用自然后果法的基本要求

使用自然后果法应该注意以下四点要求。

1. 让孩子明了其错误行为与其行为后果的关系

只有孩子认识到其不良行为与后果的关系时，这样的后果才是"自然的"，才是有教育意义的，才能让孩子减少或者避免不良的行为，否则，这样的后果并不能减少孩子相关的不当行为。谢斐尔说："如果你因为孩子看电视的时候在沙发上蹦跳便取消原定的游戏项目，那是没有意义的；必须让孩子明了他所受的处罚是因他的行为所致，所以应该关掉电视机。"

案例4-67 拒绝吃饭

有一次午饭时分，我的孩子晓晓突然提出要吃肯德基，她妈妈说可以星期天去吃，但晓晓坚持"不去吃肯德基就不吃饭"，她气急败坏地将筷子扔到地上……

一家人吃完了，晓晓仍坚持自己的态度，我耐心地说："你不吃午饭，我们就要收拾碗筷了。"晓晓打开电视机看电视，压根儿就不理会我说的话。她妈妈收拾完桌子，上班去了，我也不再理会晓晓而埋头写作。饥肠辘辘的晓晓背起书包上学去了，她被饥饿折磨了整整一个下午，回家后主动认错，并打开冰箱自取食品，狼吞虎咽，从那以后，晓晓再也不敢轻易提出不合理要求了。

晓晓的不良行为是"没有按要求吃午饭"，其后果是"被饥饿折磨了整整一个下午"，其教育效果是"再也不敢轻易提出不合理要求了"。现实生活中，我们在许多时候都可以使用自然后果法来教育孩子。

2. 人为创造"自然后果"也能让孩子受到教育

有时候，孩子的某些不良行为并不一定马上就会给孩子产生能感觉到的后果，这时，家长可以人为地创造某些"自然后果"来让孩子从中受到教育。比如，孩子特别喜欢到盥洗室玩水，家长给孩子讲过无数次节约用水的重要性，可是，孩子就是改不掉这个毛病。这时，家长可以在孩子玩水的时候，人为地将家里的自来水总开关慢慢地关掉，让孩子感受到自己玩水导致水流尽了，没有水做饭，没有水冲厕所等玩水带来的种种后果。这样，孩子有了这次教训，就会珍惜水。

家长可以根据孩子的不良行为产生的情境，根据需要创造出相应的"自然后果"让孩子受到相应的教育。

3. 自然后果法要与说服教育法相结合

由于经验和能力的局限性，许多时候，幼儿期的孩子并未能从其行为的自然后果中感悟出其中做人做事的道理，同时，自然后果也仅仅是告诉孩子"不应该如何做"或"不应该做什么"，却没有告诉孩子"应该如何做"或"应该做什么"。因此，为了提高自然后果法的教育效果，家长要注意抓住时机，充分挖掘自然后果事件，对孩子进行说服教育——这比纯自然后果法或单纯说服教育法的教育效果要好得多。

案例4-68　出现自然后果后，说服变得如此简单！

记得有一次我和孩子们在进行晨间活动，值班老师来喊我，说我班的一个孩子在门口不肯进来。我急忙跟保育员打了个招呼来到门口，一看是昕昕，她的眼睛哭得红红的，她妈妈正蹲着和她讲话。看见我来了，她妈妈忙说："现在跟老师进去，等天热的时候妈妈一定让你穿，好吗？"但昕昕还是没有同意。我问明原因，原来是：早上昕昕看见妈妈穿裙子，自己也一定要穿那条夏天时穿的公主裙。妈妈怕她着凉感冒，不同意，于是她就哭闹，连幼儿园也不肯上了。

看着昕昕妈妈求助的眼神，我也很无奈，只能一个劲地哄她。因为这孩子脾气很犟，再加上家里人平时事事都依着她，所以她还比较任性。好不容易让她进了班级，但她的小脸始终紧绷着。和她讲道理吧，她却只认死理：妈妈能穿，我怎么就不能穿啦？！妈妈不感冒，我怎么就会感冒？！

我决定用"自然后果法"来教育她。于是，我赶紧跟昕昕的妈妈打电话，让她把裙子拿来，并把我的想法告诉了她。

就这样，昕昕如愿以偿地穿上了裙子，那高兴劲儿就别提啦！可没过多久，我就发现昕昕笑不起来了，她感到冷了，但又不能和我说，只是在座位上跺脚。此时我赶紧过去对她说："老师看你现在还是把裙子换下来吧，毕竟天气比较冷，真要是感冒了，多麻烦呀！"就这样，她爽快地换上了衣裤，并感激地对我笑了笑。

出现自然后果后，说服变得如此简单！

对于只认死理的孩子来说，如果有条件的话，自然后果法就是最好的教育方法。

4. 注意自然后果法的适用范围

（1）孩子的不良行为必须与后果即时联系在一起。如果两者的时间间隔太长，就不适宜使用自然后果法，因为这样很难让孩子将后来的自然后果与以前的不良行为建立联系，孩子的不良行为很难因为这样久远的后果而减少或消失。

（2）自然后果不应给人身财产带来重大损失。过大的损失，是社会和个人都无法承受的。

（3）自然后果不应给孩子带来严重的自尊心伤害，或者造成孩子严重的恐惧心理。因为这方面的心理伤害可能是一辈子的。

（三）自然后果法示例与判断

对以下的示例，你的判断是什么？你能说出其中的道理吗？

情境A：把小刀弄断了。

× 父母斥责孩子，叫他今后爱惜小刀。

× 花钱帮他买新的小刀。

√ 让他自己去体验没有小刀削铅笔的痛苦感受。

情境B：妈妈正在做饭，小飞喊："妈妈，我的飞机找不到了！"

× 妈妈立刻放下手里的活儿，帮小飞找飞机，爷爷奶奶也过来帮忙，几个人齐心协力，终于把飞机找到了。

　　√ 让小飞自己找飞机，找不到时他哭了。

情境C：早上起床时袜子不见了，屠艳向妈妈大声喊话："妈妈，我的袜子不见了！"

　　× 妈妈说："别急，我来帮你找，我是找东西的高手。"

　　√ 让屠艳自己找，找不着就不穿袜子上学。

情境D：虹虹放学回家，脱鞋袜乱丢。

　　× 妈妈随后帮她收拾。

　　√ 让虹虹想穿鞋袜时找不到鞋袜，为此而痛苦。

情境E：孩子故意弄坏玩具。

　　× 马上买新玩具给他。

　　√ 孩子只能玩损坏的玩具。

情境F：小华很喜欢金鱼，常趁父母不注意偷偷地把金鱼从鱼缸里捞出来玩，其结果自然是金鱼一条接一条地死去。

　　× 耐心地教育她要爱护金鱼。

　　× 及时将死去的金鱼补上。

　　√ 不再给孩子买金鱼，让鱼缸就空在那儿。过了几天，小华见没有金鱼可看了，心里挺着急。这时，家长抓住时机问她："小华，为什么你没有金鱼看了？"小华明白了，不好意思地说："因为我把金鱼捞出来，把金鱼弄死了。"

情境G：孩子弄坏弄脏他们所穿的新衣服。

　　× 及时给他洗涤或缝补。

　　√ 让他继续穿着脏破的衣服与人交往、活动，使他觉得害羞或不方便。

情境H：孩子吃饭状态不佳。

　　× 首先要养成吃饭的好习惯。有时孩子贪玩不想继续吃饭，这时就要喂饭来补充。

　　√ 孩子知道饱饿，由他自己决定。他不吃，就不要喂。

情境 I：孩子睡觉蹬开被子。

× 看过革命战争影片吗？深夜老班长为小战士掖被角。孩子蹬被子，爸妈要及时盖。

√ 孩子觉得热，把被子蹬开，是很自然的举动，不要强行给他盖被子。

四、环境熏陶法

(一) 环境熏陶法的含义

环境熏陶法是指在家庭教育中，家长有意识地根据自己的教育理想，创设一个相应的家庭生活环境，使孩子耳濡目染，潜移默化地受到家庭的影响，以培养孩子良好的品行的一种教育方法。

由于幼儿期孩子的年龄特点，他们好动、好模仿，并在头脑中容易留下深刻痕迹的特点，他们特别容易受到周围环境的感染，环境对他们的发展具有特殊的意义。可以说，过一种什么样的生活，就会成为什么样的人。过一种缺德的生活，就会成为一个缺德的人；过一种高尚的生活，就会成为一个高尚的人；过一种有智慧的生活，就会成长为一个有人生智慧的人。

案例4-69　近墨者黑

有一天，墨子率领他的学生经过一家染厂，看见主人把一缕一缕洁白的丝丢进染缸里，立即变了颜色。墨子看了，非常感慨地说："丝本来是多么纯洁呀，可是丢到红色的染缸里，就变成红色；丢到蓝色的染缸里就变成蓝色；我们人刚出生的时候不也是很纯洁的吗？可是因为后天的影响，就变得形形色色，成为各种各样不同的人了。"

每一个天真无邪的孩子都是一缕纯洁的白丝，而环境则是一个大染缸，好的环境就像一个色彩明朗的染缸，染出来的丝明艳耀眼；不好的环境却像一个色彩混浊的染缸，染出来的丝黯淡无光。丝一经染过，再怎么洗也不能恢复本色了。孩子们也是一样，一旦被不良的环境染坏了，想要再改过来就很不容易了。

因此，家长应该充分利用家庭环境这一因素，促进孩子健康和谐地发展。

（二）使用环境熏陶法应注意的事项

使用环境熏陶法应该注意如下几点要求。

1. 根据教育要求来创设良好的家庭教育环境

有什么样的环境，孩子就有什么样的活动，进而就有什么样的发展。因此，家长应该根据自己的教育理想和对孩子发展的具体要求，为孩子创设相应的家庭环境，让孩子在家庭环境潜移默化的影响下健康地成长。

材料4-4　有什么样的家庭环境，孩子就有什么样的发展

国外教育家多萝茜·洛·诺尔特认为"孩子们从生活中学习"。他指出：

如果一个孩子生活在批评之中，他就学会了谴责。

如果一个孩子生活在敌意之中，他就学会了争斗。

如果一个孩子生活在恐惧之中，他就学会了忧虑。

如果一个孩子生活在怜悯之中，他就学会了自责。

如果一个孩子生活在讽刺之中，他就学会了害羞。

如果一个孩子生活在嫉妒之中，他就学会了嫉妒。

如果一个孩子生活在耻辱之中，他就学会了负罪感。

如果一个孩子生活在鼓励之中，他就学会了自信。

如果一个孩子生活在忍耐之中，他就学会了耐心。

如果一个孩子生活在表扬之中，他就学会了感激。

如果一个孩子生活在接受之中，他就学会了爱。

如果一个孩子生活在认可之中,他就学会了自爱。

如果一个孩子生活在承认之中,他就学会了要有一个目标。

如果一个孩子生活在分享之中,他就学会了慷慨。

如果一个孩子生活在诚实和正直之中,他就学会了什么是真理和公正。

如果一个孩子生活在安全之中,他就学会了相信自己和周围的人。

如果一个孩子生活在友爱之中,他就学会了把这个世界看成一个好地方。

如果一个孩子生活在真诚之中,他就学会了头脑平静地生活。

材料4-5 孩子是父母教育行为的一面镜子

- 如果您的孩子喜欢谴责别人,是因为平时您对他批评过多。
- 如果您的孩子凡事喜欢抱怨,是因为您总是挑剔他。
- 如果您的孩子喜欢对抗,是因为您对他有敌意和强制。
- 如果您的孩子不够善良,是因为您是一个缺少同情心的人。
- 如果您的孩子胆小、羞怯,是因为他经常被嘲弄、辱骂。
- 如果您的孩子不跟您说心里话,是因为您捉孩子的话把儿,翻老账。
- 如果您的孩子不辨是非,是因为您专制,没有给孩子自主和思考的机会。
- 如果您的孩子很自卑,是因为您对孩子总是失望,不能耐心地鼓励。
- 如果您的孩子嫉妒、敏感、怕受伤,是因为他的家里没有宽容和温暖。

- 如果您的孩子不喜欢自己，是因为您对他缺少接纳、认可和尊重。
- 如果您的孩子不上进、不努力，是因为您对他要求过高，他做不到。
- 如果您的孩子很自私，是因为您对他太溺爱，他要什么您给什么。
- 如果您的孩子不懂父母的苦心，是因为您没有教会他理解别人。
- 如果您的孩子退缩、逃避，是因为遭到了您的轻视和打击。
- 如果你的孩子懒惰和依赖，是因为您替孩子做的事和决定太多了。
- 如果您被孩子控制了，是因为您不敢严厉管教，总是哀求孩子。
- 如果您的孩子撒谎、骗人，是因为您不够宽容，喜欢惩罚孩子。
- 如果您的孩子冷漠，攻击他人，是因为您对他的讽刺和冷眼太多。
- 如果您的孩子有暴力行为，是因为您常用暴力来处理孩子的问题。
- 如果您的孩子意志不坚强，惧怕困难，是因为您没有给他锻炼的机会。

有以上三种状况就说明您的家庭教育处于"亚健康"状态了；有以上四种状况就要随时注意您的教育方法了；有以上五种状况就说明你的家庭教育出现严重问题，必须请专家指导了！

上述两份材料，为我们创设家庭环境提供了思路，我们应该理清我们的思路，创设出一个既符合我们的教育要求，又符合孩子健康成长需要的环境。

2. 挖掘和利用家庭环境中的各种因素促进孩子的健康发展

只要家长有教育意识，家庭环境已有的许多现成要素就具有促进孩子发展的意义。如，家居物品种类繁多，孩子的玩具也不少，这一切可用来培养孩子的"物品用完后要物归原处"的习惯。

家居装饰要适合孩子的身心特点。应该为孩子提供一些较低矮的家具，留出一些空旷的空间给孩子，让孩子在适合于自己高度与能力的小天地中，能自由地安排自己的活动，实现自己的想法，做自己小天地的主人，使身心获得健康发展。我们必须给孩子机会，让他们练习自己必须做的事，因为发展依靠不断的练习。孩子喜欢洗手，不完全是因为觉得洗手很好玩，而是洗手让他们觉得自己能够做到自己解决自己的问题，而不用麻烦别人。在生活中能够自己动手做力所能及的事，这是孩子发展的基础。

孩子用的家具、玩具一定要是可以清洗的，这并不仅仅是因为这样比较合乎卫生，真正的理由是，这些可以清洗的家具、玩具提供给孩子乐意去清洗的机会。孩子要学会注意环境卫生，学着把污迹清除干净。久而久之，孩子就会养成保持卫生的好习惯，就会把他身边的每样东西刷干净。

很多家庭，在桌椅的脚下贴一层柔软的塑胶垫，以便减少移动时的噪声，影响楼下住户的生活——这是很富有暖意的想法和做法。但从另一个角度看，家具不贴保护垫，因此能发出点噪声反而有它的"好处"，那就是因为这些家具易造成噪声，会让孩子知道自己的动作是不是太粗鲁了，进而时常轻柔地搬运家具，让"他人"时常在心中，这样有利于孩子形成做人做事都要考虑他人感受的意识和习惯。

在环境中放些易碎的东西，如，玻璃制品、陶瓷制品等——当然，这些物品应该是不太贵重的，孩子打坏了损失也不大。物品易碎，有利于孩子注意自己的行为举止，并学会控制自己的动作幅度和力度。也许有人会质问："为什么要这样做？这些玻璃制品、陶瓷制品一旦到了三四岁孩子的手上，一定会被他们打碎！"——确实是这样！但我们认为，孩子的发展比这些易碎的东西更重要。

家长费尽心机地帮助孩子，而这恰恰妨碍了他们的自然发展。许多家长也许要给孩子准备一个铁碗或不锈钢的杯子、碟子，这样即使他把碗、杯子、碟子往地上摔也不会碎——家长们用障眼法把问题隐藏起来，这样，孩子学习必要的生活经验的许多机会就会被剥夺了。

3. 避免家庭环境中消极因素对孩子的消极影响

家庭环境中，除了积极因素外，还有消极因素。为了更好地促进孩子的健康发展，家长要注意预防甚至消除家庭对孩子的消极影响。

（1）预防和消除家庭物质环境因素对幼儿的消极影响。

家庭物质环境中有积极因素，也有消极因素。为了更好地促进孩子的健康发展，家长在注意家庭物质环境的积极作用的同时，还应该预防和消除其消极作用。比如，家庭环境装修过度豪华，为了保持这种豪华，父母不欢迎孩子的小伙伴到家里来玩——这让孩子不知不觉中失去了许多与小伙伴交往的机会，其交往能力的发展也受到了限制；家居环境成本昂贵，不允许孩子随便乱碰，以致孩子在家里生活得小心翼翼——活动不自由，受到过多的限制，这不能碰，那也不能碰；如果家居环境杂乱无章，那么孩子可能就会缺乏安全感和秩序感等。

家居环境，应该是为人的生活和人的成长服务的，但是在许多家庭中并不是这样，人反而成为家庭环境的服务生——这样的环境虽然能一直保持整洁（过度的整洁）和豪华，但它成了家庭成员生活的一个负担，成了孩子成长的一种障碍。这确实值得我们反思。家居环境的设计与装修的目的到底是为了人，还是为了家居环境本身？如果是为了后者，那我们还装修它干什么？因此，我们必须明确，在家居环境中，人才是最重要的目的，甚至是唯一的目的。

（2）预防和消除家庭人际环境因素对幼儿的消极影响。

家庭中人际环境的下列因素可能会对孩子的发展起消极作用，并且这些因素比较容易被家长忽视，因此，更应该引起家长的重视。

①家庭中的"骗人文化"。

"骗人文化"在我国家庭教育里根深蒂固,以至大家都认为它并不是一个问题。在我国"骗人文化"随处可见。

案例4-70　再哭,大灰狼就来抓你

妈妈:"别哭了啊,门口有大灰狼啊!"小孩一推门:"妈妈,门口没有大灰狼!"妈妈回应说:"它刚跑,你再哭它就又来了!"

案例4-71　世界上根本没有"迷糊子"

我母亲为了不让外孙到水渠里玩水,就说水里有"迷糊子",孩子问我:"妈妈,什么叫'迷糊子'?"我说:"'迷糊子'就是水鬼的意思。"我儿子一听,说:"噢!"他不害怕了——因为我们告诉过他,世界上没有鬼。但从那天开始,儿子不再单独同外婆待在一起。儿子说:"外婆骗人,她说有迷糊子,可是根本没有!她还说爱我,我不相信她。"

（孙瑞雪,2004）

案例4-72　被成人骗得有点神经质的孩子

A和B两个小朋友正在玩"过家家"的游戏,忙得不亦乐乎。

A扮演一名医生,而B则是一个有点儿怕见医生的病人。"小医生"拿着一个手电筒假装检查"病人"的耳朵。这样敷衍两下之后,便对"病人"宣布:"你病了,得打针。"只见她一边准备针剂,一边煞有介事地安慰B:"这个一点儿也不痛。"而"病人"B却是一副紧张兮兮的表情。他盯着"医生"A手中的注射器(尽管上面没有针头,但看上去还是挺恐怖的),无辜地问道:"你的意思是像医生说的那样不痛呢,还是真的一点儿也不痛呢?"

幼儿期的孩子是相当容易轻信别人的,所以要想蒙骗他们几乎是轻而易举的事情。但是随着年龄和经验的增长,孩子们就会逐渐明白成人

的"阴谋诡计"，他们也会慢慢明白谁值得信赖，谁不值得依赖。我们强烈建议对小孩子实话实说，如打针时我们可以这样说："打针是相当重要的。虽然会痛，但是还有妈妈在这里陪着你呀！如果你能乖乖地待着别动，医生很快就能打完，那我们就可以马上离开这里。"请记住，如果我们通过一些欺骗的手段或小把戏来哄孩子，孩子迟早也会跟着这样做的。维系家长与孩子之间相互信任的强韧纽带，让孩子守诚信，要比你为了达到眼前的所谓目的而欺骗孩子重要得多。

②家庭中的"不信任陌生人文化"。

社会上的人际关系越来越复杂，人心叵测，因此，我国的家长总是喜欢告诉自己的孩子不要相信陌生人。这样就使得原来就缺乏相互信任根基的人们更加缺乏相互信任的信心。

案例4-73　防人之心

我去朋友家，当朋友出去买菜的时候，邻居家的小女孩来串门。当我随手捧出一堆花花绿绿的巧克力时，她惊奇地瞪大了眼睛。当她明白这是送给她的时，小女孩并没表示出应有的欣喜，也未伸出双手来接，只是犹豫地摇了摇头说："叔叔，妈妈不让我要别人的东西。"尽管她嘴里这样说，但是她的眼神分明告诉我她非常想得到这份礼物。

于是我开导她："小朋友你看，叔叔是不是坏人？"她肯定地摇了摇头。我说："既然这样，你就收下吧，你妈妈不会怪你的。"小女孩终于把巧克力装进兜里，一蹦一跳地唱着歌走了。

谁料过了不一会儿，小女孩又站在了门外，红着眼睛怯生生地说："叔叔，妈妈说了，谁的东西也不能要，妈妈让我把巧克力还给你。"说着，她把装有巧克力的塑料袋递到我的手上，一步一回头地走了。

家长过度提醒孩子提防陌生人，让孩子对陌生人产生怀疑甚至失去了判断力，从小就对陌生人有一种恐惧感和怀疑的倾向，这不利于孩子今后与别人建立良好的人际关系，甚至不利于孩子心理的健康发展。

③家庭教育中的"反公德文化"。

案例4-74 教孩子逃票

"弯下腰，低头钻过去，别让人看见了。"这是记者在上海地铁人民广场车站看到的真实的一幕——一位年轻妈妈"教导"着自己的孩子如何逃票，她让走在前面的孩子从地铁的验票闸机下钻过后，自己刷卡进站。上午8点，正值上下班的高峰时间，记者在徐家汇地铁1号线入口处看到，短短15分钟之内，就有3个身高明显超过1.2米的孩子没有购票。有的孩子仿佛已经习惯了堂而皇之地不买票，无须父母"指导"，直接钻过闸机。

时常看到或听到一些父母在教自己的孩子如何钻社会管理的"空子"，做些有违社会公德甚至违法的事情。由于教子有方，孩子每每都能成功地"违法"或"缺德"而没有受到任何处罚和谴责。家长可能在内心深处也会为自己的孩子如此聪明而扬扬得意，但他并没有想到，一旦孩子形成"不懂规矩""不守规矩"的意识和行为习惯，他今后将会成为不受社会和他人欢迎的人。因为"懂规矩""守规矩"是现代人应该具备的一种素质，"不懂规矩""不守规矩"将让孩子在社会上寸步难行。因此，我们可以说，"不懂规矩""不守规矩"不仅危害社会，也危害自己。

（三）环境熏陶法示例与判断

对以下的示例，你的判断是什么？你能说出其中的道理来吗？

A 情景：当孩子兴冲冲地拿着图画到妈妈面前。

× 怎么这么脏？看别人画得多干净！

√ 你的画很有创意，能不能告诉我画的是什么？

√ 你的画很有创意，如果能注意点画面的整洁，那么你的画就更漂亮了。

√ 你的画面，这边很干净。

B情景：孩子在很有兴致地唱歌。

× 你的声音怎么这么小？不会大一点吗？还是没胆量！

√ 你的歌唱得很好听。如果你能唱得再大声一点的话，爸爸就可以听得更清楚了。

C情景：遇到熟人。

× 快叫，快叫！你这孩子就是不叫人！

√ 上次见到A叔叔，你能大胆地向他打招呼，他一直夸宝宝是个有礼貌的孩子。今天你能和B叔叔打招呼，他肯定也会很高兴的。

五、实践体验锻炼法

（一）实践体验锻炼法的含义

实践体验锻炼法就是指在家庭教育过程中，根据孩子的发展需要，让孩子参加各种力所能及的活动，从真实的问题情境中去感受，去体验，去锻炼，以便得到相应的经验和技能技巧，培养其相应的认知、行为和情感的教育方法。

实践体验锻炼法特别符合幼儿期孩子的认知特点和情感特点。孩子只有通过"做"，才能真实地体悟做人做事的道理。美国华盛顿儿童博物馆墙上的格言是："我听到的会忘记，我看到的能记住，我做过的才能真正明白。"

日本教育家池田大作也曾说过这样的话："今天的父母们，让你的孩子吃些苦头吧！起码，要每天培养他独立生活的能力。总是让孩子靠在父母身上，白天给他遮住灼热的阳光，晚上给他挡住凛冽的寒风，早晨便使他的手软弱了，黄昏又让他的腿萎缩了。这样培育出来的孩子，若某一天失去庇护，必被残酷的大自然之手淘汰。"

案例4-75 爸爸，我跑回来了

有一天，年仅5岁的上幼儿园大班的儿子兴高采烈地向我报喜："爸爸，我跑回来了！"我摸着儿子那被雨淋湿的小脑袋，用赞许的口气对他说："你真是个勇敢的孩子，爸爸为你骄傲。"

原来，在儿子上大班后的第一天我就告诉儿子："爸爸今天带你去小区的幼儿园，你要仔细认路，下个星期你要一个人去上学。"我那机灵的孩子，面对我的命令只好怯生生地点了点头，并按我的要求走在我的前面……

（二）使用实践体验锻炼法的基本要求

1. 创造条件让孩子去做事

为了让孩子学会做事，在孩子3岁前后，就要逐渐培养他独立生活、独立处理各种生活问题的勇气和习惯。凡是自己能想的，就让孩子自己去想；凡是自己能做的，就让孩子自己去做；凡是自己应该做的，但孩子还不会做的，就必须让孩子尽力尝试去做。

案例4-76 我们输在哪里？

1992年8月，77个日本孩子与30个中国孩子曾经引起全国范围内的大讨论。当时，这107个孩子在内蒙古举行草原探险夏令营。上路时，日本孩子的背包鼓鼓囊囊的，装满食品和野营用具；中国孩子只是装装样子，背包几乎是空的。探险之路才走一半，中国孩子因将水喝光、干粮吃尽而向别人求援。中国孩子病了，回大本营睡觉；日本孩子病了硬挺着走到目的地。日本家长乘车而去，把鼓励留给发高烧的孩子；中国家长在艰难的路段把孩子拉上车……

夏令营的较量已经过去20多年了。中日孩子相比差别在哪里？最大的差别是什么？这些差别有所改变了吗？……我认为，这些问题仍然没有得到解决，我国和日本在孩子教育方面的差距至今仍未看到有所改变的迹象。这到底是哪里出了问题，确实值得我们深思！

材料4-6　值得借鉴的日本家庭教育

日本的家长在孩子很小时就有一项必须完成的任务——向孩子灌输"自己的事情自己完成"的观念，所以日本孩子外出都是自己背包裹，再重也要自己背。

虽然现在日本的独生子女多了起来，日本家长也比从前更娇惯孩子了，但是自己的事情自己做和不给他人添麻烦依然是日本基本的教育准则。上学放学时见不到一个家长来接送孩子。大部分日本父母要求孩子在家里必须做家务劳动，包括帮父母做饭、自己整理房间等。

尽管日本是一个贫富差距不大的国家，但是不乏超级富豪与贫困家庭，可无论如何你从日本孩子的穿着上看不出什么区别——日本孩子穿的都是统一的校服，几乎使用质地与款式完全相同的书包。在日本，不管家庭经济状况如何，家长给孩子的零花钱几乎都是一样的。日本家长认为有了这笔固定经费，孩子们有了一点小小的财政自由，会养成有计划地花销以及量入为出的良好习惯。

日本孩子从小就被教育要遵守规则，做事认真，不轻易认输，有集体主义精神等。日本家长和老师从小就灌输给孩子这样的观念——自己的国家资源稀少，只有靠自己努力奋斗才能生活下去，每个人都要为国家做贡献。日本教育的另一部分是生存教育，比如日本是地震多发国家，日本的教育不是让儿童害怕地震、火灾或电源，而是让他们在灾害面前知道怎么处理。

相对于日本的幼儿期的家庭教育，我们的教育内容和形式都显得单

调,同时,对生存教育和意志品质的培养重视得不够。

2. 创造条件让孩子去与同伴交往

为了让孩子学会做人,必须创造条件让孩子有更多的机会与不同的人,特别是与同龄小伙伴交往,让他们在交往中积累各种经验,学习与人交往的各种策略和技巧。

3. 创造条件让幼儿有机会面对各种困境

案例4-77 自己面对玩的一切

在一个游乐场,一个孩子要玩空中缆车,这是个惊险刺激的游戏项目,可这个孩子的爸爸却让他独自去玩,自己只是站在入口处等他。他并不是没有钱再买一张票,也不是出于自己的疏忽大意,而是因为他要让孩子明白,既然他要玩这个游戏,就要独自面对惊险和自己的恐惧,并学会调整、解决自己所面临的一系列情绪和心理问题。

让孩子有独自面临困境的机会,孩子的身心能力、意志力和良好品质才有可能获得发展,孩子才有可能获得真正的成长。

案例4-78 如何拿下树上的东西

一个幼儿在户外游戏时,将塑料圈往空中一抛,该塑料圈下落时不巧挂在树枝上。老师请大家想办法把塑料圈弄下来,结果幼儿想的办法大多是找"奥特曼""大象""长颈鹿"来帮忙,有个幼儿说"用口吹气",但也没有成功。居然没有一个孩子想到去把那棵并不粗的树摇一摇——这样一个简单得再也不能简单的解决办法。

我们的孩子在面临真实问题的时候,只想到找"奥特曼""大象""长颈鹿"帮忙或"用口吹气"等没有任何实际意义的方法来解决问题,这说明他们平时只生活在一个由成人刻意打造的虚幻的世界里,他们极少有与真实问题打交道的机会。

4. 允许甚至鼓励孩子犯错误

法国作家罗曼·罗兰说:"人生应当做点错事。做错事,就是长见识。"一个人怕犯错,就是畏惧现实;一个人想逃避犯错,就是逃避现实。一个教育者不允许孩子犯错,就是不允许孩子成长。

犯错误是孩子成长必需的一种经验。一个孩子从未做过蠢事,就说明他的心理不自由。

心中不怕犯错误,心理才是自由的。

案例4-79 放手让孩子自己做

大清早,嘉琪的妈妈催嘉琪快点起床。嘉琪拿起衣服就要自己穿上,妈妈赶快过来阻止她说:"你哪会穿衣服?每次让你自己穿衣服,不是把裤子穿反了,就是把上衣的扣子扣错了。让妈妈快点帮你把衣服穿上吧。"

"妈妈,我自己洗脸。"

"你什么时候学会洗脸了?上次让你自己洗脸,结果眼角的眼屎还在。耳朵也不知道洗,脏死了。"妈妈一边责备,一边帮她洗好脸。

"妈妈,我要自己吃饭。"

"你会自己吃饭,妈妈就不用那么操心了。每次让你自己吃饭,你都把衣服弄脏了,还搞得满地都是掉下的饭菜。地板我刚拖干净。还是让妈妈喂你吧。"

总是担心孩子出现问题,总是担心孩子犯错误,进而不给孩子任何自己做事的机会,这样,孩子就永远不可能学会做事,他的发展就永远停留在原有水平上。

案例4-80 专家的专业能力让孩子的母亲惊愕

一位母亲为他的孩子伤透了心,她不得不去找儿童问题专家。

专家问:"孩子第一次系鞋带的时候打了个死结,您是不是不再给他买有鞋带的鞋子?"母亲点了点头。专家又问:"孩子第一次洗碗的时候,弄湿了衣服,您是不是不再让他走近洗碗池?"母亲点头称是。专家接着说:"孩子第一次整理自己的床铺整整用了1个小时,您嫌他笨手笨脚,对吗?"这位母亲惊愕地看了专家一眼。

专家又说道:"孩子大学毕业去找工作,您又动用了自己的关系和权力。"这位母亲更惊愕了,从椅子上站起来,凑近专家问:"您是怎么知道的?"专家说:"从那根鞋带知道的。"母亲问:"以后我该怎么办?"专家说:"当他生病的时候,您最好带他去医院;他要结婚的时候,你最好给他准备好房子;他没有钱时,您最好给他送钱去。这是您今后最好的选择!别的,我也无能为力。"

过度保护、过度帮助等于剥夺了孩子犯错误、改正错误和成长的机会。

案例4-81 玩沙

这是一所有不同国籍孩子的幼儿园。此时正值家长们来接孩子回家,小朋友们正在沙坑里玩沙,玩具有小铲、瓶子和漏斗。旁边是孩子们的母亲。

一个外国孩子正在独自玩沙,显然玩得很专心,也很有耐心。他用小铲把沙装进漏斗,开始的动作比较笨拙,动作也很慢。玩了一会儿他逐渐熟练了,动作也越来越快,但他发现总是装不满,疑惑地看了一阵漏斗之后明白是因为漏斗会漏沙,于是,他就用手指堵住漏斗底部的漏口。这样,他终于使漏斗装满了沙子。然后,他试图把漏斗里的沙子倒进瓶子里,可是他发现从手指移开到对准瓶口,沙子已漏得差不多了。这个外国孩子开始加快手移开的速度,几次之后,他突然意识到,把漏斗直接对准瓶口,沙子会一点不漏地顺利进入瓶子。于是,他按照这种方法很快装满了一瓶子的沙子,同时欢快地笑起来并回头看看妈妈,而妈妈则拍手以示鼓励。

一个中国孩子玩沙，他一开始也是忙着拿起漏斗向里面装沙子，也同样是发现了沙子进漏斗后都会流出来，所不同的是，旁边的母亲一看沙子都漏光了，就手把手地教自己的孩子把漏斗直接对准瓶口，然后再灌沙。结果孩子没经历任何挫折，也没有体验到任何失败就立刻学会了正确的玩法，但他很快就爬出沙坑不玩沙了，因为这个玩沙的过程一旦被简化就没什么意思了。

当那个外国孩子还在津津有味地与沙同乐的时候，这个中国孩子已玩腻了，正缠着妈妈要抱。

外国孩子在玩沙的过程中，由于没有妈妈的帮助和指导，获得了更多的经验——有失败，有探索、验证的过程，有成功的喜悦，得到了相应的发展。相比而言，中国孩子在妈妈的指点和帮助下，没经历失败的过程而"直接"成功了，他因此而失去了获得更全面的经验和更多的体验、乐趣的机会，也就失去了更好的发展基础。

案例4-82 让孩子有个犯错误的过程

一个中国人去一位美国老师家做客，无意中看见美国老师不满3岁的孩子拿着一把钥匙，动作笨拙地试着插进锁孔中，想打开卧室的门，可怎么也插不进、打不开。这位中国客人想过去帮他一下，却被美国老师阻止了。美国老师说："让他自己先犯错误吧，琢磨一会儿他总能把门打开，这样他就不会忘记这门应该是怎样打开的！"果然，那孩子折腾了很长时间后，终于如愿以偿。他欣喜地大拍其手，其兴高采烈的心情绝非大人帮他开门所能具有。

我们习惯于以最快的速度教会孩子掌握比较难的动作或完成比较复杂的活动，重视让孩子快速掌握一种技能技巧；而美国家长则重视对孩子悟性的开发，他们认为，亲身经历越多、体验越丰富，越有利于孩子的成长。

美国家长的观念和做法值得我们借鉴，我们应该认真地思考：我们有没有必要以最快的速度把解决问题的策略和方法直接地传授给孩子？这种快速的策略与方法的传授是否妨碍了孩子自己去发现策略与方法，以致阻碍了孩子的发展？

孩子做错事，往往是因为他们用自己的智慧，按照自己的方法去做的。每个错误都是孩子思想的真实反映。孩子做得"对"，从不犯错误，则可能仅仅反映他是根据成人的要求去做，而他很可能是没有"思想"或者没有"思想过"的。

成长是一个"错了再试"的过程，"失败"的经验和"成功"的经验一样可贵。孩子"不犯错误"似乎意味着没有走弯路而直达成功，然而"没有走弯路"也意味着失去了接触更广泛的事物，开拓更多道路的机会。如果要求一个孩子完美而不犯错误，那么孩子的成长过程本身就是一种缺陷。追求完美的习惯，会使孩子做事比较小心谨慎，生怕出错误，因此必然导致孩子保守、胆小等，过分恐惧失败或错误，对孩子的心理健康、创造性、能力的发展会产生一系列的消极影响，如助长消极和懒惰，不愿竞争和冒险，形成思维惰性，过分追求尽善尽美。不敢犯错误，就不能进步和发展。

因此，我们要允许并鼓励孩子去犯他们这个年龄应该犯的错误，让孩子意识到犯错误没有什么好害怕的，让孩子消除对犯错误的顾虑，让孩子在犯错误的过程中获得经验，获得悟性（悟性是不能教会的，只能通过感悟），获得成长。

（三）实践体验锻炼法示例与判断

对以下的示例，你的判断是什么？你能说出其中的道理吗？

A情景：孩子用做工精致的小汽车换回一架价格仅仅相当于它的四十分之一的纸飞机，对方家长觉得自己的孩子"占便宜"了，于是便拿小汽车回来想退换。

× 你怎么这么愚蠢，你知不知道你的小汽车多少钱，那纸飞机多少钱?

√ 汽车是属于孩子的,应由他做主,他决定交换就让他交换。

B情景:一个1岁半的小孩想要从桌子上拿一个装着果汁的玻璃杯,但是无论他怎么伸长胳膊都够不着它。他很有可能不小心把杯子打翻。

× 立马制止孩子的行为,帮他把玻璃杯拿到他够得着的位置。

√ 告诉他,能不能搬个凳子,然后……

六、说服教育法

(一)说服教育法的含义

说服教育法就是在家庭教育过程中,家长通过摆事实、讲道理等方式对孩子施加影响,进而影响或改变孩子的观点和态度,从而达到引导其认知、行为、态度趋向预定的目标的教育方法。

说服教育法的方式有以下三种。

第一种是讲解,即结合具体事例,以简明、生动、形象的语言向幼儿讲清道理,使其掌握正确的行为标准。如,通过讲《萝卜回来了》和《小山羊过桥》的童话故事,使幼儿具体理解小伙伴之间要团结友爱、互相帮助的道理,并明白要互相谦让的一些行为准则。

第二种是谈话,即在家庭教育中,结合孩子的认知实际,由家长有针对性地摆事实讲道理,进行分析、论述,帮助孩子领会某种行为标准,掌握正确的知识。

第三种是讨论,即在家庭教育中,当孩子对问题产生模糊、片面的认识,或与家长的观点产生分歧、对立时,采用讨论的方式与孩子共同研究探讨问题,以使孩子在和家长的共同研讨中明辨是非、善恶、真伪,提高认识,掌握正确的行为规范的教育方法。

其中讨论法对孩子的成长有特殊意义。讨论,可以锻炼、培养孩子的逻辑思维能力、口头表达能力;有助于更加深入、全面地了解孩子,掌握孩子的个性特征和思想动向;充分体现了家长对子女的信任和尊重，可以使孩子对问题的实质理解深透；可以使孩子认识自身的价值，有利于孩子适应社会生活。

（二）使用说服教育法的基本要求

1. 语言表述要适合孩子的思维水平

幼儿期孩子的思维具有具体形象性和经验性，因此，家长与孩子谈话时，要注意语言的具体形象性，同时，要符合幼儿的经验水平。这样，幼儿才能真正理解家长的语言，获得相应的发展。

案例4-33　打你，打你

刚两岁的小宝总是爱说："打你，打你。"爸爸对他说："不要说这种话！"小宝不听。妈妈说："好孩子，不要说这话。"仍是无效。懂得孩子心理的奶奶说："来，小宝，奶奶给你讲个故事。有一只小花猫，他最喜欢找小朋友玩。有一天，他去找小鸭玩。不一会儿，小花猫说：'打你！打你！'小鸭生气了，不和他玩了。小花猫又去找小鸡玩，不一会儿，他又说：'打你！打你！'小鸡也生气了，不和他玩了。小花猫再去找小兔玩……"小宝听完故事，接受了教育，以后多次对奶奶说："我不说'打你，打你'了。"

案例中的奶奶原来是从事幼儿园教育工作的，所以她懂得孩子的心理，因而也懂得孩子的教育。

2. 说服要以实际感悟体验为基础

由于孩子思维的具体形象性，在教育孩子时不要对孩子进行单纯的说教，否则，这些抽象的道理孩子是无法理解的，必须将抽象的道理融入具体事件中对孩子进行教育，方能有效。比如，我们要教孩子"体恤他人"这个美德，不能仅仅对他说："做人不要只为自己考虑，应当体贴别人、体恤别人。假如别人生病的时候，你应当轻轻地出入，不要乱吵，使得病人烦恼不安。"采用这种抽象的教法，孩子是无法理解的。

我们应该在家中有人生病的时候实地施教。那时候，我们做父母的一方面自己要示范给他看，另一方面要让他对家中的病人进行体恤照顾。比如，孩子的外婆生病了，做父母的走路、说话要轻声低语，并要求孩子也这样做，同时父母要给予病人悉心的照顾，让孩子也参加力所能及的活动。这样一来，孩子才能真正了解体恤的意思。

3. 不能用欺骗的语言来说服孩子

家长不应该用说谎的方式来教育孩子，因为这样的教育虽然可能取得暂时的教育效果，但它可能会让孩子从中学会说谎。

案例4-84 爸爸是个骗子

我丈夫经常用大灰狼来吓唬儿子，孩子很害怕大灰狼，后来老师讲狐狸的时候，我儿子就问："老师，狐狸会不会跑到教室里来？"老师说："当然不会。狐狸在森林里，或是在公园和动物园里，哪能跑到教室里来呢？"儿子经过推理，认为狼也不会来，然后回家说："妈妈，爸爸是个骗子。大灰狼在森林里，在公园和动物园里，不可能跑到这里来的。"

（孙瑞雪，2004）

4. 不要对孩子说反话

由于幼儿期孩子思维的局限性，他们无法理解家长说的反话。

案例4-85 到底是谁的错？

有一天，佳佳的妈妈买回一些又新鲜又甜的柑果放在冰箱里。佳佳很想吃，于是就对妈妈说："妈妈，我想吃柑果。"可是，此时的妈妈却忙于做晚饭——因为今晚爸爸要带朋友到家里来吃饭——而没有空帮佳佳拿，于是妈妈就对佳佳说："佳佳，你自己去拿吧。柑果在冰箱里，但是你现在只能吃一个，因为我们马上要吃饭了。"说完妈妈又到厨房忙碌去了。过了一会儿，妈妈到冰箱拿菜时却无意中发现，佳佳吃了两个柑果。妈妈很生气，因为佳佳不按妈妈的话去做，于是，妈妈很生气地对佳佳说:"你怎么才吃两个?!干吗不吃完呢?"说完妈妈又到厨房里忙碌去了……

更令佳佳的妈妈吃惊和恼火的是:当她再次打开冰箱时,发现冰箱里只剩下两个柑果了!于是,妈妈又气呼呼地冲着佳佳说:"干吗还剩两个柑果?!你干吗不吃完?!"可没想到,佳佳一脸迷惑地、低声地对妈妈说:"妈妈,我的肚子胀死了,我实在吃不下了!"妈妈听后又恼火又无奈……

佳佳的妈妈错在哪里呢?错就错在她不该对佳佳说"反话"。因为五六岁以前的孩子是很难理解"反话"的真正含义的,他们还会把"反话"当真,做出与我们的期待相反的事情来。

5. 要温和,要有耐心

和孩子谈话,家长要温和、有耐心,这样,孩子才愿意听你说话,否则,孩子连你的话都不听,就根本谈不上教育了。

请看下面的对话。你是 A 妈妈,还是 B 妈妈?

A 母女对话

女儿:"妈妈,这是什么?"

妈妈:"是花。"(妈妈很自然地回答。)

女儿:"什么花呀?"

妈妈:"烦不烦,你不会自己看吗?"

……

B 母女对话

女儿:"妈妈,这是什么?"

妈妈:"是花。一朵花。一朵美丽的花。你看,花是什么颜色的呀?"

女儿:"红色。"

妈妈:"对,聪明极了!它像什么一样呀?"

女儿:"像喇叭一样。"

妈妈:"你真棒!你看到了什么?"

女儿："我看到了一朵美丽的红花,像喇叭一样！"

A妈妈没有耐心,态度粗暴,孩子今后可能不敢再问妈妈任何问题,也不愿意听妈妈说话。

6. 话题必须是亲子共同关心的问题

话题可以由家长提出,也可以由孩子提出。家长提出的话题要考虑孩子是否有兴趣;孩子提出的话题,家长要努力感兴趣。

案例4-86 你知道什么是撒谎吗?

爸爸："你知道什么是撒谎吗?"

儿子："就是说的话不对。"

爸爸："说'2+2=5'是说谎吗?"

儿子："是说谎。"

爸爸："为什么?"

儿子："因为他不对。"

爸爸："这个说'2+2=5'的男孩知道自己不对吗?还是他只是弄错了?"

儿子："他弄错了。"

爸爸："如果他是弄错了,那么他有没有撒谎呢?"

儿子："他没有撒谎。"

儿子："爸爸,我知道了,弄错了不是撒谎。"

……

案例中爸爸一直围绕儿子在说谎上存在的问题来提问,来阐明自己的观点,在争论中孩子逐渐明白了说谎的含义。

7. 尊重孩子的话语权

家长通过语言来说服孩子时,要坚持亲子沟通的格言："我不同意你的观点,但我誓死捍卫你说话的权利。"要让孩子充分发表意见,阐述观点,并允许孩子保留自己的看法。说服,要让孩子口服心服,而不要压服。

(三) 说服教育法示例

A 情景：伊恩（6岁）感到懊恼的是，他父母的朋友的三个孩子霸占了电视，他们不让他看他喜爱的电视节目。他用沮丧的口气问道："妈妈，为什么三个人自私比一个人自私好？"

如果你是妈妈，你将如何说服孩子？

B 情景：5 岁的儿子非要妈妈晚上带着他睡觉。

妈妈告诉他："小孩子长大了，要学会自己睡觉。好孩子要听话。"

谁知，儿子一下恼怒起来："爸爸为什么不听话？！爸爸都长得大大的了，可你天天带着他睡觉。"

如果你是家长，你如何回应孩子的反问？

七、家庭角色互换法

(一) 家庭角色互换法的含义

家庭角色互换法就是在家庭教育的过程中，家长和孩子来个角色互换，让孩子当"家长"，家长当"'有问题行为'的孩子"，让"家长"感受到"孩子"日常生活中的问题所在，并从中体验当家长的辛劳，从而学会体贴家长的一种教育方法。

比如，针对孩子的任性行为，家长可以和孩子在家玩"角色互换"的亲子游戏，即让孩子当一天家长，家长当一天孩子。家长可以学着孩子平时的样子，比如："快，给我倒杯水，我渴了。""我身上痒痒，快来给我挠挠。"这样可让孩子体验做父母的辛苦，也让孩子明白，平时自己的这些娇惯行为是不正确的。通过当一天的家长，孩子日后再发生类似行为时，就会先想一想——"我这样叫爸爸妈妈给我做这做那，他们是不是很辛苦？"——进而对自己的行为有所约束。

（二）使用家庭角色互换法的注意事项

（1）了解孩子存在的问题。

为了在角色互换中把孩子扮演得更加活灵活现，家长平时要注意观察和收集孩子所存在的问题言行，有针对性地开展角色互换活动，促进孩子更好地发展。

（2）有针对性地让"家长"头痛。

案例4-87 "儿子"下棋想违规

儿子平时下棋经常耍赖，爸爸怎么说他也不听，每次下棋他都要想各种办法来赢。

有一天，爸爸把儿子从幼儿园接回家后，自顾自地看起了报纸。儿子拿出跳棋说："爸爸，你和我下会儿棋好吗？"爸爸同意了。

但是爸爸有个条件，就是他今天扮演儿子，而儿子则扮演爸爸。儿子同意了。就这样，爸爸以"儿子"的身份下棋，儿子则以"爸爸"的身份下棋。

眼看"爸爸"的所有"飞机"就要全部到终点了，"儿子"便佯装拉住"爸爸"的胳膊，苦苦哀求说："让我多掷一次，好吗？""爸爸"听了捂着嘴偷笑。妈妈进来了，看到此状，斥责扮演儿子的爸爸："你这么大个人了，还求孩子多掷一次！这么经不起失败，你不觉得有失身份吗"？

扮演儿子的爸爸仍然不予理睬，继续求"爸爸"给他机会多掷一次，并装出生气的样子，大声说道："谁敢笑话我？！""爸爸"见"儿子"如此耍赖，也就笑了起来。

但"儿子"仍然不断地坚持"多掷一次"，甚至还使出了哭闹的手段，弄得"爸爸"觉得"儿子"可气又可笑。

此后，儿子和爸爸下跳棋时不再耍赖。

案例中的爸爸就是利用角色互换的方式来改变孩子下棋的耍赖行

为,让孩子在角色互换的过程中,领悟到自己平时下棋时的错误言行,进而改掉这些毛病。

(3)和孩子一起总结活动的教育意义。

角色互动结束后,家长要将孩子平时的表现与角色互换中的"孩子"的表现结合起来,说明应该如何、不应该如何,同时,让其体悟出平时自己的不良言行给父母带来的困扰,进而减少甚至消除这些不良的言行。

八、暗示法

(一)暗示法的含义

暗示法是指在无对抗的条件下,借用语言、手势、表情、符号、行动、环境等间接方式,含蓄而间接地刺激孩子,进而对其身心产生影响,使其按照家长期望的方式去行动或接受一定的思想、意见,进而形成相应态度和行为的一种家庭教育方法。

案例4-88 妈妈的账单

在一个阳光明媚的星期天,聪明的男孩汤姆给妈妈写了一张账单:"汤姆跟妈妈到超市买食品,妈妈应付5美元;汤姆自己起床叠被,妈妈应付2美元;汤姆擦地板,妈妈应付3美元;汤姆是一个听话的好孩子,妈妈应付10美元;合计:20美元。"

汤姆写完后,把纸条压在餐桌上,便上床睡大觉了。忙得满头大汗的妈妈看到了这张纸条后,只是宽容地笑了笑,随即在上面添了几行字,放回汤姆的枕边。

醒来的汤姆看到了这样的一张账单:"妈妈含辛茹苦地抚育汤姆,汤姆应付0美元;妈妈教汤姆走路、说话,汤姆应付0美元;妈妈以后还将继续为汤姆奉献,汤姆应付0美元;妈妈拥有一个天使般可爱的小男孩,汤姆应付0美元。合计:0美元。"

这张纸条，至今仍被汤姆珍藏着，它记录着一个孩子从懵懂走向懂事的经历。

妈妈在留给汤姆的账单上并没有直接告诉汤姆应该做些什么，也没有批评汤姆，但它通过暗示的方式告诉汤姆，妈妈对他的爱以及应该如何处理亲人之间的关系等道理。这种没有直接点明的教育，让汤姆在不伤自尊、没有抵触心理的前提下，获得了人生启迪，终生难忘。

暗示是教育者的一种有意行为，它的目的是通过间接含蓄的方式，让孩子在没有内心对抗的前提下受到教育，获得成长。有些学者将暗示教育分为有意暗示教育和无意暗示教育。他们认为，所谓的有意暗示教育就是教育者根据一定的教育目的，采用各种暗示的手段，使受教育者在兴趣、能力、爱好、情绪、态度或认知倾向等方面发生变化，使受教育者的思想得到提升、能力得到增强，从而达到教育目的；而无意暗示教育则是指通过环境、氛围等因素对受教育者产生暗示教育。我不同意这种划分方法。因为作为暗示教育方式的环境、氛围同样具有"有意"的成分在里面——在暗示教育中的"环境""氛围"，也是根据一定的教育目的而营造的"环境""氛围"，所以将暗示教育分为有意暗示和无意暗示，是不妥的。

暗示法对家庭教育具有特殊的意义。在教育孩子的过程中，我们会发现有的孩子逆反心理很强，如果采取间接的方式向孩子表达我们的观点和态度，其效果就会好很多，特别是积极暗示。积极暗示带给孩子的是积极的认识和体验，它的教育方式是含蓄而委婉，它以无批评地接受为基础，避免直接说理教育给孩子带来的压抑感和逆反心理，这样孩子受到的影响是积极的、主动的、潜移默化的，能取得意想不到的教育效果。

（二）暗示法的分类

从不同的角度来划分，可以将暗示法分为不同的种类。

1. 从暗示法作用的性质来分

从暗示法作用的性质来分，可以将暗示法分为积极暗示和消极暗示。

凡是能增进和改善人的心理、行为以及机体的生理机能的暗示都叫作积极暗示。积极暗示可以使人增加力量、勇气、信心，进而增进正确行为的过程及效果。

凡是起到扰乱人的心理、行为和生理机能，使健康机体在某些方面表现出病态，甚至引起人体的器官死亡的暗示都叫作消极暗示。消极暗示可以销蚀人的精神力量，使人气馁、抑郁，进而抑制正确行为的过程及效果。

如果孩子不小心跌了一跤，妈妈问他："哪里痛？"受到此消极暗示，孩子会觉得真的跌痛了，随后他就会哭起来。如果妈妈还一面替他擦眼泪，一面抱着安抚他说"妈妈知道是痛的，宝宝真的摔痛了！"，那么孩子一定会哭得更加厉害——好像被摔着的地方越来越痛似的。其实，他原来并不觉得怎么痛。假如孩子跌倒时，你不理会他——装作没有看见，那么，孩子就会自己爬起来；假如他跌得很厉害，头上出血，膝上发青，你见此情形，切不可惊慌，应当从容地走过去把他扶起，并用积极的语言安慰他，替他治伤，不必用大惊小怪的语言或做出慌张害怕的表情去暗示他。

案例4-89 妈妈的"乌鸦嘴"

有这样一则故事耐人寻味。小刚妈妈告诉心理医生说："我生小刚的时候不太顺利，医生不仅给孩子吸了氧，还说我的孩子以后可能会出现智力问题。他今年9岁了，和一般的孩子不太一样。我担心他有智力低下的问题。"小刚妈妈越说越激动，"我已经带他看了七八家医院，也做了很多检查，就是没有查出什么毛病。"

结果测定，小刚的智力水平完全正常，根本不存在智力低下的问题。他之所以会出现学习困难，在很大程度上是小刚妈妈这张"乌鸦嘴"长期对小刚进行不良的心理暗示。而小刚妈妈又是接受了医生这张"乌鸦嘴"所说的"这孩子可能会出现智力问题"的不良心理暗示。种种不良的潜移默化的心理暗示,造成了小刚生活和学习上的困扰。

研究表明,由于敏感、脆弱和心理不成熟,孩子成为最易受心理暗示的群体。父母和老师是孩子身边最值得信赖和依赖的人,一旦他们在无意中对孩子施加了不良暗示,必然会影响到孩子的自我认知、自我评价,从而引发或扩大孩子的身心缺陷。

2. 从暗示信息发出的主体来分

(1) 自暗示。

从暗示信息发出的主体来分,暗示可分为自暗示和他暗示两种。

自暗示是指暗示的信息由自己向自己发出,自己使用某种观念、仪式、物品等暗示自己,对自己的身心机能与状态产生了影响,使自己的情绪、态度、行为和意志发生变化的一种暗示。

如,有的人早晨在上班前或出去办事前照照镜子、整整衣服、理理头发。有的人从镜子里看到自己脸色不太好看,并且觉得上眼睑浮肿,这时马上会有不快的感觉,顿时怀疑自己是否得了肾病,继而觉得自己全身无力、腰痛,于是,觉得自己"无力"上班了,因此就到医院就医。而事实上,昨天晚上他睡眠不好导致了"眼睑浮肿""精神状态不佳"。

又如,在第一次参加集体活动时,孩子自己不停地说:"妈妈,我怕!妈妈,我怕!"由于这种自我言语的暗示作用,他越说,对集体活动就越怕。

家长要努力引导孩子进行积极的自我暗示,进而让孩子形成积极的自我意象,促进其身心健康发展,让其潜能得到充分发挥。

案例4-90 你想什么,什么就是你

不知你是否听过有关一只鹰自以为是鸡的寓言。寓言说,一天,一

个喜欢冒险的男子爬到父亲养鸡场附近的一座山上发现了一个鹰巢。他从巢里拿了一枚鹰蛋，带回养鸡场，把鹰蛋和鸡蛋混在一起，让一只母鸡来孵。孵出来的小鸡群里有了一只小鹰。小鹰和小鸡一起长大，因而不知道自己除了是小鸡外还会是什么。起初，它很满足，过着和鸡一样的生活。

但是，当它逐渐长大的时候，它内心里就有一种奇特不安的感觉。它不时地想："我一定不是一只鸡！"只是它一直没有采取什么行动。直到有一天，一只了不起的老鹰翱翔在养鸡场的上空，小鹰感觉到自己的双翼有一股奇特的新力量，感觉到胸膛里的心脏正在猛烈地跳动着。它抬头看着老鹰的时候，一种想法在心中涌动："养鸡场不是我该待的地方。我要飞上青天，栖在山岩之上。"

它从来没有飞过，但是它的内心有着力量和天性。它展开双翅，飞升到一座矮山的顶上。极为兴奋之下，它再飞到更高的山顶，最后飞上了青天，到了高山的顶峰，它发现了伟大的自己。

看完这则寓言，你有何感想？

在现实生活中，许多孩子本来就是"鹰"，具有翱翔在白云间的能力，但由于他们没有意识到自己就是"鹰"，所以他们的潜能无法得到展现和发挥。

（2）他暗示。

他暗示是指暗示的信息由A向B发出，在A与B交往的过程中，A向B发出某种暗示信息，对B的身心机能与状态产生了影响，使B的情绪、态度、行为和意志发生某种变化的一种暗示。幼儿期的孩子因其经验和能力的不足，其个性心理还没有成熟，所以更容易接受他人的暗示。

如，妈妈常常跟外人说："我家的孩子各方面都很好，就是不爱说话。""在家也挺乖，就是一天到晚说不了几句话。我常说，她有点随她爸爸。"孩子受到妈妈语言的暗示，最终真的就越来越不爱说话。

又如，爸爸妈妈带宝宝去餐馆跟朋友一起吃饭，饭桌上，宝宝把不爱吃的青菜都从碗里挑了出来，妈妈看到，跟朋友说："这个孩子，就是不爱吃青菜，真不知道该拿他怎么办！"妈妈的"绝望"表态暗示了孩子，使其更加不爱吃青菜。

案例4-91　许多孩子不幸被家长言中

我们经常听到一些父母，不分场合，在孩子在场时如此向外人介绍自己的孩子：

"我家小孩有多动症。"

"我家小孩憋不住尿。"

"我家小孩不吃白菜。"

"我家小孩一见陌生人就紧张。"

"我家小孩怕走夜路。"

"我家小孩不是学习的料。"

"我家小孩天生就是淘气包。"

"我家小孩头脑太笨。"

"我家小孩学习很聪明，就是马虎。"

"我家小孩胆小。"

"我家小孩不喜欢与其他小朋友一起玩。"

"我家小孩不喜欢运动。"

……

结果，若干年后，这些家长发现他们的孩子越来越像他们所"预言"的那样"多动""挑食""笨""紧张""胆小""淘气"，也更加"憋不住尿"……

这些家长经常忽略了上述评价的意义以及可能带来的消极作用，特别是当孩子在场时，这些消极评价就对孩子起到了暗示作用，提示孩子："我就是这样子的！"而反复的提示会使孩子形成相应的心理定向，助长这些不良倾向。尽管家长的本意并非如此，但这些不断重复的消极评价给孩子带来了消极的暗示作用，让孩子的发展越来越向消极的方向靠近。

3. 从暗示使用的手段来分

从暗示使用手段的不同来分，可以将暗示划分为：语言暗示、行为暗示、表情暗示、权威暗示、期望暗示、情境暗示、认知暗示、环境暗示。

（1）语言暗示。

语言暗示就是用含蓄的语言使孩子有所悟，然后产生家长所期望的认识、态度和行为的一种教育方法。家长和教师的语言对孩子有频繁的暗示作用，会对孩子的心理和行为产生直接的影响。有时，家长和教师的一句话可能成就一个天才，也可能摧毁一个天才。

案例4-92 巫婆与公主

有一位美丽的公主，从小就被一位巫婆关在一座高塔上面，每天只能见到巫婆。巫婆每天都对她说："你的样子丑极了，见到你的人都会感到害怕。"公主相信了巫婆的话，怕被别人嘲笑，不敢逃走。直到有一天，一位王子经过塔下，看到了公主那仙女一样的美貌，惊为天人，救出了她。这位公主对着镜子才意识到自己原来如此美丽。

原本拥有仙女一样美貌的公主因受巫婆消极语言的暗示，而对自己产生极其消极的自我意象，进而产生一系列的消极行为。事实上，很多家长在与孩子互动的过程中在无意间充当了"巫婆"的角色——他们往往用消极语言给孩子以暗示，以至孩子真的产生"我不行"的信念，从而产生严重的自卑感和自我怀疑心理。

案例4-93 我知道自己笨

王立群性格内向，是个聪明乖巧的女孩。大家都非常喜欢她，常常当着她妈妈的面夸奖她聪明、学习好。但是每每听到别人的夸奖，妈妈总是谦虚地说:"立群不聪明,很笨的,只是认真、听话罢了。"没想到妈妈谦虚的回答,在立群的心中留下了深深的烙印。有一次立群为爸爸讲述自己的画,讲得生动有趣,爸爸高兴地说:"宝贝儿,你真聪明!"可立群一点都没有高兴的样子:"哼!你骗我,我知道自己笨,不聪明。"爸爸感到很吃惊:"为什么?"立群嚷道:"妈妈就是这样说的!"

(2)行为暗示。

行为暗示就是家长通过自己或他人的行为潜移默化地影响孩子,促进孩子健康成长的一种教育方式。比如,孩子有偏食、挑食的习惯,不肯吃某种菜,父母如采用命令等强迫的方式叫他吃,或许能取得一时的效果,但是在没有"强迫"的状态下,孩子就不会再吃这种菜;如果父母利用语言百般劝导,或向他大讲吃这种菜的益处,孩子可能会不情愿地吃一点点或者干脆拒绝。但是,如果这时父母采用行为暗示的方法——自己先津津有味地吃起来,然后一边大口大口地吃,一边称赞"××菜真好吃",那么孩子可能就会不由自主地产生"××菜真好吃"的观念,进而也大口大口地吃起青菜来。再如,家长很勤快,很爱清洁,每天都会把家里打扫得干干净净,收拾得整整齐齐,那么,孩子肯定也会自觉地收拾自己的房间;家长在公共场所不随地丢垃圾,还经常捡起散落在公共场所的各种垃圾放进垃圾桶,那么,孩子也会自然而然地成为环保爱好者。

(3)表情暗示。

表情包括面部表情、语言声调表情和身体姿态表情。如,家长经常会用手势或者眼神来表示对孩子某些行为的赞成或反对、喜欢或讨厌。家里来了客人,孩子有了小伙伴高兴得忘乎所以,一会儿狂笑,一会儿尖叫,整个人像疯了似的,爸爸说了好几次都不见有任何收敛,于是,爸爸猛地皱起了眉头,怒目相视,这下,孩子的声音就降低了不少。

(4)权威暗示。

权威暗示就是家长通过使用孩子心目中的重要他人(如,老师、孩子很崇拜的影视中的人物、比较有权威的家长等）的言行对孩子的心理和行为产生影响的一种教育方式。在孩子的教育中权威是非常重要的。对于孩子来说，任何权威者的任何一种行为或是语言都可能成为其言行的一种暗示。如，有一个小男孩，其父母在外地打工，他有一个坏习惯，就是在家里喜欢不停地高频率地眨眼，爷爷奶奶跟他说了好多次"这样眨眼睛"不好，但都没有什么效果。后来，奶奶将此事跟孩子的老师说了一下，并让老师跟孩子说频繁地眨眼睛的"不处"，同时让这个孩子注视老师的眼睛两分钟，不要这么频繁地眨眼睛，结果这个孩子从此再也不频繁地眨眼睛了。

（5）期望暗示。

期望暗示是指家长通过持久的期望，使孩子形成相应的自我概念、言行方式和动机，进而影响孩子发展的一种教育方式。在亲子互动的过程中，家长对孩子的期望会通过言行有意无意地向幼儿传递，此期望会为孩子所感知、内化，并深刻地影响他们心理、行为的发展。由于幼儿期的孩子缺乏完善的自我概念系统和自我评价能力，他们感知到的家长期望，在很大程度上会影响他们的自我期望，进而影响他们自我概念的形成。

（6）情境暗示。

情境暗示就是家长通过有计划、有目的、有意识地创设一种情形、一种景象、一种境地，营造一种气氛，使孩子在特定的情境中接受教育的一种教育方法。

（7）认知暗示。

认知暗示就是指当孩子有某些不良习惯，如，爱吃零食、没有礼貌等，家长可以不直接批评他，而是要求他给自己远方的亲人或好朋友打个电话，告诉他们自己这段时间形成了哪些好习惯、近期有什么打算的一种教育方法。这种方法对帮助孩子克服不良习惯可能会有出乎意料的效果，其原因在于孩子在打电话的过程中进行了自我反省、自我认识，避免了心理对抗和厌烦。平时，家长可以利用这种方式让孩子产生积极的认知暗示，改掉不良的行为习惯，进而形成良好的行为习惯。

（8）环境暗示。

环境暗示就是家长根据孩子的个性和发展要求，巧妙地利用家庭环境的暗示作用促进孩子的健康和谐发展的一种教育方式。如，整洁的家庭环境会让孩子形成爱整洁的生活习惯。如果家里有过分好动的孩子，那么，家居环境的主色调应该以冷色调做主打色，应避免暖色系，否则，孩子会更加好动；如果家里有过分安静、内向的孩子，那么，家居环境的主色调应该以暖色调做主打色，应避免冷色系，否则，孩子会更加安静、内向；如果孩子缺乏想象力，我们最好为他们选择一些卡通动物、水果娃娃、寓言场景、神话传奇、科幻迷宫、经典动漫、自然风光之类的图片悬挂在家中，这样，有利于培养孩子的想象力；家里的墙上还可悬挂一些对孩子具有励志、励智、励情作用的图片，不断暗示、激励孩子健康发展。

（三）使用暗示法应该注意的事项

1. 引导孩子发现自己的优点

孩子之所以会有自卑感，是因为他看不到自己的优点，只看到自己的缺点。其实每个孩子都有自己的闪光点，因此，家长平时要引导孩子发现自己的优点，让他们经常肯定自己，将优点不断扩大，即使是微小的优点，也要经常提醒。家庭教育专家周宏说过："优点不说不得了，缺点少说逐渐少。"我们应正确地面对孩子的优点与缺点，甚至在必要时放大孩子的优点，缩小孩子的缺点。

2. 引导孩子对自己说积极的话

积极语言就是点亮我们生命之光，它带给我们希望，让我们更加自信，对未来充满信心。因此，家长要引导孩子多说积极的话，少说消极的话。

家长应该有意识地训练孩子进行积极的自我暗示，经常让孩子说"我能行""我是很棒的""今天真开心""今天我又学会了……本领""我是勇敢的……""让我试试……""失败不可怕，让我再试试……""让我自己……""这次失败，我找到了原因，下次我一定会成功的""我一定会有办法的""没问题""我下次会做得更好"，等等。这些振奋人心的口号经常让孩子喊给自己听，通过不断的积极的自暗示，孩子就会成为独立的、自信的、勇敢的、具有进取心的人。

让孩子少说甚至不说具有消极暗示效果的语言，如，"糟糕透了""太让人气愤了""真没办法""我本来可以……""惨了""我本来应该……""我本来能够……""我希望我曾这样的""如果当时……该多好啊"，等等。这些消极的话说多了，孩子就会变得颓废。

3. 对孩子要多说激励的话

对于幼儿期的孩子来说，他们的自我意象主要来自周围人的评价，特别是来自重要他人，比如父母和教师的评价，甚至可以说，"你说什么，他就是什么"。

案例4-94　你说什么，他就是什么

小敏本来很羞怯。一次偶然的机会，她在小区里大声叫了一位奶奶。这位奶奶是退休教师，非常喜欢孩子，经常带孩子一起玩。从那以后，她经常故意当着孩子的面对别人说，小敏特别大方，特别喜欢叫人。小敏的母亲也跟着这样说。不到一个月的时间，原本羞怯的小敏彻底变了样。她在小区里玩耍时遇到生人、熟人都问好，见到熟悉的人，老远就叫人家……

家长可以经常地真诚地、发自内心地对孩子说："妈妈相信你，你一定能……"家长每天都要对孩子强化这种信念，让孩子感受到家长的信心和真诚，通过持之以恒的积极暗示，孩子的言行态度就会发生积极的质的变化。

4. 以有积极导向的问题暗示孩子幼儿园生活的快乐

家长在接送孩子时和平时要多向孩子提一些具有积极导向的问题，

引领孩子关注那些在幼儿园发生的具有积极意义的事件，进而培养孩子积极的心态。

家长不要问孩子如下的消极问题：

- "你在幼儿园受欺负了吗？谁欺负你了？不要只是哭，要知道还手。要学会告诉妈妈，妈妈帮你出气！"
- "你在幼儿园吃得饱吗？"
- "幼儿园的东西好吃吗？"
- "老师打你了吗？"
- "老师有没有骂你？"
- "今天你哭没哭？"

因为这类消极提问，会对孩子产生幼儿园不好的暗示，使孩子害怕和不愿意上幼儿园。

在接送孩子时，可以多问一些具有积极导向的问题：

- "今天幼儿园里有什么有趣的事？"
- "今天你和小朋友玩了什么好玩的游戏？"
- "今天你得了一个小五星，真棒！明天我们还去幼儿园，得一个大五星好吗？"
- "你的好朋友是谁？"
- "今天老师教会宝宝什么好玩的游戏了？"
- "今天你向老师提什么问题了？"
- "妈妈特别想知道今天你在幼儿园里觉得最开心的一件事（最有趣的事/最奇怪的事）是什么。晚上妈妈来接你的时候，你告诉妈妈，好吗？"

家长通过提问引导孩子关注幼儿园里发生的具有积极意义的事或者给其带来快乐的事，有利于培养孩子积极的情感和阳光的心态。

家长与孩子沟通的主要目的不是了解孩子在幼儿园学会了什么，而是让孩子形成积极乐观的心态。

5. 肯定孩子的本质是好的

家长平时与孩子交流时，即使孩子有许多不怎么令人满意的地方，家长也要肯定孩子的本质是好的，他的缺点是暂时的，这样他才有改变的可能性。

案例4-95 孩子无礼

孩子打人，粗暴不讲理，说脏话。

你如何应对？

× 你真是个坏孩子！

× 你真是个没教养的孩子！

√ 你是个有教养的孩子，但是这段时间受到了一些坏影响，改了就好。

案例4-96 孩子时不时欺负别人

孩子时不时欺负小伙伴，时不时有家长或老师来告状。

你如何应对？

× 你真是不可救药了！我不要你了！

√ 我的孩子生来是非常好的孩子，只是有时候受了点坏影响，他很快就会改掉坏毛病的。

案例4-97 孩子比较怯生

如果你的孩子是比较怯生的，你向人介绍时应该怎么说？

× 我家宝宝就是有点怯生，有点害羞……

√ 我家宝宝其实特别大方，特别勇敢，就看你今天跟他合不合得来。

家长肯定孩子的本质是好的，而将孩子的各种毛病，哪怕是很顽固的毛病，都说成是暂时现象，这样，孩子就会对自己的成长充满信心，就会不断地受到激励，逐渐地从弱点和缺点中走出来，不断地进步。反之，家长将孩子的良好表现都说成是暂时的，而将孩子的毛病说成是孩子的本质，这将让孩子对自己的积极成长感到绝望。

6. 利用"反暗示"来激励孩子

心理学上的反暗示，其实就是我们日常所说的激将法。激将法使用得当，有时会收到意想不到的积极效果。如，孩子在生活自理方面有点懒，不愿意收拾自己的房间，家长可以这样跟他说："别看他现在懒一点，其实他本质上不愿意别人帮他做这做那。""我帮他收拾房间是我做得不对，其实他更愿意自己去做。"受到"激"的暗示，孩子往往就会自己收拾自己的房间。

7. 要用正面的语言来暗示孩子

平时家长要善于利用正面的言语来暗示孩子不断克服困难，不断克服惰性，不断自己解决问题。

案例4-98 这种问题肯定难不倒你

孩子在玩拼图积塑，有些难题解决不了。

孩子：妈妈，帮帮我，这个图案我不会拼。

妈妈：再动动脑筋，这种问题肯定难不倒你！

孩子（过了一会儿）：妈妈，问题解决了！

妈妈：我就知道你是聪明的孩子，只要肯动脑筋，没有什么难题可以难倒我们家的宝宝！！

案例4-99 我不是个聪明的孩子

有位母亲第一次参加家长会，幼儿园的老师说："你的儿子有多动症，在板凳上连3分钟都坐不了。"

回家的路上，儿子问她老师都说了些什么，她鼻子一酸，差点流下眼泪。然而，她头一回对儿子撒了"谎"："老师表扬了你，说宝宝原来在板凳上坐不了1分钟，现在能坐3分钟了。别的家长都非常羡慕妈妈，因为全班只有宝宝进步了。"那天晚上，她儿子破天荒地吃了两碗米饭，并且没让她喂。

在第二次家长会上，老师说："全班50名同学，这次数学考试，你儿子的成绩排第49名。我们怀疑他的智力有问题，你最好带他去医院查一查。"

回家的路上，她流了泪。然而，当她回到家里，看到诚惶诚恐的儿子时，她又振作精神"撒谎"："老师对你充满信心。他说你并不是一个笨孩子，只要能细心一些，会超过你的同桌。"说这话时，她发现儿子暗淡的眼神一下子充满了光亮，沮丧的脸上也一下子舒展开来。第二天上学，儿子比平时起得都要早。

孩子上了初中，家长会上老师告诉她："按你儿子的成绩，考重点中学有点危险。"

回到家里，她又一次对儿子"撒谎"："班主任对你非常满意，他说了，只要你努力，很有希望考上重点中学。"

高中毕业，儿子把一封印有"清华大学招生办公室"字样的特快专递到她的手里，边哭边说："妈妈，我一直都知道我不是个聪明的孩子……"

对这个故事的真实性，我们可以怀疑，但故事中的妈妈确实是激励孩子的高手，是个值得我们学习的好妈妈——她的激励艺术、她的语言艺术、她对孩子永远不言弃的持之以恒的精神都值得我们学习。

8．利用故事暗示

暗示的作用往往比直接劝说或指示的作用更显著。该到睡觉的时间，可是孩子就是不愿意睡觉。这时，如果简单地吩咐孩子——"睡觉！""闭上眼睛！"——往往并不见效，有时反倒使孩子更为兴奋。这时，你不妨在被窝里给孩子讲故事："有一天，小鸭子要出去玩。妈妈对他说，别的小朋友都睡觉了。小鸭子不听，走到河边一看，鱼都睡觉了；走到树林里一看，小熊也睡觉了；走到田野里一看，小羊也睡觉了；走到院子里一看，小狗、小鸡都睡觉了，它们都把眼睛闭上了。睡觉吧，小鸭子想，我也睡了，睡觉多舒服啊！于是，小鸭子把眼睛闭上了,舒舒服服地睡了,睡了……"注意,在讲故事的时候,一定要用一种单调的疲倦的声音,并不断重复"睡觉了""闭上眼睛"等,声音断断续续、缓慢无力,最后逐渐减弱,变得若有若无。此外,在讲故事的同时,你也要闭上眼睛不住地打呵欠——如此,在故事和你的表情暗示下,孩子很快就会进入梦乡。

(四)暗示法示例与判断

对以下的示例,你的判断是什么?你能说出其中的道理吗?

A情景:孩子的房间很乱。

× 你真是个懒虫。

√ 你的屋子很乱,你该把脏衣服拾起来。

B情景:孩子胆小。

× 我们家孩子什么都好,就是有点胆小、认生。

√ 我们家孩子很勇敢,他敢……

C情景:孩子不怎么爱说话。

× 我家孩子各方面都很好,就是不爱说话。

× 我家孩子,在家挺乖的,就是一天到晚说不了几句话,她有点随她爸爸。

√ 我家孩子有时候很喜欢与小伙伴玩耍和聊天。

D情景:孩子不爱吃青菜。

× 我家这个孩子,就是不爱吃青菜,真拿他没办法。

√ 我家宝宝吃青菜吃得比昨天多多了。

E情景:孩子做错了事。

× 你真没用。

√ 你下次会做得更好。

F情景:孩子打针曾经哭过,今天又打针。

× 今天打针不许哭。

√ 我们家××可勇敢了,打针从来不哭,什么都不怕。

G 情景：4 岁多的孩子仍然不愿自己穿衣服。

× 你如果自己穿衣服，我下午就给你买冰激凌。

√ 我想你已经长大了，能够自己穿衣服了。

H 情景：小孩子轻轻地摔了一跤。

× 啊哟！我的囝囝可怜呀！跌死了！

√ 起来，不要紧，不要紧。

I 情景：孩子抢小朋友的东西。

× 你干吗总是抢别人的东西？！

√ 你平常特别关心别的小朋友，这两天有点走样了，相信你一定会改好。

J 情景：你的孩子不喜欢，甚至不怎么敢与人交往。

× 你这个胆小鬼！连与小伙伴交往都不敢！

× 你这个闷葫芦，太让我失望了！

√ 我们家的宝宝勇敢，什么都不怕，爱讲话，喜欢和人交往。

√ 我们家的宝宝实际上性格开朗、爱讲话，就是这会儿暂时不想讲。

K 情景：孩子平时不怎么会关心人，一次偶然的机会，他表现出关心小伙伴或长辈。

× 你早就应该学会关心别人了！

× 真难得你这么会关心人喔！

× 以前都不见你关心过我们，今天你是不是有什么事情想求我们呀？！

√ 看，我家的 ×× 实际上是很会关心别人的……

L 情景：冰心（那时有 4 岁多）看见地上有垃圾，就去拿了扫帚和畚斗把垃圾扫去——当然没有像成人那样扫得很干净。

× 冰心真笨，连个地都扫不干净！

√ 冰心你真不错，会自己扫地了！

本章参考文献

[1] 晏红. 幼儿园家庭教育指导形式与方法[M]. 北京：中国轻工业出版社，2013：144-145.

[2] 晏红. 幼儿教师与家长沟通之道[M]. 北京：中国轻工业出版社，2012：5，190.

[3] 科特曼. 幼儿教师88个成功的细节[M]. 李旭晴，译. 上海：华东师范大学出版社，2010：28.

[4] 冈萨雷斯-米纳. 多元化社会中的早期教育[M]. 徐韵，周红，译. 南京：江苏教育出版社，2008：56.

[5] 刘俊升. 天使之心：儿童心理的形成与发展[M]. 北京：北京大学出版社，2007：18.

[6] 周国平. 周国平人文讲演录[M]. 上海：上海文艺出版社，2006：74.

[7] 蒙台梭利. 蒙台梭利育儿全书[M]. 张建威，董大平，译. 北京：中国妇女出版社，2006：10-14.

[8] 孙瑞雪. 爱和自由：孙瑞雪幼儿教育演讲录[M]. 天津：新蕾出版社，2004：142.

[9] 缪仁贤，赵银凤. 幼儿教育技艺——280个适宜与不宜案例评析[M]. 上海：上海科学技术文献出版社，2004：5.

[10] 李海浪. 养个百分百聪明的宝宝：婴幼儿心理行为和智力开发[M]. 南京：江苏科学技术出版社，2003：314-315，318.

[11] 林华民. 世界经典教育案例启示录[M]. 北京：农村读物出版社，2003：2.

[12] 吴晓燕. 走进童心世界：幼儿教师优秀笔记集粹[M]. 北京：北京师范大学出版社，2000：2.

[13] 霍布豪斯. 自由主义[M]. 朱曾汶，译. 北京：商务印书馆，1996：72.

[14] 陈鹤琴. 家庭教育 [M]. 北京: 教育科学出版社, 1994: 27, 125-126, 139.

[15] 陈帼眉. 幼儿心理漫谈 [M]. 南昌: 江西人民出版社, 1982: 1-2.

[16] 刘称莲. 孩子有公德 家长做榜样 [J]. 中华家教, 2012 (3): 22-23.

[17] 郑福明. 家庭环境中对幼儿进行情感教育的途径和方法 [J]. 教育导刊 (幼儿教育), 2012 (11): 61-62.

[18] 薛文娟. 让孩子成为他 (她) 自己 [J]. 教育导刊 (幼儿教育), 2009 (5): 60-61.

[19] 郑三元. 幼儿园教学应让幼儿生活在现实世界之中 [J]. 教育导刊 (幼儿教育), 2009 (4): 28-29.

[20] 张丰, 徐清清. 浅谈心理暗示在幼儿家庭教育中的积极应用 [J]. 消费导刊 (教育时空), 2008 (19): 184-185.

[21] 冯夏婷. 孩子需要在错误中学习 [J]. 教育导刊 (幼儿教育), 2008 (6): 54-55.

[22] 杜红梅. 给完美主义父母的育儿建议 [J]. 教育导刊 (幼儿教育), 2007 (12): 50-52.

[23] 刘爱民, 刘闰中. 幼儿诚信教育缺失分析——对在一次幼儿园"趣味运动会"上所见之思考 [J]. 学前教育研究, 2007 (11): 30-33.

[24] 吴邵萍. 珍惜幼儿的生命力, 还幼儿自主发展的权利: 对幼儿社会性教育的思考 [J]. 学前教育研究, 2007 (10): 38-40.

[25] 晏红. 家长给幼儿园的3个错误定位 [J]. 家教指南, 2006 (1): 27-29.

[26] 陶金玲. 如何帮助幼儿形成"高自我价值感" [J]. 教育导刊 (幼儿教育), 2005 (6): 23-25.

[27] 吴友智. 教育的理想境界——"无痕"的教育 [J]. 素质教育大参考, 2003 (7): 6.

[28] 胡东芳. 动物学校 [J]. 教师博览, 2004 (3): 35.

[29] 袁敏. 关于教育、家庭教育和家庭德育的思考[J]. 教育科学研究, 1990（4）: 3-5.
[30] 刘墉. 萤窗小语——最初的梦想紧握在手上[M]. 南宁: 接力出版社, 2012.

万千教育 学前教育类书目

书号	书名	著、译者	定价(元)
幼儿园家长工作指导			
1934	幼儿教师与家长沟通之道（第二版）	晏 红 著	46.00
0364	幼儿园家长工作技能与艺术	莫源秋 编著	45.00
0806	破解家园沟通的44个难题	胡剑红 主编	35.00
9610	幼儿教师的家长工作技巧	张春炬 主编	34.00
9592	幼儿园家长开放日活动设计与实践指导	卢筱红 主编	25.00
9322	幼儿园家庭教育指导形式与方法	晏 红 著	34.00
幼儿园家长工作指导合计			219.00
幼儿园教师教育技能与活动指导			
1707	有力的师幼互动	王连江 译	36.00
9903	幼儿教师与幼儿有效互动策略	莫源秋 等 编著	35.00
1197	幼儿教育中的心理效应	莫源秋 等 编著	32.00
9950	让幼儿都爱听你说——幼儿教师说话的艺术	马希武 等 译	20.00
3953	幼儿教师实用教育教学技能	莫源秋 等 著	30.00

784	幼儿教师必须掌握的教育技巧	莫源秋 著	35.00
193	跟蒙台梭利学做快乐的幼儿教师	刘 文 主编	58.00
7511	做幼儿喜爱的魅力教师	莫源秋 著	25.00
7303	老师,你在听吗? ——幼儿教育活动中的师幼对话	汪寒鹭 等 译	28.00
幼儿园教师教育技能与活动指导合计			**299.00**

幼儿园游戏指导

1305	以游戏为中心的幼儿园课程(第六版)	史明洁 等 译	82.00
1261	幼儿教育课程 ——一种创造性游戏模式(第四版)	李敏谊 等 译	82.00
0758	幼儿园自主游戏观察与记录 ——从游戏故事中发现儿童(全彩)	董旭花 等 著	58.00
1563	幼儿园创造性游戏 ——环境创设与活动指导	王连江 译	32.00
1797	幼儿园游戏指导方法与实例 ——游戏自主性的视角	秦元东 等 著	45.00
0676	幼儿园室内外建构游戏指导	邵爱红 主编	36.00
幼儿园游戏指导合计			**335.00**

幼儿心理与发展指导

9496	透视幼儿心理世界 ——给幼儿教师和家长的心理学建议	冯夏婷 主编	36.00
0783	透视0—3岁婴幼儿心理世界 ——给教师和家长的心理学建议	冯夏婷 主编	38.00
1779	幼儿情绪管理的方法与策略 ——给幼儿教师和家长的教育建议	莫源秋 著	48.00

……
欲了解更多图书信息,请登录:www.wqedu.com
联系地址:北京市西城区三里河路6号院2号楼213室 万千教育
咨询电话:010-65181109,65262933
*本目录定价如有错误或变动,以实际出书为准。